Beiträge zur Geschichte der Stadt Karlshafen
und des Weser-Diemel-Gebiets · Band 13

Hameln
Kemnade
Buchhagen
Hehlen
Westerbrak
Bodenwerder
Kirchbrak
Lügde
7
Hattensen
Nordrhein-Westfalen
Weser
Forst
Amelungsborn
Falkenhagen
6
Bevern
Grevenburg
Allersheim
Oldenburg
Thienhausen
Löwendorf
Holzminden
Sommersell
Papenhöfen
Marienmünster
Tonenburg
Erichsburg
Dassel
Brenkhausen
Mühlenberg
Corvey
8
Holzhausen
Abbenburg
Höxter
Bökendorf
Neuhaus
5
Godelheim
4
Albrock
Fürstenberg
Wiebrechtshausen
Niedersachsen
Hinnenburg
Fredelsloh
Brakel
Amelunxen
Hembsen
Derental
Wehrden
Bruchhausen
Meinbrexen
9
Rheder
Neuenheerse
Dringenberg
Beverungen
Nienover
Volpriehausen
Uslar
Altenheerse
Gehrden
Bad Karlshafen
2
Sohlingen
Hardegsen
3
Jakobsberg
Bodenfelde
Herstelle
Vernawahlshausen
Willebadessen
Borgholz
Helmarshausen
Helmern
Lippoldsberg
Natzungen
1
Schweckhausen
Klus
10
Wülmersen
Deisel
Gottsbüren
Borlinghausen
Trendelburg
Adelebsen
Borgentreich
Stammen
Diemel
Löwenhagen
Liebenau
Hümme
Sababurg
Sielen
Bursfelde
Beberbeck
12
Göttingen
Warburg
Schöneberg
Hofgeismar
Gesundbrunnen
Veckerhagen
Vaake
Grebenstein
Immenhausen
Hilwartshausen
Hann. Münden
11
Hessen
Holzhausen
Wilhelmshausen
Kassel

Sigrid Kupetz
Karsten Blum
Ergin Güner
Hannes Homann
Renate Rothkegel
Harry Zwergel

Lohnende Umwege

12 Reiserouten
im Dreiländereck
Nordhessen
Ostwestfalen
Südniedersachsen

Ansiedlungen
Klöster
Kirchen
Burgen
Schlösser
Herrensitze

aus 1200 Jahren Geschichte
im
Oberweserraum

Verlag des Antiquariats Bernhard Schäfer
Bad Karlshafen · 2002

Die Deutsche Bibliothek - CIP Einheitsaufnahme

Ein Titeldatensatz für diese Publikation ist bei der
Deutschen Bibliothek erhältlich

Luftaufnahmen: Dr. Rolf Blessing
Bad Karlshafen 2002
Scan und Satz: Christian Schäfer

Herstellung: Druckerei Steinmeier · Nördlingen
ISBN: 3-934800-01-7

Inhalt

Einleitung

Sigrid Kupetz

Kunst- und Reiseführer enden gewöhnlich an Ländergrenzen, seien es auch nur die der Bundesländer – warum eigentlich? Denn was sind Ländergrenzen für denjenigen, der auf Entdeckungen aus ist? Ihn lockt das Neue und Gemeinsame diesseits und jenseits der Grenze, und er will sich den Horizont der Erkundungen nicht eingrenzen lassen. Das heißt freilich keineswegs, daß angestammte Besonderheiten, die vielerorts jahrhundertelang gerade durch Ländergrenzen bewahrt geblieben sind, nun nivelliert würden. Im Gegenteil, der aufmerksame Besucher erspürt sie, vergleicht, vielleicht kann er sogar durch teilnehmendes Interesse zu ihrer Erhaltung beitragen.

Denn nur wer die Vergangenheit wahrnimmt, sie respektiert und einbezieht, kann sich der Gegenwart und auch der Zukunft widmen. Alles ist Weiterentwicklung und Fortsetzung, niemals ein Neubeginn.

Zwölf Routen durch ländliche Gebiete Nordhessens, Ostwestfalens und Südniedersachsens ignorierten also die Ländergrenzen und erkundeten so ein großes ländliches Gebiet, das durch die fehlende Industrialisierung zwar relativ arm – aber in seinen Eigenarten erhalten geblieben ist. Mit Romanischen Kirchen haben wir Eckpunkte gesetzt. Doch neben international bekannten Bauwerken wurden auch andere Sehenswürdigleiten und verborgene Schätze in den Blickpunkt gerückt wie Schlösser der Weserrenaissance, Herrenhäuser, Ruinen oder sehenswerte Ortschaften.

Dieses Buch ist das Ergebnis vieler Streifzüge durch einen uns zunächst unbekannten ländlichen Raum. Ich unternahm sie in den Jahren 1990-1995 mit Studenten des Kunsthochschulbereichs der Universität Kassel. Die Exkursionen führten aus dem fest umrissenen Lernbereich hinaus, um Erlerntes mit der Anschauung zu verbinden. Sie wurden über einige Jahre zu studienbegleitenden Projekten für Studierende aus den Fachbereichen Visuelle Kommunikation, Produkt-Design und Kunstgeschichte.

Nicht immer waren die Voraussetzungen für das Kennenlernen und Fotografieren günstig. So kehrten wir wieder und wieder an einen Ort zurück, nicht nur andere Wege durchs Land suchend, sondern auch das noch einmal anders wahrnehmend, was schon bekannt zu sein schien – jeder Tag, jede Tages- und Jahreszeit zeigten ein überraschend neues Gesicht.

Die Fahrten durchs Land haben uns auch gezeigt, wie sich die dörfliche Welt verändert hat und wie sich das ländliche Leben zunehmend am städtischen orientiert. Diese Wandlung vollzieht sich nicht erst seit gestern; sie war aber, da sie sich kontinuierlich in kleinen Schritten vollzog, nicht sofort erkennbar. Plötzlich sieht es jeder: ein Dorf gleicht nicht mehr der im Bilderbuch gezeigten Idylle mit ländlichem Leben und bäuerlichen Tätigkeiten. Nur mit Mühe ist jemand zu finden, der dem Fremden Auskunft geben kann, auch darüber, wo er nach dem Schlüssel für die Kirche anklopfen kann. Mancher Ort wirkt wie ausgestorben. Bis er sich plötzlich belebt – doch nicht mit vom Feld heimkehrenden Bauern, sondern mit Pendlern von auswärtigen Arbeitsstätten und Kindern aus den Schulen der nächsten Stadt.

Der Tourist, der oft dörferweit kein geöffnetes Gasthaus findet, mag sich fragen, ob man sich hier tatsächlich eine wirtschaftliche Belebung vom Fremdenverkehr erhofft, wie es Werbung und Medien glauben machen. Auch wir reagierten darauf, emotional zunächst, dann die Eindrücke ordnend:

Da gibt es Flecken, Dörfer und kleine Städte, die schon aus der Ferne einladen, und noch immer ihr eigenes Gesicht zeigen. Dort verweilten wir gern, und dorthin kehrten wir immer wieder zurück.

Anderswo hat man auf den Massentourismus gesetzt und die Historie mehr herausgeputzt, als es dem Ort gut getan hat. So sind charakteristische Eigenarten dem touristischen Einheitsgeschmack angepasst oder sogar zerstört worden. »Einheitsgeschmack« ist durchaus wörtlich zu verstehen: Nur in wenigen Gaststätten schmeckte es uns ausgesprochen gut oder sogar besser als selbst zubereitete Mahlzeiten, und nur selten fanden wir eine bescheidene ländliche Gaststube, die nicht verräuchert war und einen guten hausgemachten Eintopf anbot.

Wir stellten uns die Frage, was »Gastlichkeit«, von der in Hausprospekten so oft die Rede ist, überhaupt ausmacht? Sicher nicht die nach dem Versandhauskatalog erfolgte Modernisierung. Sondern: Freundlichkeit, Aufmerksamkeit, etwas Gutes – gerade beim Einfachen – für Zunge und Auge sowie Achtung der Tradition.

Wir fanden leider auch Ortschaften, deren Häuser und Straßen schon in den sechziger und siebziger Jahren auf eine Weise erneuert wurden, die Ursprung und ehemalige Funktionen nicht mehr erkennen lassen. Was zugefügt oder erneuert werden musste, geschah nicht, wie jahrhundertelang üblich, im Einklang mit dem Vorhandenen. Das neue Erscheinungsbild ist bestimmt durch Glätte, Sauberkeit, Pflegeleichtigkeit. Neue Werkstoffe machten die Erfüllung von Wünschen leicht. So verschwanden Zeichen einstigen Gebrauchs hinter »verplättelten Fassaden«, die nun, statt visueller Reize, biedere Perfektion zeigen.

So ist also, nach vielem Lob für die Region, auch etwas Nachdenklichkeit angesagt. Möge man das, was in früheren Generationen an Bemerkenswertem geschaffen wurde, nicht leichtfertig vertun. Dieser Wunsch steht, so meinen wir, dem Konzept für Dorferneuerung nicht entgegen – vor allem nicht dort, wo man auf die Entwicklung des Fremdenverkehrs baut.

Mit Routenvorschlägen und Objektbeschreibungen haben wir in diesem Buch versucht, die Waage zu halten zwischen sachlicher Information und subjektiver Beschreibung. Sie möchten für diese an verborgenen Schätzen so reiche Region interessieren und den Leser dazu anregen, sie selbst und auf eigene Weise in Augenschein zu nehmen.

Manche Abbildungen zeigen auch, was als Privatbesitz nicht öffentlich zugänglich ist. Die oftmals recht verwickelten Besitzverhältnisse und die Namen der Eigentümer werden nur in einigen Fällen genannt.

Beim Besuch von Kirchen gilt heute nicht mehr die Regel, daß katholische Kirchen tagsüber geöffnet, evangelische dagegen geschlossen seien. Man kann aber davon ausgehen, dass jede Kirche auch außerhalb des Gottesdienstes besucht werden kann – es kostet nur unterschiedliche Zeit der Vorbereitung. Denn, allen Kirchenämtern sei es geklagt, nur wenige Kirchen weisen darauf hin, wo man einen Schlüssel erbitten kann. Nicht überall, aber doch an vielen Orten ist der Gast willkommen, und manchmal hat der Pfarrer sogar Zeit für ein Gespräch. Dann kann man hin und wieder mehr über die Kirche in Erfahrung bringen, als in Führern zu lesen ist. Manche Empfindlichkeit über die Störung durch unangemeldete Besuche ist verständlich, umso mehr wäre eine gemeinsame und einheitliche Lösung wünschenswert. Die einfachste ist ein Hinweis an der Kirchentür. Aber vielleicht gibt es mancherorts nicht einmal mehr das hilfsbereite Gemeindemitglied, das die Verantwortung für einen Schlüssel übernehmen will?

Ein historischer Überblick und zwölf Fachbeiträge zu unterschiedlichen Themen, die kompetent und anschaulich auf Besonderheiten der Region eingehen, runden die Abbildungen und ihre Beschreibungen ab. Sie wurden uns von Kennern und Fachleuten geschrieben, die wir auf unseren Exkursionen kennenlernten und befragten. Nun laden wir dazu ein, diese an kulturellen und landschaftlichen Schätzen reiche Region kennenzulernen.

Historischer Überblick

Karl Hüser

»Das Vergangene ist nicht tot; es ist nicht einmal vergangen.«

Mit dieser Feststellung beginnt Christa Wolf ihren autobiographischen Roman »Kindheitsmuster«. Ist hier auch zunächst die zeitgeschichtliche Vergangenheit im Sinne der individuellen Erinnerung angesprochen, so gilt Wolfs Aussage doch ebenso für die historisch vermittelte kollektive Erinnerung, die weit in die Vergangenheit zurückreicht.

Für die hier angestrebte Gesamtschau einer doch recht pragmatisch gegriffenen Region mit einem Radius von etwa 60 km um Bad Karlshafen im heutigen Dreiländereck mit dem nördlichsten Hessen, Ostwestfalen und Südniedersachsen ist ein Rückblick in die Geschichte um so mehr erforderlich, als sie hier im Oberweserraum Zeugnis gibt von der territorialen Vielfalt im Heiligen Römischen Reich Deutscher Nation.

In einer für diesen Überblick zulässigen groben geographischen Abgrenzung umgreift die zu erfassende Region den Bereich der Oberweser zwischen Hannoversch Münden und Hameln, die beide allerdings außerhalb der Betrachtung bleiben. Östlich der Weser wird die Leine knapp erreicht; im Westen bildet das Eggegebirge die Grenze; im Süden ist das Dreieck zwischen Diemel und Weser mit dem Reinhardswald als Basis einbezogen.

Werfen wir den Blick weit ins Mittelalter zurück, so gehörte das gesamte Gebiet nach der Christianisierung der Sachsen durch Karl den Großen um 800 und der sich im 9. Jahrhundert herausbildenden Stammesherzogtümer bis zum Sturz Heinrichs des Löwen im Jahre 1180 zum Stammesherzogtum Sachsen – die hier nicht einzubeziehende Stadt Kassel gehörte bereits zum Stammesherzogtum Franken. Auf einem Reichstag in seiner Pfalz Gelnhausen im heute hessischen Main-Kinzig-Kreis beendete Kaiser Friedrich Barbarossa ein zweijähriges Verfahren wegen Landfriedensbruchs gegen seinen Vetter Heinrich 1180 mit dessen Ächtung und der Teilung des Herzogtums. Der Südwesten, Westfalen, fiel mit der Herzogswürde an den Erzbischof von Köln. Den Osten erhielt der zum Herzog erhobene Bernhard von Anhalt, der Sohn Albrechts des Bären aus dem Hause Askanien. Heinrichs des Löwen Haus, das Geschlecht der Welfen, behielt jedoch seine zahlreichen Eigengüter zwischen Oberweser und Niederelbe mit der Residenz Braunschweig. Diese Eigengüter übertrug Heinrichs Enkel, Otto das Kind, im Jahre 1235 auf dem Reichstag zu Mainz dem Reich und erhielt sie als Herzogtum Braunschweig-Lüneburg in Form eines Reichslehens zurück. Im Kogelnberger Vertrag schließlich bestimmten 1260 Köln und Braunschweig die Weser zur Grenze ihres jeweiligen Einflußgebietes. Keinem der beiden Vertragspartner gelang es jedoch, die in der ersten Hälfte des 13. Jahrhunderts im Gefolge der Schwächung der Reichsgewalt entstandenen zahlreichen Territorien geistlicher und weltlicher Herren zu unterwerfen. In dem hier zu betrachtenden Gebiet östlich der Weser behaupteten sich in den folgenden Jahrhunderten die Welfen mit ihren verschiedenen Linien. Nach zahlreichen Teilungen und Wiedervereinigungen setzten sich für unseren Raum Hannover und Braunschweig als Landeshauptstädte durch.

Die Landgrafschaft Hessen entstand als historischer Raum im Jahre 1247 mit dem Tode des letzten Thüringer Landgrafen Heinrich Raspe. Sophie, Gemalin Herzog Heinrichs II. von Brabant und Tochter der hl. Elisabeth, beanspruchte Hessen für ihren jungen Sohn Heinrich und konnte diesen Anspruch gegen den Erzbischof von Mainz durchsetzen. Die Auseinandersetzungen mit Mainz und Paderborn um den Raum nördlich von Kassel zwischen Fulda, Weser und Diemel zogen sich allerdings noch zwei Jahrhunderte hin. Erst 1462 fiel z.B. Hofgeismar von Kurmainz an Hessen-Kassel.

Mehr als 500 Jahre lang – bis zur Säkularisation der geistlichen Fürstentümer 1803 durch den Reichsdeputationshauptschluß von Regensburg – behaupteten die Fürstbischöfe von Paderborn die Landeshoheit über das Land zwischen Diemel, Weser und Eggegebirge, die sie in der zweiten Hälfte des 13. Jahrhunderts dem Erzbischof von Köln nach harten Rückschlägen abgetrotzt und endgültig 1444 durch Kölns Niederlage in der Soester Fehde gesichert hatten. Die Herrschaft an der Weser selbst mußte sich Paderborn allerdings mit der Reichsabtei Corvey teilen, die ebenfalls im 13. Jahrhundert die Landeshoheit über ein allerdings nur kleines Territorium um die Stadt Höxter errungen hatte. Die beiden geistlichen Fürstentümer stärkten gemeinsam ihre Stellung an Weser und Diemel, als sie 1332 die Burg Beverungen errichteten. Gut einhundert Jahre später schätzten allerdings die Abtei und die Stadt Höxter die Schutzherrschaftsbestrebungen Paderborns als so bedrohlich ein, daß sie 1434 Braunschweig und Hessen als Schutzherren wählten. Wechselseitige Eifersucht der drei größeren Nachbarn sicherte übrigens das weitere Eigenleben Corveys trotz des geistlichen Verfalls im 15. Jahrhundert, der sich erst mit dem Anschluß des Klosters an die Bursfelder Kongregation der Benediktiner im Jahre 1501 zum Besseren wendete. Im Jahre 1792, nur ein Jahrzehnt vor der Aufhebung der Abtei, erreichte Abt Ferdinand von Lüninck die Erhebung zum Fürstbistum.

Mit Falkenhagen reicht »unsere Region« in den Südosten Lippe-Detmolds hinein, umfaßt noch weiter nördlich die alte Paderborner Exklave Lügde und stößt an Lügdes Gemeindegrenze an die ehemalige Grafschaft Pyrmont, die nach verschiedenen Erbgängen von 1625 bis 1922 zu Waldeck gehörte und sich dann an Preußen anschloß. Betont sei an dieser Stelle, daß lediglich die Territorien vorgestellt worden sind, die sich in immer wieder aufflammenden Fehden im 14. und 15. Jahrhundert um 1500 so konsolidiert hatten, daß sie auch die Wirren der Reformationszeit, den Dreißigjährigen Krieg (1618 – 1648) und den Siebenjährigen Krieg (1756 – 1763) überstanden – zwar eher schlecht als recht, mit wechselnden Besetzungen und Kontributionen, aber immerhin bis um die Wende vom 18. zum 19. Jahrhundert andauernd, manchmal auch darüber hinaus. Die Grundherrschaft über die gestuft abhängige Landbevölkerung teilten sich der Landadel auf seinen festen Burgen und geistliche Stiftungen sowie die zahlreichen Klöster. Zumindest bis zur Reformation waren letztere unbestritten die religiösen und kulturellen Zentren der Region. Kleine befestigte Landstädte sicherten die Herrschaft der jeweiligen Landesherren nach außen und nach innen.

Um 1530 erschütterten die religiösen, sozialen und politischen Wirren im Gefolge der Reformation das labile, zerbrechliche Gleichgewicht der Kräfte nachhaltig, und erst rund 120 Jahre später konnte es sich nach dem Dreißigjährigen Krieg auf neuen Grundlagen wieder stabilisieren. Den Ausgangspunkt für die Reformation im Oberweserraum bildete die Homberger Synode, auf der Landgraf Philipp der Großmütige von Hessen am 26. Oktober 1526 die Reformation einführte und gleichzeitig die erste evangelische Landeskirche gründete. Als Initiator des Schmalkaldener Bundes von 1531 machte er Hessen zu einer bestimmenden Macht im Reich und gewann großes Ansehen als kluger Vermittler zwischen Luther und Zwingli, das er jedoch schon 1540 selbst zerstörte durch seine von Luther geduldete Doppelehe mit dem Hoffräulein von der Sale. Für unsere Region ist Philipps Einfluß in den 30er Jahren des 16. Jahrhunderts von Bedeutung. Die oben erwähnte hessische Schutzherrschaft öffnete Höxter für lutherische Prediger. Die Stadt entwickelte sich zum Stützpunkt für die neue Lehre, die bald auch in den benachbarten Paderborner Städtchen und Flecken verkündet wurde. Auch die 1528 in den Grafenstand erhobenen Edelherren von Lippe führten in enger Anlehnung an den Landgrafen Philipp 1538 nach hessischem Vorbild eine neue Kirchenordnung ein; ein gleiches geschah in den Braunschweigischen Gebieten rechts der Weser. Nach vielem Hin und Her gewann unter dem Bischof Heinrich von Sachsen-Lauenburg (1577 – 1585) das Luthertum im ganzen Hochstift Paderborn die Oberhand. Zur gleichen Zeit wurde im Jahre 1579 das Reformkloster Bursfelde protestantisch und ist es bis heute geblieben, während die von Bischof Dietrich von Fürstenberg (1585 – 1618) ins Land gerufenen Jesuiten das ganze Hochstift Paderborn und auch das Corveyer Land bis auf wenige evangelische »Einsprengsel« unter den Bürgern der Stadt Höxter in die katholische Kirche zurückführen konnten. Dagegen brachte das Jahr 1605 in Hessen-Kassel und Lippe eine zweite Reformation.

Fast gleichzeitig bekannten sich Landgraf Moritz in Kassel und Graf Simon VI. in Detmold zum reformierten Ritus. Dieser Schritt der Landesherren führte in beiden Staaten zu heftigen religiösen und politischen Auseinandersetzungen, über die in unserem Zusammenhang aber nicht ausführlicher berichtet werden kann.

Verschiedentlich »durchzogen« im Dreißigjährigen Krieg einmal Truppen der einen, dann wieder der anderen Seite unsere Region und zerstörten, verwüsteten und töteten; aber der Westfälische Friede bestätigte im wesentlichen die religiösen und politischen Verhältnisse, wie sie sich bis zum Beginn des Krieges entwickelt hatten. Im Jahre 1699 erhielt das Land an der Mündung der Diemel in die Weser ein belebendes Element mit der Gründung der Stadt Karlshafen. Die Ansiedlung von Hugenotten war eine Antwort des Landgrafen (1670 – 1730) auf die Aufhebung des Toleranzedikts von Nantes durch den französischen »Sonnenkönig« Ludwig XIV. im Jahre 1685. Auf der Grundlage der Hessischen Freiheitskonzession vom 18. April 1685 hatte der Landgraf sein Land sofort den französischen Glaubensflüchtlingen geöffnet.

Auf der braunschweigischen Seite der Weser, von Karlshafen aus gesehen nur wenige Kilometer flußabwärts, bestimmte Herzog Karl I. im Jahre 1753 sein wenig benutztes Jagdschloß Fürstenberg zum endgültigen Domizil für seine sechs Jahre vorher gegründete Porzellanmanufaktur. Seit rund zweihundertundvierzig Jahren behauptet nunmehr das Fürstenberger Porzellan einen besonderen Rang unter den großen Porzellanmarken.

Die politischen Grenzen im Oberweserraum veränderten sich auch nach dem Siebenjährigen Krieg (1756 – 1763) erst, als das zur europäischen Großmacht erstarkte

Preußen im Herbst 1802 von den geistlichen Fürstentümern Paderborn und Corvey als Vorgriff auf den Reichsdeputationshauptschluß des Jahres 1803 Besitz ergriff. Hessen-Kassel wurde zum Kurfürstentum erhoben, gewann aber territorial nur einige kleinere mainzische Enklaven. Dem 1806 unter dem Protektorat Napoleons gegründeten Rheinbund schloß sich aus unserem Raum nur Lippe-Detmold an, das seit 1789 den Fürstentitel führte. Deshalb teilten Kurhessen und Braunschweig das Schicksal der preußischen Gebiete nach der verheerenden Niederlage Preußens in der Doppelschlacht bei Jena und Auerstädt im Oktober 1806. Nach dem Frieden von Tilsit gründete Napoleon im August 1807 für seinen jüngsten Bruder Jérôme das Königreich Westfalen mit der Hauptstadt Kassel. Diese erste politische Einigung des Oberweserraums unter französischer Fremdherrschaft hatte jedoch nur sechs Jahre Bestand; sie endete mit der Flucht König Jérômes aus Kassel nach der Völkerschlacht bei Leipzig im Oktober 1813.

Für unsere Region stellte der Wiener Kongreß 1815 die politischen Grenzen von 1803 wieder her. Sie blieben stabil bis zum Sieg Preußens über Österreich in der Schlacht von Königgrätz am 3. Juli 1866. Im nachfolgenden Frieden von Prag bezahlten Hannover und Kurhessen ihr Bündnis mit Österreich durch den Verlust ihrer staatlichen Existenz. Drei preußische Provinzen berührten sich in den folgenden Jahrzehnten an der Oberweser: Westfalen, Hessen-Nassau und Hannover; unberührt von diesen Veränderungen blieben das Herzogtum Braunschweig und das Fürstentum Lippe-Detmold sowie die Fürstentümer Waldeck-Pyrmont und Schaumburg-Lippe, auf die wir hier nicht weiter eingehen können. Als Freistaaten konnten Braunschweig und Lippe ihre Selbstständigkeit auch nach den revolutionären Veränderungen im November 1918 behaupten. Sie verloren ihre Eigenstaatlichkeit zusammen mit den übrigen deutschen Ländern ein Jahr nach der sogenannten »Machtergreifung« Hitlers durch das Gesetz über den Neuaufbau des Reiches vom 30. Januar 1934. Noch während des Zweiten Weltkriegs fiel am 1. August 1941 im Rahmen eines Gebietsaustauschs der braunschweigische Kreis Holzminden an die Provinz Hannover.

Von den Zerstörungen des Luftkriegs blieb unsere Region weitgehend verschont. Vor allem Brücken und Eisenbahnanlagen wurden überwiegend von deutschen Truppen gesprengt, als amerikanische Armeen im April 1945 von Westen her die Oberweser erreichten und überschritten. Dann durchschnitt die vom Sommer 1945 bis Anfang 1947 für Deutsche fast undurchlässige Grenze zwischen der britischen und amerikanischen Besatzungszone die Region. Mit der Gründung des Landes Hessen durch die Amerikaner und der Länder Niedersachsen und Nordrhein-Westfalen, dem sich 1947 Lippe anschloß, durch die Engländer entstand dann das Dreiländereck, wie wir es heute kennen.

Die in diesem Buch bildlich erfaßten »Überreste« aus alter und jüngerer Zeit, um einen historischen Fachausdruck zu verwenden, laden ein zu einer Auseinandersetzung mit der Geschichte der Region, sie laden ein zum Vergleichen und zum Verweilen und bieten Ruhepunkte der Besinnung angesichts der oft allzu flüchtigen Geschäftigkeit des Augenblicks.

Route 1

Vom Mittelpunkt des Dreiländerecks Nordhessen/Südniedersachsen/Ostwestfalen aus – Bad Karlshafen – führt die erste Route durch das liebliche Diemeltal bis Trendelburg, dann weiter in Richtung Hofgeismar. Viele Blickpunkte bieten sich an: Dorfkirchen mit Wandmalereien, Burgen und Wasserschlösser, Fachwerkdörfer und Ackerbürgerhäuser. Sogar Reste des einst in Carls Hafen begonnenen Kanals findet man auf der Entdeckungsfahrt durch die reizvolle Landschaft im nördlichsten Zipfel Hessens.

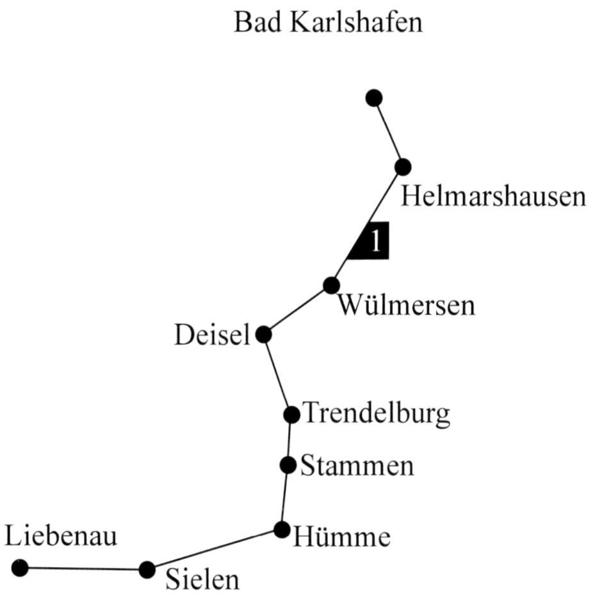

Karlshafen entstand ab 1699 zwischen Weser und einmündender Diemel im nördlichsten Punkt Hessens.

Carls Hafen – schon der Name verrät etwas über die Geschichte der kleinen städtischen Siedlung an der Weser. Ihre Gründung durch Landgraf Carl (reg. 1677–1730) gehörte zu Plänen und Ideen für wirtschaftliche Neuerungen im Land, die das bevorstehende 18. Jahrhundert mitprägen sollten. Gleichzeitig mit der Erschließung und Nutzung natürlicher Hilfsquellen, mit Gründung von Manufakturen und Fabriken und mit Verbesserung alter Handelswege sollte im nördlichsten Punkt Hessens eine Industrie- und Handelsstadt entstehen. Die weseraufwärts verschifften Handelswaren sollten hier umgeladen und auf einem neu entstehenden Kanal direkt ins Land weitertransportiert werden, um den letzten und aufwendigen Stapelzoll der hannoverschen Stadt Münden zu umgehen.

Daß sich Landgraf Karl nicht nur mit einer technischen Hafenanlage oder der Stadtgründung zufrieden geben wollte, zeigt der Entwurf einer Gesamtanlage. In Anlehnung an Beispiele barocker Planstädte sollte sie auch repräsentative Bedeutung gewinnen. Doch bevor Baumeister Conradi mit dem Bau der Stadt beginnen konnte, mußte zunächst das sumpfige Gelände zwischen Weser und Diemeleinmündung mit Holz, Steinen und Erde aufgefüllt und trockengelegt werden. Ein mühsames Unterfangen. Am 18. September 1699 konnte der Bau des ersten Hauses beginnen, des Gasthofs »Landgraf Carl«.

Die ab 1700 in drei Bauphasen entstandene Siedlung überrascht den Besucher durch ihr streng geordnetes Erscheinungsbild. Ihren Mittelpunkt bildet das Hafenbecken, an dessen Längsseiten Häuserkarrees symmetrisch angeordnet sind. Den ursprünglichen und vollständigen Entwurf

Gasthof »Landgraf Carl«, Baubeginn 1699. Von hier aus leitete Baumeister Conradi die erste Bauphase.

Das heutige Rathaus diente einst als Packhaus zum Umschlagen der auf dem Wasserweg transportierten Waren.

Vom Hugenottenturm aus ist die schmale Verbindung der Weser mit dem Hafenbecken zu erkennen. Links und rechts des Hafens liegen die beiden Häuserkarrees der ersten Bauphase.

dafür zeigt ein rekonstruiertes Modell im heutigen Rathaus, dem ehemaligen Packhaus am Hafenplatz. Hier sollten die aus dem Norden ankommenden Waren bis zum Weitertransport ins Landesinnere gelagert werden.

Der geplante Kanal, der vom Hafen aus den Transport der Waren nach Kassel und weiter ins Land hinein übernehmen sollte, war ein kühner, doch schließlich nicht realisierbarer Entwurf. Lediglich seine ersten Kilometer wurden fertiggestellt. Die kleine Stadt hingegen entwickelte sich über den Zeitraum von 140 Jahren in drei Bauphasen zu dem Bild, das wir noch heute als architektionisches Kleinod bewundern, wenn auch die geplante Portalanlage zum Nachbarstaat Hannover ein Fragment geblieben ist.

Die gern benutzte Bezeichnung »Hugenottenstadt« bezieht sich auf die erste Besiedlung des entstehenden Städtchens durch französische Glaubensflüchtlinge, die Hugenotten, die nach der Aufhebung des Edikts von Nantes (1685) in protestantischen Ländern Aufnahme fanden. Gerade in dieser Zeit des wirtschaftlichen Umbruchs in Hessen waren sie ihrer Kenntnisse und hochentwickelten handwerklichen Fertigkeiten wegen sehr willkommen, ihre Ansiedlung wurde mit weitreichenden Konzessionen unterstützt.

Die entstehende Stadt nannte man zunächst Sieburg. Der Name Sieburg ist als Forstbezeichnung in alten Urkunden zu finden und bis 1030 zurückzuverfolgen. Damals überschrieb ein Schenkungsbrief des Kaisers Heinrichs II. den Sieburger Wald an das Kloster Helmarshausen. Doch anläßlich des ersten Besuches vom Landgrafen wurde Sieburg ihm zu Ehren in Carlshafen umbenannt.

Das Ansiedeln allein reichte selbst für anspruchslose Flüchtlinge nicht aus. Schon einfachste Bedürfnisse machten Veränderungen des landgräflichen Entwurfs notwendig. Aber ohne von außen her das Erscheinungsbild der Häuserkarrees zu verändern, wurden die ursprünglich für Gärten vorgesehenen Innenräume der umbauten Karrees nach und nach für dringendere Bedürfnisse genutzt und ausgebaut. So füllten sich die Freiflächen innerhalb der Karrees mit allem, was die Bewohner der kleinen Häuser dringend brauchten. Dort entstanden im Lauf der Zeit Ställe, Werkstätten, Anbauten an die Wohnhäuser und schließlich sogar Garagen. Doch zur Straße hin blieben die Vorderfronten des landgräflichen Entwurfs bis auf den Einbau der Läden unversehrt. Im nordöstlich des Hafenbeckens gelegenen Karree wurde 1847 sogar eine Tabakfabrik gebaut, die bis in die sechziger Jahre des 20.

Die zur Weserstraße, der späteren Hauptstraße gerichtete Häuserfront des ersten Karrees.

Erst eine Lauftaufnahme zeigt die Dichte der dahinter liegenden Hofbebauung.

Jahrhunderts hinein begehrte Arbeitsplätze anbot. Dieser Bau ist inzwischen saniert und zum Deutschen Hugenottenzentrum und Hugenottenmuseum umgebaut worden.

1750 waren die Karrees links und rechts des Hafenbeckens, in deren Fortsetzung die »Märkte« der Carlstraße und Friedrichstraße sowie die beiden abschließenden Häuserreihen fertig gebaut und die Häuser bereits dicht bewohnt.

Politische Ereignisse und der Siebenjährige Krieg beendeten 1750 die erste Bauphase. Erst dreizehn Jahre später konnte die zweite Bauphase beginnen. Obwohl man die alte Bauweise fortsetzte, war es nun den Bürgern überlassen, wie hoch oder wie groß sie ein Haus planten und

Die gut restaurierte Front eines Karreehauses in der Friedrichstraße.

Viele Karreehäuser wurden seit dem 19.Jahrhundert mit Läden ausgestattet.

Haus Suchier, ein großbürgerlicher Bau in der Weserstraße, entstand als erstes Haus in der zweiten Bauphase.

bauen wollten und welchem Zweck es dienen sollte. So entstanden die in Eigeninitiative geplanten, selbst finanzierten und nun nicht mehr dem alten Bebauungsplan folgenden Häuser *parallel* zur Weser. Sie verbanden sich mit den gegenüberliegenden Seitenflügeln der Hafenkarrees (1. Bauphase) zur neuen Hauptstraße der Stadt.

Erst jetzt wurden die letzten beiden Bauplätze der Hafenkarrees geschlossen. Auch diese Eckhäuser zum Hafenplatz setzten die alten Bauformen nicht fort, sie folgten stattdessen neuen Ansprüchen und unterscheiden sich noch heute in Höhe, Größe und Dachformen von den umgebenden älteren Karree-Häusern.

Das Eckhaus Hafenplatz/Invalidenstraße war zunächst als weiteres Packhaus vorgesehen. Im Lauf der Zeit diente es

Der dazugehörige Bau am Ende des Anwesens diente nach und nach ganz unterschiedlichen Nutzungen.

Der erhöht liegende stattliche Eingang des Hauses Suchier mit dem darunterliegenden Kellereingang

Auch das Zollhaus Ecke Hafenplatz-Invalidenstraße ist ein Haus aus der zweiten Bauphase..

Der große, doppelgeschossige Dachboden des Zollhauses war für die Aufnahme und Lagerung von Waren gedacht..

unterschiedlichen Nutzungen, beispielswiese als Zollhaus, wie es auch heute noch genannt wird. Die jüngste Sanierung und der Umbau zum Wohn- und Geschäftshaus hat die originalen Baupläne weitgehend berücksichtigt.

Erhalten blieben auch die großen, doppelgeschossigen Bodenräume, die für das Verstauen der Waren bei Hochwasser gedient hatten. Erst im 20. Jahrhundert wurde die Stadt durch eine Betonmauer zwischen dem Invalidenhaus und der Diemeleinmündung in die Weser vor größeren Wasserschäden geschützt.

Mit dem dritten Bauabschnitt der Siedlung wurde die Vorstellung einer Portalanlage endgültig aufgehoben. Dort, wo das Gelände anzusteigen beginnt, setzte der Erbauer des Hauses Hafenplatz 15 den Schlußstrich unter die alten

Bei der Zuteilung der Innenhöfe standen für die großen Eckhäuser nur die kleinsten Hofanteile zur Verfügung.

Die Häuserfront aus der zweiten Bauphase (hier Weserstraße) zeigt unterschiedliche Größen und Höhen.

Nochmals ein Blick auf die Weserstraße mit der dahinter fließenden Weser. Die Brücke wurde 1952 erbaut.

Das Zollhaus Ecke Hafenplatz/Invalidenstraße ist ist in der zweiten Bauphase entstanden. Hier wurden Waren bis zum Weitertransport gelagert.

Auch hier wurde die letzte Baulücke des Karrees in der 2. Bauphase geschlossen. Das Haus ist höher, stattlicher und mit einem Säulenportal gebaut worden.

Das heutige Hotel zum Schwan in der Bildmitte wurde 1763 zweistöckig erbaut und 1832 nochmals um eineinhalb Stockwerke erhöht.

Nur das rechts stehende der drei Häuser in der Conradistraße stammt noch aus der 1. Bauphase.

Das Haus der dritten Bauphase steht quer zum Hafenplatz auf dem ehemaligen Holzplatz der entstehenden Siedlung.

Baupläne. Die Lage des Baugrundstücks eignete sich bestens dafür, die aus Frankreich mitgebrachten Rezepturen auszuprobieren und Liköre herzustellen. So begann die Geschichte der Weinhandlung, die heute noch besteht.

Die bereits 1730 erschlossene Solequelle Karlshafens wurde zunächst zur Salzgewinnung, in der nachfolgenden Zeit als Heilquelle genutzt. Mit einer neuen Kuranlage und Bädereinrichtung ist Karlshafen 1977 schließlich zu Bad Karlshafen geworden.

Inzwischen ist die Stadt gewachsen. Im späten 19. und beginnenden 20. Jahrhundert sind diesseits und jenseits der Weser, also außerhalb der historischen Siedlung, zeitgemäße Villen entstanden, Zeugnisse wirtschaftlicher Erfolge in dieser Zeit. Nach dem zweiten Weltkrieg wurden

Die Rückseite der Weinhandlung ist unverputzt. Das Dach ist noch mit Schieferplatten gedeckt, wie es bis ins 20. Jahrh. hinein üblich war.

Das Haus profitiert von dem Geländeanstieg, so ist dergeräumige Weinkeller direkt in das ansteigende Gelände hineingebaut.

Um 1900 vergrößerte sich die Stadt. Hier sind die Häuser »Unter der Eichen« jenseits der Weser zu sehen; eine Brück führt in den neuen Stadtteil hinüber.

jenseits der Weser und in Richtung Helmarshausen und auf dem Weg zur Krukenburg weitere Siedlungsgebiete erschlossen und bebaut. Der alte Stadtkern mit dem Hafenbecken ist aber das gern besuchte Zentrum des Städtchens geblieben.

Karlshafen – der Hafen des Landgrafen

Heinrich Klose

Landgraf Karl versuchte in seiner Regierungszeit (1677 bis 1730) das nach dem Dreißigjährigen Krieg verödete Hessenland durch den Ausbau der Verkehrsverbindungen zu neuer wirtschaftlicher Blüte zu bringen. Er plante den Bau eines Kanals, der die Weser mit dem Rhein mitten durch Hessen verbinden sollte. Damit wären die wirtschaftshemmenden althergebrachten Stapelrechte im damals welfischen Hannoversch-Münden zu umgehen gewesen. Der für den Handel effektive Wasserweg sollte über die Diemel, Esse und Ahne bis Kassel und von dort über die Fulda, Eder und Lahn weiter zum Rhein führen. Der europäische Nord-Süd-Handelsverkehr hätte dann zentral durch Hessen geführt, und Karlshafen wäre ein wichtiger Ort für den innerdeutschen Binnenhandel geworden. Dieser Plan erforderte den Bau eines Hafens an der Weser. Untrennbar mit einem neuen Verkehrsweg war darüber hinaus auch die Anlage einer neuen Handelsstadt mit Manufakturen und der Ausfuhr ihrer Erzeugnisse verbunden, da Güter und Produkte als Voraussetzungen für eine offensive Wirtschaftsentwicklung erkannt wurden. Der Grundstein für dieses Vorhaben wurde am 18. 9. 1699 gelegt. Noch zu Lebzeiten des Landgrafen wurde die neue Handelsstadt Sieburg 1718 nach ihrem Gründer in Carlshafen umbenannt.

Karlshafen liegt am Nordende Hessens in einer schmalen Ebene am Zufluß der Diemel in die Weser. Das Gebiet war völlig versumpft und mußte aufgeschüttet und für eine Bebaubarkeit hergerichtet werden. Die steilen Hänge vom Solling im Norden, der Reinhardswald im Südosten und der Höhenzug der Hofgeismarer Scholle im Südwesten haben der Stadtentwicklung enge Grenzen gesetzt.

Der Standort liegt verkehrsmäßig günstig. Das Konzept für den Stadtplan der barocken Gründungsstadt, das nie vollständig verwirklicht wurde, geht vermutlich auf einen Entwurf des Landgrafen Karl selbst zurück. Er folgt in seiner strengen symmetrischen Blockanordnung dem Vorbild der wenig älteren Kasseler Oberneustadt. Von dem hier abgebildeten ersten noch erhaltenen Stadtplan von 1722 sind die beiden Kirchen und die beiden apsidenförmigen Häuserzeilen mit Portalgebäude nicht ausgeführt worden. Da die Konzeption der Stadt planmäßig geometrisch und zudem bekannt ist, daß der Stadtplan eingemessen wurde, muß es Vorlagen gegeben haben, die jetzt verschollen sind.

Die Raumvorstellungen bei der Anlage einer Stadt im 17. Jahrhundert sind absolutistisch und barock. Der Landgraf und seine Mitarbeiter haben keine Äußerung darüber hinterlassen, welche Gestaltungsidee sie mit dem Bau Karlshafens verfolgten. Um die Bedeutung dieser Hafen- und Handelsstadt in Städtebau und der Architektur zu ermessen, läßt sich die Gesamtanlage als eine »repräsentative Portalstadt« für den Hafen bezeichnen. Alle einlaufenden Schiffe sollten nach französischem Vorbild wie in einem »cour d'honneur« empfangen werden. Für die geplante, ganz Hessen durchziehende Wasserstraße stellt Karlshafen den nördlichen Ausgangspunkt im Sinne einer Portalanlage dar. Eingerahmt von den Hängen des Reinhardswaldes öffnet sich die unbefestigte Stadt zur Weser und damit zum Nachbarland, dem damaligen Hannover, hin. Im Mittelpunkt liegt das Hafenbecken mit seiner aus heutiger Flurkarte im Maßstab 1:500 entnommenen Breite – gemessen auf der Höhe zwischen Rathaus und Thurn und Taxisscher Post – von 54,5 m und der Gesamtlänge einschließlich Stichkanalbreite von 147,5 m. Die Maßverhältnisse des geplanten Hafenplatzes verleihen dem Zentrum der Stadt Bezug zu französischen Schloßgruppierungen des ausgehenden 17. Jahrhunderts. Beherrscht wird das Kon-

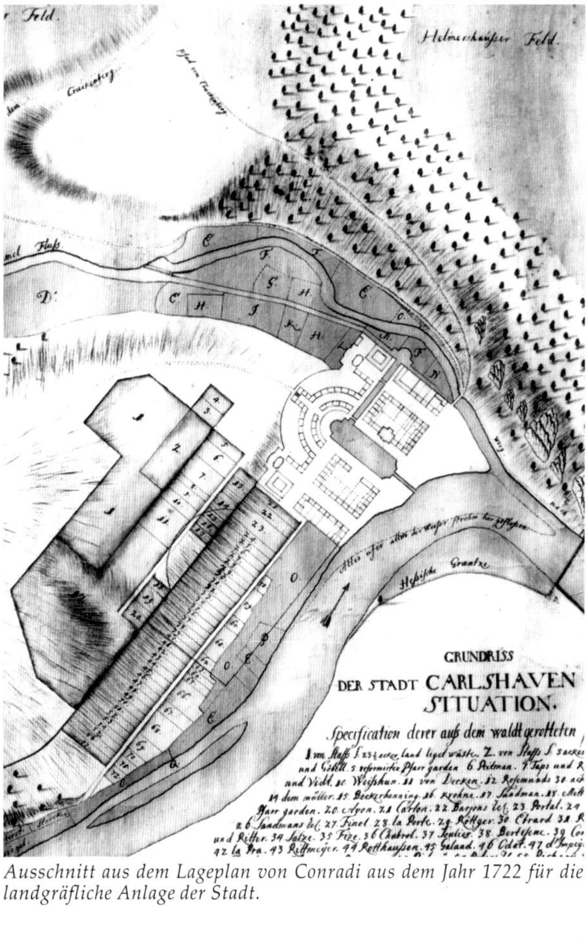

Ausschnitt aus dem Lageplan von Conradi aus dem Jahr 1722 für die landgräfliche Anlage der Stadt.

zept zweifellos durch den runden, aber nicht gebauten, nach Süden hin ansteigenden Abschluß mit dem Portalbau.

Diese Wirkung des leisen Wechselspiels von Platzraum und Landschaft ist der Grund für das spannende Einfügen des streng geometrischen Stadtgrundrisses in das topographisch bewegte Weserbergland. Leider sind, wie bereits ausgeführt, die apsidenförmigen und aufsteigenden Häuserzeilen mit Portalbau ebenso wie die zwei Kirchen nur Plan geblieben. An ihre Stelle trat von 1763 bis 1835 das Gradierwerk für die Solequelle. In späterer Zeit entstanden in weiterer Umsetzung des Plans Bauten, die ohne Gefühl für das ursprüngliche Konzept nur die Fläche nutzten. Sie haben nicht zu einer Entwicklung des Stadtplans beigetragen, sondern stören das Umfeld des einzigartigen Stadtbildes von Karlshafen. Die geplante Orientierung auf die Längsseite des Hafenbeckens ist durch diese Bauten vereitelt worden.

Der symmetrische Entwurf des Stadtgrundrisses charakterisiert Karlshafen als typische absolutistische Idealstadt. Dem Stadtbaugedanken und der Ausführung der Planung liegen die aus der Antike übernommenen Gestaltungsregeln mit dem immer wiederkehrenden Verhältnis von 2 zu 3 zugrunde. Diese Regel ist hier in der Maßeinheit von französischem Fuß, d. i. 32,48 cm, organisiert. Sie gilt für Höhe, Breite und Tiefe aller Häuser, Straßen und Plätze. Die Gestaltungsregel gilt auch für den rechteckigen Anteil des Hafenbeckens selbst, ohne die beiden Halbkreisabschlüsse im Süden und Norden. Diese äußere Einheitlichkeit in Maß und Zahl von Gebäuden und Anlagen wird unabhängig von der Funktion der Bauten angestrebt. Die bauliche Realisierung des Plans hat über 100 Jahre ohne gravierende Änderung der Konzeption zu dem heutigen Erscheinungsbild des Kulturdenkmals Karlshafen geführt. Die folgende Abbildung zeigt den Plan aus der Bauzeit von 1818.

Der denkmalgeschützte Baubestand Karlshafens erfuhr 1994 erstmalig eine durchgängige Sanierung im Sinn des Landesprogramms »Einfache Stadterneuerung«. Von den mehr als 200 Gebäuden in der Altstadt sind mit Hilfe des Sanierungsprogramms über 100 Gebäude bestandserhaltend gesichert worden. Dazu zählen eine funktionelle Verbesserung der Ausstattung (Heizung, Naßräume) und die Schaffung zusätzlichen Wohnraums durch Ausbau der Dachgeschosse u. a. (sogenannte Nachverdichtung). Im Ergebnis führt dies dazu, daß sowohl der Gebäudebestand der Stadt als auch die Hafenanlage mit Kanal in ihrem ursprünglichen äußeren Bauzustand für die Zukunft gesichert sind.

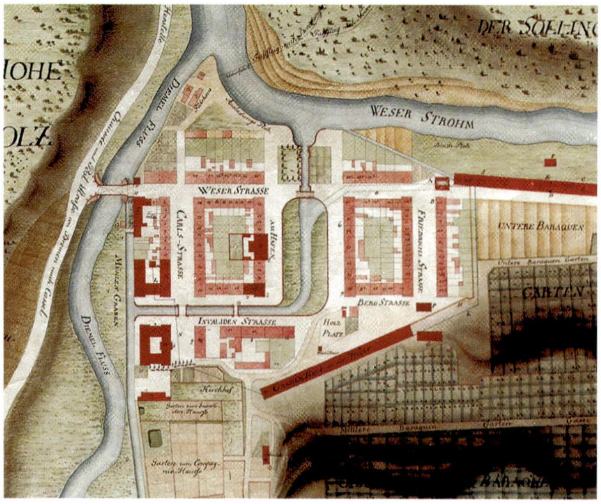

Plan der Stadt Karlshafen von 1818

Die Stadt hat noch eine weitere, heute wiederum aktuelle Dimension: Fremde wie Einheimische haben gemeinsam zur Entwicklung des Konzepts Karlshafen beigetragen. 1701 kamen französische Flüchtlinge in die Stadt, die in ihrer Heimat wegen ihres protestantischen Glaubens verfolgt wurden. Es waren 38 Familien. Sie stammten aus den Cevennen und aus der Dauphiné. Der Landgraf lud mit »Freiheitskonzessionen« von 1700, 1704, 1710 und 1719 in der Textilindustrie tätige Hugenotten ein, u. a. in Karlshafen zu siedeln. Es kamen Wollweber, Leinweber, Handschuhmacher, Hutmacher, Strumpfwirker. Sie erhielten das Brau- und Zapfrecht, die Zollfreiheit für Durchgangsgüter, Freiheit vom Militärdienst, unentgeltliche Benutzung der landgräflichen Lagerhäuser, dazu zwei freie Jahrmärkte und einen Wochenmarkt. Handwerker bekamen je nach Gewerbe eine sechs- bis achtjährige Steuerfreiheit und freien Eintritt in die Zünfte zugebilligt. Die Zahl der bei ihnen arbeitenden Gesellen blieb den Meistern freigestellt. Den Kaufleuten wurde das Wechselrecht eingeräumt und die Einrichtung eines Handelsgerichts zur Schlichtung von Streitigkeiten in Handelssachen gestattet. Mit diesen Freiheitskonzessionen wurden die Voraussetzungen für die Entwicklung von Industrie und Manufakturen in der Handelsstadt Karlshafen geschaffen.

Doch die hoffnungsvolle wirtschaftliche Entwicklung für Bürger, Stadt und Hafen verlor mit dem Tod des Landgrafen Karl (1730) den Förderer und, um es in heutigen Worten zu sagen, konsequenten Verfechter landesplanerischer Entwicklungsziele. Der krisenempfindliche Handels- und Gewerbeort Karlshafen litt unter schweren Rückschlägen, besonders durch die Auswirkungen des Siebenjährigen Krieges (1756 - 1763). Dem Landgrafen Friedrich II. (1760 - 1785) verdankt Karlshafen eine zweite, aber nur kurze Blütezeit. Er unterstützte nachdrücklich die Gründung einer »Handelscompagnie« im Jahr 1771. Alle ein- und ausgehenden Waren genossen Zollfreiheit. Das Speditionsgeschäft in das Ausland und der Großhandel mit Wein, Getreide, Holz und Webwaren waren eine Zeitlang erfolgreich. Aber im Handel mit Amerika entstanden so erhebliche Verluste, daß das Unternehmen am 22. Dezember 1789 Konkurs anmelden mußte. Damit scheiterte ein zweiter Vorstoß der hessischen Landgrafen, Karlshafen zu einem Handelszentrum mit Überseehafen für Hessen zu machen. Der Zollvertrag von 1835 mit Preußen nimmt Karlshafen schließlich die »Grenzlage« und damit den Standort, Exporthafen für Hessen zu sein.

Ab 1843 erreicht die regelmäßige Dampfschiffahrt auf der Weser Karlshafen. Sie benutzt die Kaimauern entlang der Südseite der Weser als Umschlagplatz und nicht mehr den Binnenhafen. Das Hafenbecken versandet. Die Stadt beginnt, sich zu einem erfolgreichen Kurort zu entwickeln. Grundlage dafür ist die 1730 entdeckte Solequelle. Der Hafen des Landgrafen wird Denkmal.

Es ist still am Hafen. Kein Schiff kann heute vom Hafen aus die mit Beton zugegossene Schleuse passieren, um zur Weser zu gelangen – und umgekehrt. Was blieb übrig vom großen Projekt? Es ist leicht, in Gedanken rückwärts und vorwärts zu gehen. Keine Schleusen werden sich mehr öffnen, um Schiffe mit Fracht in den Hafen einzulassen, es wird sich kein geschäftiges Treiben mehr einstellen beim Umladen der Waren auf die Lastkähne zur Weiterfahrt auf die kanalisierte Diemel und weiter über Kassel hinaus. Auch keines der heutigen Personenschiffe wird mehr an der Rathausseite des Hafenbeckens festmachen. Die einst geplante Bedeutung hätten Hafen und Stadt Karlshafen nur durch die Vollendung des Kanals erreicht.

Landgraf Karl hat am 2. November 1717 selbst die Schifffahrt eröffnet, als er *in die Weser zu Schiff ging und durch die Schlüße, Hafen und die übrigen Schlüßen und Kanale geschiffet bis nach Stammen*. Im Nachhinein ist es leicht, zu erkennen, daß das mutige Entwicklungskonzept Kanal Weser-Rhein das Land technisch und finanziell überfordert hat. Aber der andere Aspekt der Entwicklungsplanung, das entvölkerte Land wieder zu besiedeln und ihm durch Menschen aus der Fremde Impulse zu geben, ist aufgegangen. Auch zu diesem Teil der Entwicklungsplanung gehört untrennbar der Binnenhafen.

So versteht man auch die leidenschaftlichen Argumente der Vertreter der Stadt Karlshafen, die am 15. Oktober 1942 gegen eine Zuschüttung des Hafenbeckens durch die Reichswasserstraßenverwaltung angingen. Die Kosten für die Entschlammung des Hafenbeckens waren sicher hoch. Aber sie erscheinen klein, wenn man sie gegen die Identität dieser Stadt aufwiegt. Endlich, am 21. November 1952, erklärte der Hessische Minister für Erziehung und Volksbildung: *Das Land Hessen übernimmt mit Übernahme der Unterhaltung des Hafenbeckens und seines Zubehörs auch den Betrieb der Verschlußeinrichtungen am Einlaufbauwerk an der Diemel und im Absperrbauwerk am Oberhaupt der früheren Schleuse, da der Hafen als kulturgeschichtlich wertvolles Denkmal in meine Verwaltung übergehen wird.*

Es träumt sich gut am Hafen. Schwäne kommen stolz daher geschwommen. Und was finden wir in dem Konvolut von 1899 bis 1906 des Stadtarchivs über die Anschaffung, Ansiedlung und Betreuung der (Alster-)Schwäne im Hafen? Da ist davon die Rede, daß sie sich durch den dunklen Wulst über ihrem Schnabel von den wilden Schwänen unterscheiden; die Gestaltung eines Schwanennestes wird mit Grundriß, Ansicht und Schnitt genau beschrieben. Auch über die Haltung von Karpfen und Schleien im Hafenbecken finden wir im Stadtarchiv Regelungen: vom Aussetzen über das Abfischen bis zum Absenken des Wasserspiegels im Hafenbecken. Dieses verträumte Hafenbecken wird im Winter zur Eislaufbahn für jedermann und damit auf einige Wochen zum lebhaften Mittelpunkt der Stadt mit Lärm und Stimmen – ganz im Sinne des Landgrafen.

Verwendete Literatur:

Endemann, J. C. Lobrede auf die Stadt Karlshafen. (Beiträge zur Geschichte der Stadt Karlshafen und des Weser-Diemel-Gebiets) Bad Karlshafen: Verlag des Antiquariats Bernhard Schäfer, 1991

Handbuch des Heimatbundes für Kurhessen, Waldeck und Oberhessen. Band III: Kreis Hofheismar. Marburg: Oberhessische Presse, 1966

Karlshafen/Wesertal: Porträt einer Barockstadt und ihrer Landschaft. Kassel: Im Verlag Scheider & Weber, 1965

Klose, Heinrich. Kanal Weser-Rhein, Verkehrsplanungen und Auswirkungen. (unveröffentlichtes Manuskript). Kassel, 1992

Kulturdenkmäler in Hessen. Kreis Kassel Teil I. Hrsg. Landesamt für Denkmalpflege Hessen. Braunschweig/Wiesbaden: Friedr. Vieweg & Sohn, 1988

Recknagel, Rüdiger. Karlshafen: Fragment einer städtebaulichen Portalanlage um 1700. (Hessische Forschungen zur geschichtlichen Landes- und Volkskunde) Kassel und Basel: Bärenreiter-Verlag, 1958

Sonne, Otto. Geschichtliches über die Stadt Karlshafen und die Kulturstätten der nahen Umgebung. Karlshafen: Verlag Heinrich Müller, ohne Datum

Stadtarchiv Karlshafen. Landkreis Hofgeismar. Regierungsbezirk Kassel. Abteilung X, Abschnitt 3. Konvolut 32, Faszikel 6 (1899 - 1906); Konvolut 32, Faszikel 10 (1934 - 42); Konvolut 33, Faszikel 3 (1952 - 53); Konvolut 33, Faszikel 4 (1953)

Der Blick vom Diemelradweg auf die restlichen Klostergebäude. Rechts oben ist der Giebel des Kirchturms zu sehen, der zum Dorf hin an das Kloster anschloß.

Die enge Ortsdurchfahrt gibt nur wenig von dem preis, was in dem alten, bereits im 13. Jahrhundert mit Stadtrechten versehenen Ort noch sehenswert ist. Allenfalls erreicht der eilige Blick die Kirche, wenn die umstehenden Bäume im Spätherbst ihr Laub verloren haben. Dabei lohnte es sich auszusteigen, den Spuren der Geschichte nachzugehen und mit Hilfe der Phantasie ein Bild des Klosters, der romanischen Basilika, der berühmt gewordenen Werkstätten und der darin tätigen Künstlermönche entstehen zu lassen. Aber nur Gebäudereste, einige Kapitelle, die Klosterscheune und alte Pläne können dabei helfen. Wieviele Bausteine der einst dem Verfall überlassenen Klosterkirche haben beim Bau der Häuser und Mauern im Ort gedient?

An den ehemaligen Klosterbezirk grenzt die Pfarrkirche,

Die Giebelwand der Klosterscheune, hinterder zweiten Scheune liegt der Eingang zur Kirche.

Das Dach der alten Klosterscheune zeigt eine große Anzahl von Dachgauben.

Den Kircheneingang findet man über den Klosterhof oder über den Kirchgarten.

ein im Kern romanischer Bau. Wie viele andere Kirchen hat auch sie Veränderungen erfahren. Etwas von den Zeitsprüngen zwischen den Epochen ist in baulichen Details, vor allem in der Innenausgestaltung des Kirchenraums sichtbar und nacherlebbar geblieben. So steht die einschiffige Halle mit der hölzernen Tonne und einer breiten barocken Empore im reizvollen Kontrast zum kreuzgratgewölbten, noch romanischen Chor.

Zur Erinnerung an die große Zeit des Klosters Helmarshausen ist in der Kirche eine Faksimile-Ausgabe des berühmten Evangeliars Heinrichs des Löwen ausgestellt, das um 1175 im benachbarten Kloster geschaffen wurde.

Man sollte es auch nicht versäumen, zur Ruine der Krukenburg hinaufzusteigen, deren Geschichte so eng mit der des Kloster Helmarshausen verwoben ist. Von dort oben aus hat man einen weiten Blick ins Land. Die Krukenburg

Die barocke Empore im Kirchenraum schuf viele neue Sitzplätze –

und der romanische Chor erinnert noch an die vergangenen Zeiten.

Die Krukenburg bewachte einst das Kloster, in dem im 12. Jahrhundert bedeutende Kunstwerke geschaffen wurden.

Die Reste des Paderborner Hauses der Krukenburg über Helmarshausen.

Der Weg vom Ort zum Klosterhof. Rechts liegt der Kirchhof und links die Mauer des Edelhofs.

Der Edelhof unterhalb der Kirche ist vor wenigen Jahren vorbildlich restauriert worden. Hinter seinem Garten liegen Klosterhof und Kirche, rechts die Steinstraße in Richtung Bad Karlshafen.

über Helmarshausen bewachte einst das Kloster, in dem im 12. Jahrhundert bedeutende Kunstwerke geschaffen wurden.

Schon längst müßte für den geschichtsträchtigen Ort eine Umgehungsstraße gebaut worden sein, um die schmale Ortsdurchfahrt mit ihren strapazierten Häusern sowie ihre Bewohner zu entlasten. In ihrer Parallelstraße (Steinstraße), die von dem permanenten Autoverkehr verschont bleibt, haben sich die unterschiedlichen Fachwerkhäuser besser erhalten.

Einer der ehemaligen Wehrtürme der kleinen Stadt, die in die Stadtmauer integriert waren.

Am Ende dieser Straße stößt man auf eine schmale Gasse zwischen Bruchsteinmauern. Rechts liegt die Gemeindekirche vor dem alten Klosterbezirk, links der »Edelhof«, der vor wenigen Jahren hervorragend restauriert worden ist. Helmarshausen ist heute ein Ortsteil von Bad Karlshafen geworden. So sind – wohl oder über – die letzten beiden Orte auf dem Weg zum Dreiländereck verwaltungstechnisch miteinander verbunden worden. Nun kann man in den beiden Ortschaften Zeiten des Mittelalters wie auch der Neuzeit nachgehen.

Die Krukenburg und das Kloster Helmarshausen mit seinen Künstlermönchen

Arne Arnemann

In der Nordspitze von Hessen finden wir eine der ältesten und eine der jüngsten Städte des Landes in enger Nachbarschaft. Die jüngere kann auf rund 300 Jahre Geschichte zurückblicken, die ältere auf über 1000 Jahre. Anfang der siebziger Jahre hat dennoch die ältere Gemeinde ihre jahrhundertealte politische Selbständigkeit aufgeben müssen und ist seither Teil der jüngeren Stadtsiedlung aus barocker Zeit. Ihre Wurzeln reichen aber bis tief ins Mittelalter zurück. Können wir uns einen stärkeren historischen Kontrast vorstellen? Bereits in den Haustypen, in den Straßenansichten, im Stadtbild wird diese Unterschiedlichkeit deutlich.

Sieburg, das spätere Karlshafen, eine Gründung des Landgrafen Carl aus dem Jahre 1699, und die ehemalige Ackerbürgerstadt Helmarshausen, bereits 1220 oppidum genannt und spätestens seit 1254 im Besitz der Stadtrechte durch Köln, bilden heute eine Einheit: Bad Karlshafen, die nördlichste Stadt Hessens.

An den Ufern der Diemel ist für 944 eine Siedlung urkundlich nachweisbar – Helmerateshusa, die »Häuser des Helmerat«. Kaiser Otto I. schenkte in diesem Jahr der edlen Frau Helmburc einen dort liegenden Königshof (curtis), der vermutlich mit einer königlichen Eigenkirche (Salvatorpatrozinium) verbunden war. Möglicherweise geht die Gründung dieser Ansiedlung bis auf karolingische Zeit zurück: Karl der Große war um 800 in dieser Gegend, um seinen territorialen Einflußbereich entlang der Weser abzusichern und die heidnischen Germanen zum Christentum zu bekehren. Während dieser Zeit wurden entlang dieses Flußes Grundsteine für das Entstehen einer der ältesten deutschen Kulturlandschaften gelegt. Alte Klöster, Burgen und Städte zeugen davon.

Die Abtei Helmarshausen und ihre Künstlermönche

In der Nähe des Königshofs herrschte um die Jahrtausendwende rege Bautätigkeit. Ein Kloster entstand, in dem sich eine kleine Gemeinschaft von Benediktinermönchen ansiedelte. Stifter der Abtei waren ein Graf Eckhard und seine Frau Mathilde. Bis heute ist nicht bekannt, aus welchen Adelsgeschlechtern sie stammten. Schutzpatrone des Klosters waren neben dem Hl. Salvator der Apostel Petrus, Maria und ab 1107 der Hl. Moduald, ein Trierer Bischof aus frühchristlicher Zeit, dessen sterbliche Überreste man in einer feierlichen Prozession nach Helmarshausen überführt hatte. Die Kirche innerhalb des Klosterbezirks wurde 1011 fertiggestellt.

Das Kloster erhielt in der Gründungszeit bedeutende Rechte und Privilegien, die von Kaiser Otto III. und vom Papst Silvester II. in mehreren Urkunden (erstmalig 997) bestätigt wurden. Als freie Reichsabtei unterstand das Kloster zunächst direkt dem Kaiser. Es sollte sich seinen Vogt frei wählen dürfen. Die verliehenen Markt-, Münz- und Zollrechte entsprachen denen von Mainz, Köln und Dortmund. Handelswege aus Nord-Süd und Ost-West kreuzten sich in Helmarshausen, wo Waren zu Wasser oder zu Land umgeschlagen werden konnten. Der Ort hätte sich aufgrund der verliehenen Privilegien zu einem Zentrum des Fernhandels entwickeln können. Alle damit verbundenen wirtschaftlichen Hoffnungen und Pläne in früher wie auch in späterer Zeit gingen jedoch nicht in Erfüllung. (Als Jahrhunderte später entsprechende Ideen vom hessischen Landgrafen Carl entwickelt wurden, führte dies 1699 zur Gründung von Karlshafen als einem Umschlagplatz direkt an der Einmündung der Diemel in die Weser.)

Bereits kurze Zeit nach der Gründung des Klosters, nach dem Tod des Stifterpaares und langwierigen Auseinandersetzungen verlor es bedeutende Rechte und geriet 1017 in den Einflußbereich des Paderborner Bischofs. In den nachfolgenden Jahrhunderten (ab 1220) gewann für längere Zeit auch das Kölner Erzbistum einen bestimmenden Einfluß, ehe später erneut Paderborn, zeitweise auch im Zusammenspiel mit Mainz, die Schutzherrschaft über das Kloster übernahm.

Einen neuen Aufschwung erfuhr das Kloster mit der Reliquientranslation des Heiligen Moduald (1107) unter Abt Thietmar. Dies war der Beginn einer Blütezeit in einem insgesamt sehr dynamischen Jahrhundert. Das Kloster erhielt eine Kunst- und Schreibwerkstatt (Scriptorium) von überregionaler Bedeutung. Mit dem Künstlermönch Roger trat eine der bedeutendsten Künstlerpersönlicheiten des hohen Mittelalters in das Diemelkloster ein und begründete den Ruhm dieser Werkstatt. Der Lebensweg dieses Mönchs führte aus dem Maasland über Köln an die Weser, wo er bis ca. 1125/30 lebte und arbeitete. Das Kloster entwickelte sich im 12. Jahrhundert zu einem führenden Zentrum der Buchmalerei und der Goldschmiedekunst in Deutschland.

Roger hat uns Meisterwerke der romanischen Kunst hinterlassen. Einige von ihnen finden wir beispielsweise in

Paderborn und Trier. Roger von Helmarshausen gilt auch als Verfasser eines einzigartigen kunsthandwerklichen Lehrbuchs, der »Schedula diversarum artium« des Mönchs Theophilus (d.i. Roger). Darin werden verschiedene Goldschmiedetechniken, Techniken der Buch-, Glas- und Wandmalerei, Glockenguß, Orgelbau und die technische Einrichtung von Werkstätten etc. im Detail erläutert. Die Lektüre dieses Schatzkästleins lohnt sich nicht nur für Spezialisten.

Eines der Glanzstücke der Helmarshausener Buchmalkunst ist das vom Mönch Herimann angefertigte Evangeliar Heinrichs des Löwen. Der Herzog, seit 1152 weltlicher Schutzherr des Klosters, ließ hier diese berühmte Handschrift als Stiftung für die neu erbaute St. Blasius-Kirche in Braunschweig anfertigen. Das 1983 für über 35 Millionen DM von der Bundesrepublik in London ersteigerte Prachtwerk gehört seither zu den herausragenden Schätzen der Herzog-August-Bibliothek in Wolfenbüttel.

In den neunziger Jahren des 12. Jahrhunderts, nach dem Ableben des mächtigen Welfenherzogs, versiegte die künstlerische Produktion in den Werkstätten des Diemelklosters, wo über einen Zeitraum von etwa 100 Jahren mehrere Generationen von Künstlermönchen zahlreiche Werke zum Schmuck der Kirchen aus kostbaren Materialien wie Gold, Silber, Perlen und Edelsteinen geschaffen hatten. Ihre Handschriften, Malereien und Gerätschaften für Gottesdienst und Altar finden sich heute in großen Museen und Kirchenschätzen des In- und Auslands. Viele davon sind Millionen wert. Der Ort selbst besitzt leider keines dieser Kunstwerke mehr. Was von den Urkunden und Handschriften des Klosters im Laufe der Jahrhunderte nicht verlorengegangen ist, befindet sich heute in Archiven in Paderborn und Marburg.

Nur wenige Gebäude und Teile des Kreuzganges erinnern an das ehemalige Kloster. Von seiner Kirche, einer Gewölbebasilika aus dem frühen 12. Jahrhundert, ist nichts erhalten – Erde und Gras bedecken heute ihre Grundmauern. Wer sich einen Eindruck von der lebendigen Formensprache der romanischen Kirchenbaukunst im Weserland verschaffen möchte, sollte die sehr gut erhalten gebliebene Klosterkirche in Lippoldsberg besichtigen. Sie weist viele Parallelen zur ehemaligen Kirche des Benediktinerklosters Helmarshausen auf.

Die Krukenburg oberhalb von Helmarshausen

Über dem Ort erheben sich auf einer Bergkuppe, weithin sichtbar, die Ruinen der Burganlage. Ihr ältester Bau ist eine Kirche mit einem eigenartigen Grundriß in Kreuzform. Sie ist aus kunsthistorischer Sicht eine Besonderheit. Von dem kreisförmigen Mittelbau mit über 13 Metern Durchmesser gehen vier Kreuzarme ab, die in die Himmelsrichtungen weisen. Die Pläne zum Bau dieser Kirche gehen vermutlich auf eine Reise des Helmarshäuser Abtes Wino in den Vorderen Orient (um 1033) zurück. Doch erst 1126 wurde die Johannes dem Täufer geweihte Kapelle auf dem Krukenberg erbaut, wohl als Ersatz für eine ältere Höhenkirche, die zuvor als Taufkirche diente. Wir dürfen hier also einen sehr alten historischen Platz vermuten, der vielleicht sogar auf eine germanische Kultstätte zurückgeht. Dann wurden an dieser Stelle, möglicherweise seit dem 8./9. Jahrhundert, christliche Taufen vorgenommen. Während der Blütezeit der Abtei im 12. Jahrhundert stand oberhalb der Klosteranlage eine zweite Kirche von beeindruckender Größe und Schönheit markant und allein auf dem Berg. Die Johanniskirche ist nach W. Heinemeyer »ein sichtbarer Ausdruck der frühen Kreuzzugsbewegung«. Vergleichbare Kirchenbauten gibt es bei uns nur ganz wenige.

Als die Macht des Wortes und des Kreuzes allein nicht mehr ausreichte, begann man nach 1200 auf dem Krukenberg erneut zu bauen. Die Abtei hatte 1220 die Hälfte ihres Stadtbesitzes an Köln verkauft. Die alte Höhenkirche wurde mit einer Mauer und einer Burganlage umgeben. Im Ostteil entstand ein mächtiger Bergfried. Der Kölner Erzbischof sicherte auf diese Weise sein neu erworbenes Territorium an der Wesergrenze ab. Wassergraben, Tor und Zugbrücke kamen ebenfalls hinzu. Jüngstes Gebäude innerhalb der Wehranlage auf dem Krukenberg ist das Paderborner Haus aus dem 14. Jahrhundert, ein sehenswertes Beispiel für ein »mittelalterliches Hochhaus«. Die Höhe der Stockwerke, Fenster, Decken- und Kaminanlagen ist deutlich zu erkennen. Wer etwas Fantasie hat, dem wird hier mittelalterliche Geschichte greifbar und lebendig.

Wie lebten die Bewohner in Burg, Kloster und Stadt um 1220, 1320, 1420, 1520 – in einem Zeitraum von über 300 Jahren? Ruhige und lebhaftere Zeiten wechselten sich ab. Abt und Klostergemeinschaft mußten lange um ihre Unabhängigkeit kämpfen. Sie sind dabei wechselnde Bündnisse mit den äußeren Mächten (Köln, Paderborn und Mainz) eingegangen. Größere kriegerische Auseinandersetzungen um Burg und Kloster hat es aber bis auf Ausnahmen im 14. und 15. Jahrhundert wohl nicht gegeben. Daß die Bürger von Helmarshausen zeitweise drei Landesherren huldigten und auf der Burg zwei Amtsleute lebten, mag als Preis für die Grenzlage der Abtei und ihre nicht immer glückliche Politik des Konflikts und des Ausgleichs angesehen werden.

Wir wissen, daß die Ortsansässigen sich früh auf die Kunst des Bierbrauens verstanden. Neben der Klosterbrauerei hat es später sogar Weinanbau am Südhang des Krukenbergs gegeben. So dürften denn die irdischen Freuden und Genüsse im Mittelalter in Helmarshausen nicht zu kurz gekommen sein. Doch nicht immer lebten Mönche, Land- und Stadtbevölkerung einträchtig zusammen. Die Bauernaufstände zu Beginn des 16. Jahrhunderts wirkten sich auch in Helmarshausen aus. Im Frühjahr 1525 wurden Abt und Mönche aus dem Kloster vertrieben. Damit war der endgültige Niedergang des Klosters eingeleitet. Die Reformation warf ihre Schatten voraus. Nach der förmlichen Aufhebung des Klosters (1540) gingen die Rechte auf den hessischen Landgrafen über. Bereits seit 1479 sicherte das hessische Herrscherhaus hier seinen Einfluß nach Norden ab und war seitdem die neue Schutzmacht am Ort. Burg und Kloster wurden mit der Zeit unbewohnbar und verfielen im 16. Jahrhundert immer mehr. Mancher Stein wurde später beim Hausbau verwendet. Die verbliebenen Steine und Ruinen künden von einer großen Vergangenheit.

Die Benediktinerabtei Helmarshausen hat in den über 500 Jahren ihres Bestehens eine wechselvolle Geschichte erlebt und zugleich diese Region mitgestaltet. Die Leistungen des Klosters auf kulturellem und wirtschaftlichem Gebiet waren beachtlich. Erst in unserer Zeit wird dies zunehmend erkannt. Wer sich davon ein genaueres Bild verschaffen möchte, kann dies in dem kleinen »Museum an der Krukenburg« tun, das zu einer Reise ins mittelalterliche Helmarshausen einlädt.

Für die Restaurierungsarbeiten am Wasserschloß Wülmersen wurden junge Arbeitslose herangezogen, die eine handwerkliche Ausbildung erhielten.

Bei unserem ersten Besuch des einstigen Wasserschlosses fanden wir nur Ruinen vor, ein trostloses Bild des Verfalls inmitten idyllischer Umgebung. Jeder Verlust eines alten Bauwerks ist auch der Verlust eines Stücks nachvollziehbarer Geschichte. Die des Schlosses Wülmersen reicht zurück bis ins frühe 12. Jahrhundert, als der Bischof von Paderborn dem Kloster Helmarshausen das benachbarte Gut Wilmersen (Wülmersen) zum Geschenk machte. Zur Verwaltung wurde ein adliger Lehnsherr eingesetzt.

Im Lauf der Jahrhunderte wuchs die Anlage, veränderte sich, wurde nach Zerstörung und Plünderung wieder aufgebaut und erneuert. Erst in unserem Jahrhundert wurde das dazugehörige Gut mehreren Eigentümern zur Nutzung übergeben und für landwirtschaftliche Siedlungen aufgeteilt. Das Restgut mit dem Schloß Wülmersen ist

Zustand des Schlosses 1986, … .

… vor dem Beginn der Restaurierungsarbeiten

Nach Abschluß der Restaurierungsarbeiten werden im Schloß Ausstellungen und Veranstaltungen angeboten.

Zu jeder Jahreszeit ist Wülmersen ein interessanter Ausflugsort.

1960 herrenlos geworden. Damit schien sein endgültiger Verfall besiegelt.

Im Rahmen einer von Kreis, Land und Arbeitsamt geförderten beispielhaften Beschäftigungs- und Ausbildungsinitiative »Arbeiten und Lernen« für junge Arbeitslose begann 1987 eine fachgerechte Sanierung der Gebäude. In Zusammenarbeit mit dem Denkmalschutz wurde damit das Wasserschloß Wülmersen mit der gesamten Anlage der sinnvollen neuen Nutzung als internationaler Jugend- und Werkhof zugeführt. Wie groß das öffentliche Interesse für die Idee Wülmersen geworden ist, zeigt sich im regen Besuch des alljährlich stattfindenden Sommerfestes in der wiederentstandenen Anlage. Dabei wird über Tätigkeiten, Besuche und Veranstaltungen des vergangenen Jahres berichtet. Es wird musiziert, und jeder Gast kann dabei

Zum Restaurieren gehörte des Erlernen handwerklicher Techniken.

Hier wurde die zerstörte Bruchsteinmauer fachgerecht aufgerichtet.

Das in Privatbesitz befindliche Herrenhaus wird hier gerade restauriert.

Vor der Gartenfront des Herrenhauses liegt der große Obstgarten.

in Augenschein nehmen, was zu neuem Leben erwacht ist. Zu jeder Jahreszeit lohnt es sich, den geschichtsträchtigen kleinen Ort zu umrunden und das Anwesen zu besichtigen.

Vom Herrenhaus aus ist die Rückseite der Schloßanlage zu sehen.

Hinter der Schloßmauer sieht man heute noch die restliche Anlage der ehemaligen Friedrich-Wilhelms-Nordbahn liegen.

Die spätgotische Kirche in der Mitte des Dorfes ist heute der älteste Bau in Deisel.

Auch der Ort Deisel fand seine erste urkundliche Erwähnung als Besitz des Klosters von Helmarshausen. Von einer mittelalterlichen Bebauung ist jedoch nichts erhalten geblieben. Heute ist das Deiseler Ortsbild durch die diemelsächsische Bauweise seiner Fachwerkgehöfte geprägt. Sie entstanden in der Zeit vom 17. bis ins 19. Jahrhundert, also erst nach den Zerstörungen des Dreißigjährigen Krieges. Charakteristisch sind ihre großen Eingangsdielen, die Wohn- und Wirtschaftsbereiche voneinander trennen.

Aber hier, wie anderswo auch sind die alten Höfe nicht mehr bewirtschaftet, sondern zu Wohnhäusern umgestaltet worden. Viele berufliche Tätigkeiten führen tagsüber die Bewohner an einen anderen Ort, in die nächste Stadt. Das alte dörfliche Leben und Treiben ist vorbei – abgelöst von eilenden Durchfahrten der Autos.

In der Bremer Straße reihen sich giebelständige Fachwerkhäuser.

Inschriften zeigen etwas von der Geschichte der Höfe auf..

Überall in Deisel sind stattliche Fachwerkhäuser zu sehen – *beispielsweise in der Spiegelstraß (oben) und in der Bremer Straße.*

Der heute älteste Bau im Ort ist die spätgotische Pfarrkirche aus dem frühen 16. Jahrhundert. Ihr Turm und einige Umbauten stammen aus dem ersten Drittel des 18. Jahrhunderts. Eine Holztonne überwölbt das Langhaus und den dreiseitigen Chor, dessen gotische Einwölbung vermutlich nur begonnen, jedoch nicht durchgeführt wurde. (Vgl. St. - Laurentius - Kirche in Dassel, Route 8.5).

Beeindruckend wirken die figürlichen und ornamentalen Wandmalereien aus dem Jahr 1560. Sie sind erst 1953 entdeckt, freigelegt und vorsichtig restauriert worden. Die unbekümmerte, doch schöpferische Kraft der naiven Darstellungen macht die Wandbilder zum Erlebnis. Sie sind einige Jahrzehnte nach der Reformation entstanden und zeigen eine bis dahin nicht übliche Auswahl von christlichen Darstellungen. So sieht man an den Chorwänden den segnenden Christus dargestellt, rechts und links von

Es lohnt sich, auszusteigen und die wiederentdeckten Wandmalereien von 1560 anzusehen!

Die Wandmalereien von 1560 wurden in jüngster Zeit wieder freigelegt.

Hier vertreibt ein Engel mit dem Schwert Adam und Eva aus dem Paradies.

ihm Apostel und Heilige. Über der Nordempore sind biblische Szenen wie die Erschaffung Evas, der Sündenfall und die Vertreibung aus dem Paradies dargestellt.

Das aus der christlichen Maltradition bekannte Rankenwerk, mit dem die Wände schmückend bemalt sind, zeigt statt der dazugehörigen Rosen pausbackige Äpfel – sie sollen an die Versuchungen des Menschen erinnern, denen der Mensch ausgesetzt ist.

In der Mitte des Chores ist der segnende Christus mit Aposteln und Heiligen dargestellt.

Rosenranken mit pausbackigen Äpfeln verbinden alle Darstellungen untereinander.

Über dem Diemeltal steigt der Ort langsam bis zum höchsten Punkt an. Dort steht die Trendelburg.

Aus welcher Richtung man sich auch nähert – die kleine Stadt auf der Bergkuppe über dem Diemeltal mit Burg, Kirche und Häusern ist weithin sichtbar, lädt mit reizvollen Ansichten zum Besuch ein. In ihrer Geschichte begegnen uns als Begründer wieder einmal die Herren von Schöneberg (vgl. Route 12, Schöneberg). Wie andere Ortschaften der Gegend, so ist auch Trendelburg in wechselndem Besitz gewesen, bevor es Ende des 16. Jahrhunderts endgültig hessisch wurde. Wer genügend Zeit mitbringt, wird zu Fuß den Berg zum Ort und zur Burg hinaufsteigen und von dort einen herrlichen Blick ins Tal und in die Landschaft genießen können. Ein tiefer Graben grenzt die Burg, die heute ein Hotel beherbergt, zum Ort hin ab. Der Unterbau des Bergfrieds, vielleicht auch Teile von Palas und Mauerzügen, stammen noch aus der Erbauungszeit im 13. Jahrhundert. Bauliche Veränderungen er-

Das kleine Rathaus der Stadt ist siebenhundert Jahre alt.

Dächer wurden bis zu Beginn des 20. Jahrhunderts mit Sandstein gedeckt, der hier noch immer abgebaut wird.

Grabdenkmal des Ritters von Stockhausen von 1578 an der nördlichen Außenwand der Kirche.

folgten bis in unsere Zeit hinein.

In der Ortsmitte lädt eine spätgotische Hallenkirche zum Besuch ein. Sie ist im 15. Jahrhundert auf Fundamenten der zerstörten Vorgängerin errichtet worden. Vom alten Bau blieb nur das nördliche Seitenschiff erhalten. Einige qualitätvolle Wandmalereien, in der Zeit nach 1600 von unbekannten Meistern geschaffen, konnten gegen Ende

Die spätgotische Hallenkirche. Außerhalb und innerhalb der Kirche sieht man Grabsteine der ortsansässigen Burgherren

Ein mächtiger Christopherus füllt die volle Höhe des Seitenschiffs aus.

des vorigen Jahrhunderts wieder freigelegt werden, darunter auch das Bild des hl. Christophorus. Die abendländische Legende gab ihm die Gestalt des Riesen, der Gott mit all seiner Kraft dienen will. Um ihn als Riesen glaubhaft zu machen, benutzt seine Darstellung die gesamte zur Verfügung stehende Wandfläche. Er trägt Christus in der Gestalt eines Kindes über den reißenden Fluß, fast zusammenbrechend »unter der Last des Herrn der Welt«. Im

Über den Grabsteinen zeigt eine restliches Wandmalerei die Anbetung der Heiligen Drei Könige.

Das Rittergut »Abgunst« mit dem Uhrturm wurde 1630 erbaut. Hier befindet sich u.a. heute die Trendelburger Heimatstube.

Mittelalter verbreitete sich die Verehrung des Heiligen über die Pilgerstraßen in viele Länder und man rief ihn gegen viele Unbilden das Lebens als Nothelfer an. Heute wird Christophorus auch als Schutzheiliger der Autofahrer verehrt.

Viele schöne Trendelburger Fachwerkhäuser wurden im 19. Jahrhundert durch ein verheerendes Feuer zerstört, das nur die Randbereiche des Orts verschonte. Der Wiederaufbau bezog zwar hier und da Reste der diemelsächsischen Längsdielenhäuser ein, doch begnügte er sich beim Neuaufbau mit vergleichsweise bescheideneren Haustypen. In diese Zeit fiel auch die beginnende Erweiterung des alten Ortskerns mit Neubauten außerhalb der Stadtmauer. Das gut erhaltene und jüngst restaurierte Herrenhaus des ehemaligen Rittergutes »Abgunst« liegt am Fuß der zur Burg

Die Luftaufnahme zeigt die Befestigungen der Trendelburg über dem Diemeltal.

Am Diemelufer unter der Trendelburg liegen die Fachwerkhäuser der ehemaligen Mühle.

ansteigenden Ortschaft. Es entstand 1630 und wurde später mit dem Anbau verlängert. Über dem massiven Sockelgeschoß ist das Obergeschoß als Rähmfachwerk ausgelegt. In der Mitte des langgestreckten Gebäudes erhebt sich über dem Eingang der Uhrturm als achteckiger Aufbau mit spitzem Zeltdach.

Nahe Trendelburg, an der Straße in Richtung Sielen, steht der ruinöse Rest des Turms einer romanischen Kirche. Sie hatte einst zu dem wohlhabenden Dorf Trende am linken Diemelufer gehört. Ein historisches Lexikon für Kurhessen berichtet, daß Trende bereits 1318 »wüst« gewesen sei. Was war mit dem Dorf geschehen, von dem nur die Kirche übrig blieb?

Nach der Einführung der Reformation in Hessen wurde Kirchengut auch für wohltätige Zwecke nutzbar gemacht. In diesem Sinn beschloss Philipp der Großmütige, die noch immer ungenutzte Trender Kirche als Hospital ausbauen zu lassen. Das Kirchenschiff wurde in schmale Kammern für die »Siechen« aufgeteilt. Das entstandene Hospital, zum Teil auch als Armenhaus genutzt, existierte noch etwa 200 Jahre. Dann fiel 1774 ein großer Teil des Kirchenschiffs ein. Die Mauersteine fanden neue Verwendung beim Bau der Straße nach Deisel.

Der Turm ist gesichert, und gerade wird das schützende Dach hinaufgezogen.

In unserer Zeit wurde dem Wunsch, wenigstens den Rest des alten Kirchturms zu erhalten, entsprochen. In Eigeninitiativen wurden Schäden des Gemäuers ausgebessert, und schließlich setzte man der Ruine ein schützendes Dach auf, von Architekturstudenten der Kasseler Universität fachmännisch gebaut. Trende ist nicht vergessen.

Am Kran hängend schwebt das Dach auf den Turm zu.

Langsam und vorsichtig wird das Dach aufgesetzt.

Stammen mit dem Herrenhaus des ehemaligen Ritterguts. Ganz rechts ist der Kirchturm des ehemaligen Dorfes Trende zu sehen.

Mit der Straße von Trendelburg in Richtung Hofgeismar verlassen wir zunächst das liebliche Diemeltal, dem wir von Karlshafen aus bis hierher folgten.

Ein kurzer Aufenthalt in Stammen lädt dazu ein, einen Blick auf das Herrenhaus des ehemaligen Ritterguts zu werfen. Es ist 1776-70 genau dort erbaut worden, wo noch im späten Mittelalter eine Wasserburg gestanden hat. Wie so mancherorts im Dreiländereck ist später ein alter Siedlungsplatz wieder aufgenommen und neu bebaut worden. Auch für die Bauten neuer Kirchen wurden altbewährte Plätze aufs Neue bebaut, Plätze die manchmal bis in vorchristliche Zeit zurückzuverfolgen sind.

Der strenge, zweigeschossige »Casinobau« mit Walmdach, beidseitigem Mittelrisalit und Segmentbogengiebel

Vordereingang zum ehemaligen Rittergut, dem heutigen Altenpflegeheim.

Der gewundene hölzerne Treppenaufgang des 18. Jahrhunderts ist denkmalgeschützt.

An der Seitenfront rechts vom Eingang führt der moderne gläserne Aufzug in die Etagen des heutigen Pflegeheims.

folgte den Vorbildern des Kasseler Barocks. Repräsentativ schließen das Tor und die umgebende Grundstücksmauer das Stammer Anwesen zum Dorf hin ab. Große Wirtschaftsgebäude liegen als Dreiflügelanlage hinter dem Haus und führen direkt ins Gelände.

Heute ist Schloß Stammen, wie der Herrensitz noch immer genannt wird, den Bedürfnissen eines Altenheims entsprechend umgebaut. Jedoch unverändert blieb die schöne gewundene Holztreppe mit ihren barocken Balustern. Sie steht unter Denkmalschutz und es lohnt sich, sie einmal anzusehen.

Die Luftaufnahme zeigt das ehemals landwirtschaftliche Anwesen an der Diemel.

Die stattlichen Wirtschaftsgebäude des Schlosses haben in den letzten Jahren neue Verwendung gefunden und es ist wieder Leben eingekehrt. Hier können jung gebliebene Eltern mit ihren Kindern und Jugendliche auf einfache Weise übernachten, zünftig essen, Feste feiern oder auch ein Boot mieten für eine Diemelfahrt. Über die Diemel und Felder hinweg ist ein alleinstehender Turm zu sehen, das letzte Überbleibsel der spätromanischen Siechenkirche der Siedlung Trende. (Siehe Trendelburg)

Gleich hinter dem Ort hatte der in Karlshafen begonnene Kanal seine Richtung geändert. Bei Stammen – in Richtung Hümme – sind heute noch Spuren davon zu finden. Hier wurde sein Bau wegen topografischer Schwierigkeiten abgebrochen und von seinen Nachfolgern schließlich aufgegeben.

Gleich hinter dem Ort verließ der geplante landgräfliche Kanal die bisher verfolgte Diemel und wandte sich zur Weiterführung in Richtung Kassel. Zwischen Stammen und Hümme wurde der Bau endgültig eingestellt.

Die während der Mainzer Stiftsfehde zerstörte mittelalterliche Kirche erhielt im 18. Jahrhundert auf dem Rest ihres Turmes einen Fachwerkaufbau und gleichzeitig ein saalförmiges Schiff.

Der Ortsname Hümme wird schon um 850 in Verbindung mit dem Kloster Fulda erwähnt und ist noch in Güterverzeichnissen des Klosters Corvey zu finden.

Während einer kriegerischen Mainzer Stiftsfehde, die später stattfand und immerhin zwei Jahre dauerte, flüchteten die Bewohner umliegender Dörfer in die nahe befestigte Stadt Hofgeismar. So auch die Bevölkerung aus Hümme.

Auch in Hümme nutzte man im spätem 18. Jahrhundert den Rest des alten Kirchturms und setzte ihm eine Fachwerkhaube der eigenen Zeit auf.

Von dort aus bestellten sie weiterhin ihre Felder. Während manche der zerstörten Ortschaften wüst blieben, kehrten die Leute aus Hümme zurück und bauten ihre Häuser wieder auf.

Auch die mittelalterliche Hümmer Kirche hat die kriegerischen Ereignisse miterlebt. Der nur zum Teil stehengebliebene Westturm erhielt erst Ende des 18. Jahrhunderts einen Fachwerkaufbau mit Laterne, gleichzeitig wurde unter Verwendung des alten Mauerwerks das saalförmige Schiff angebaut. So erinnert der Kirchenbau noch heute an das Alter der Ortschaft und ihrer Weiterentwicklung.

Die im heutigen Ortsbild erhaltenen und gepflegten barocken Fachwerk-Längsdielenhäuser sind mit Schnitzereien geschmückt, während die später entstandenen Querdielenhäuser aus dem 18. und 19. Jahrhundert schlichter und platzsparender ausgeführt sind.

Bis ins 18. Jahrhundert führte die alte Bremer Straße mitten durch das stattliche Dorf. Aber seit einer Veränderung der Straßenführung berührt sie es gerade noch am äußersten Ende. Einen Ausgleich dafür schaffte erst der Bau der Friedrich-Wilhelm-Nordbahn. Diesem neu entstandenen Verkehrsnetz, das bis nach Karlshafen führte, wurde

Zum Betreiben der Hümmer Mühle wurde von der vorbeifließenden Diemel ein Mühlgraben abgeleitet. Heute wird in der Mühle Strom erzeugt.

Einstige Gutshöfe dienen auch in Hümme neuen Nutzungen, Viele von ihnen sind restauriert und zu Wohnstätten geworden, in denen Verbliebenes noch gepflegt wird.

Hümme 1848 angeschlossen. Heute besteht die Verkehrsverbindung in Richtung Bad Karlshafen aus einem Omnibus-Linienverkehr. Die einst so spektakuläre Erschließung der ländlichen Gebiete durch die Eisenbahn gehört vielerorts in der Region bereits der Vergangenheit an.

Die heutige Pflege der Häuser wie auch die Sauberkeit der Straßen weisen auf die Veränderungen beruflicher Tätigkeiten der Bewohner hin. Neue Berufe sind an die Stelle der landwirtschaftlichen Arbeit getreten, die einstigen Bauernhöfe sind Wohnstätten geworden und erinnern vielfach nur noch an die bäuerliche Vergangenheit. Viele Fassaden und ganze Häuser sind restauriert worden und bieten ein neues und zeitgemäßes Bild ländlicher Lebensweise.

Hauseingänge zeigen die veränderte Nutzung ehemals landwirtschaftlicher Anwesen.

Alles wird gepflegt und erhalten, aber die neue Zeit ist auch hier eingezogen.

Bereits vor siebenhundert Jahren war eine Kirche der Mittelpunkt dieser Ansiedlung. Sie stand ebenfalls auf der kleinen Kuppe in der Ortsmitte wie heute die spätklassizistische Kirche des 19. Jahrhunderts mit ihrem eingestellten Frontturm. Der schon im ausgehenden Mittelalter gut besiedelte Ort Sielen erweiterte sich nochmals im 17. Jahrhundert mit stattlichen Längsdielenhäusern. Aber unser Interesse gilt hier der Gegenwart. Folgen wir also den Rad-

Ausflügler legen mit ihren Booten zum Vespern am Diemelufer an.

Im alten Gehöft dicht am Diemelufer verbinden sich die alte und die neue Zeit auf besondere Weise.

fahrern bis zu einem ehemals bäuerlichen Anwesen am Diemelufer.

Auf ganz behutsame Weise ist es vorbildlich erhalten, restauriert, der neuen Zeit und neuer Nutzung zugeführt worden. Wie in dem beschriebenen Beispiel des Edelhofs in Helmarshausen haben sich Altes und Neues sinnvoll miteinander verbunden. Dieser Einklang der Zeiten hat wenig zu tun mit schönender Fassadenrestaurierung und ihren dekorativen Absichten, wie sie dem Geschmack unserer Zeit entsprechen.

Ein Bildhauer und seine Familie haben diese Umwandlung und den Neubeginn in mehr als zehnjähriger Eigenarbeit geleistet. Nun gehört das Winterhalbjahr ausschließlich der künstlerischen Arbeit und der Familie – doch im

Hier treffen sich die ankommenden Gäste zur Begrüßung und zum Umtrunk.

Nebenan liegt der bäuerlich erhaltene Saal. Auf der kleinen Bühne wird ausgestellt, vorgeführt und musiziert.

Am Ortsausgang teilt sich die Diemel. Ein Flußarm diente einst dem Antrieb des ehemaligen Sägewerks am Ortseingang. Im Wäldchen gleich hinter der Brücke führen die Wasser wieder zusammen.

Sommer öffnet sich das Tor für interessierte Freunde und Gäste. Dann werden im großen Saal des ehemaligen Gehöfts Veranstaltungen angeboten mit Aufführungen, Ausstellungen oder musikalischen Darbietungen. Und jeder Besucher kann sich mit den Werken des Künstlers im Ausstellungsraum beschäftigen.

Die reizvolle Lage lockt an den Wochenenden auch die Bootsausflügler auf der Diemel an. Sie können hier rasten, leckeren selbstgebackenen Kuchen essen und ihren Durst stillen. Gleich hinter der Raststätte wird die Diemel geteilt – ein Flußarm diente dem Antrieb des ehemaligen Sägewerks vor dem Ortseingang. Der andere Arm führt verbliebenes Wasser weiter. Hinter der Brücke am Ortseingang verbinden sie sich wieder – malerisch von Bäumen umgeben – und fließen weiter in Richtung Weser.

Der Chorturm der Liebenauer Kirche – hier im Bild hinter dem alten Rathaus liegend – gibt mit seinen Bauteilen Auskunft über die achthundertjährige Geschichte von Kirche und Ort.

Zur letzten Station der ersten Route im Dreiländereck führen Wandmalereien aus dem frühen 15. Jahrhundert, die 1930 wiederendeckt und freigelegt worden sind. Nach vorsichtiger Auflösung und Aufdeckung der Übertünchung und übereinanderliegender Schichten von Farben sind einzelne Bilder wiedererstanden, auf deren schönende Übermalung zum Glück verzichtet wurde. Und doch sind Gestik und Haltung vor allem der großen Heiligenfiguren in beeindruckender Intensität wieder sichtbar geworden. Eine vorsichtige malerische Verdeutlichung erfolgte nur bei der Hauptfigur über dem spätgotischen hohen Chorfenster am gekuppelten Gewölbe, die Christus als Weltenrichter darstellt. Erst später eingebaute hohe Maßwerkfenster haben wahrscheinlich die Chormalereien unterbrochen, so daß die restlich verbliebenen danach übertüncht worden sind .

Veränderungen und Modernisierung des alten Gemäuers lassen sich schon von außen her deutlich ablesen, und so sieht man den zunächst etwas seltsam anmutenden Turm auch als Wegweiser durch die Ortsgeschichte. Sein unterer Teil zeigt den mächtigen, quadratischen Rest des Chorturms mit kurzen, über Eck gestellten Strebepfeilern aus der Zeit um 1200. Durch kriegerische Auseinandersetzungen in der zweiten Hälfte des 15. Jahrhunderts wurde Liebenau weitgehend zerstört. Der erhaltene gebliebene Teil des Chorturms erhielt dann im 18. Jahrhundert einen Fachwerkaufbau mit der Laternenhaube. So zeigt der Turm Stationen seiner eigenen Geschichte.

Hinter der Kirche ist vom ehemaligen Gutsbesitz der Her-

Die Wandmalereien aus dem frühen 15. Jahrhundert wurden bereits 1930 freigelegt.

Der mächtige Kirchturm macht die Zeiten seiner achthundertjährigen Geschichte in eindrucksvoller Weise nachvollziehbar.

Die umfangreichen gotischen Wandmalereien von 1420 wurden schon 1930 freigelegt.

Hoch über den östlichen Chorfenster thront Christus als Weltenrichter.

ren von Pappenheim das barocke Herrenhaus mit einem Mansarddach erhalten geblieben. Die Anbauten erfolgten erst im 19. Jahrhundert. Direkt neben der Kirche steht das alte Rathaus mit einem zweigeschossigen Mansarddach. Es wurde 1787 erbaut und dient heute als Gaststätte.

Spätestens in Liebenau hat man das Gefühl, sich in diesem ländlichen Gebiet weit von der Gegenwart entfernt zu haben. Möge man die alten Schätze weiterhin gut bewahren.

Route 2.0

Unsere zweite Route führt ins östliche Westfalen. Flußabwärts begleitet sie die Weser bis nach Beverungen, um von dort aus einem ihrer schönen Seitentäler zu folgen.

Flußlandschaft, Kloster und Schloß, Burg und Stuhlmuseum der frühen Moderne, Dorfkirche und Einsiedelei, Wasserschloß und eine berühmte Barockorgel – wie jede der 12 Routen spiegelt auch diese vielfältige Bilder und wechselhafte Geschichte wider.

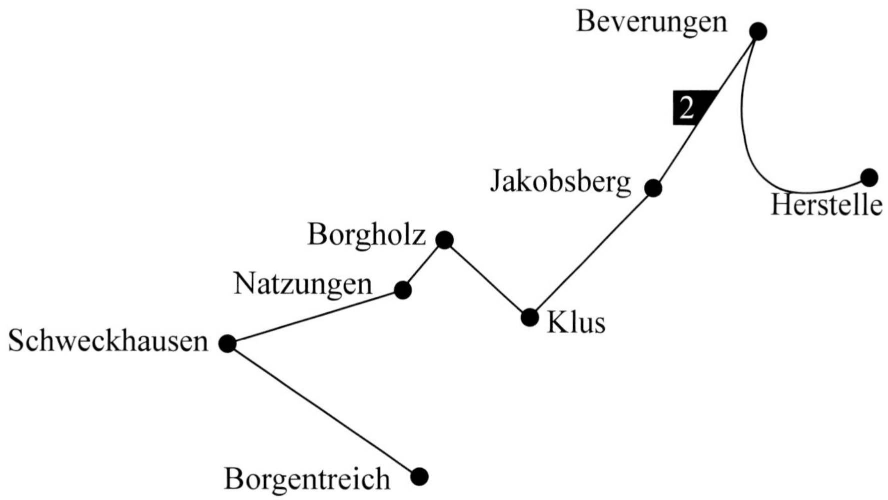

Der Ort Herstelle liegt heute am Ufer der Weser, getrennt von Schloß und Kloster auf der Höhe.

Ein ruhiger Platz findet sich am Weserufer, um angesichts des Ortes und der Burg den Bildern einer ereignisreichen Vergangenheit nachzugehen: Hier soll Karl der Große sein Winterlager aufgeschlagen, Hof gehalten und Abgesandte aus seinen Ländern empfangen haben – wie beflügeln diese spärlichen Angaben Phantasie und Vorstellungskraft!

Eine erste Niederschrift über die Ortsgründung stammt aus dem Jahr 1150. Damals lagen die Burg und das Dorf mit seiner Kirche gemeinsam auf den Felsenklippen über der Weser. Spärliche Berichte haben ihre Zerstörungen und Wiederaufbauten festgehalten und machen uns die Dramatik der Ereignisse vorstellbar. Danach ist Herstelle mehrmals von hessischen Söldnern zerstört, doch jedesmal wiederaufgebaut worden, zuletzt im Dreißigjährigen Krieg.

Nach Kriegsende siedelten sich in Herstelle, in Wehrden (Route 5) und in Jakobsberg (Route 2) die aus Höxter vertriebenen Franziskaner (Minoriten) an. Hier in Herstelle bauten sie das ehemalige Pfarrhaus zum Kloster aus und übernahmen die Seelsorge der Einwohner. Die zunächst sehr bescheidene Klosteranlage wurde nach und nach vergrößert, 1734 konnte sogar die neue Klosterkirche geweiht

Die Luftaufnahme zeigt das 1826-32 in historisierender Form neu erbaute Schloß mit seinem Rundturm.

werden. Von der benachbarten Burganlage waren nur das Amtshaus und verfallende Stallungen übrig geblieben – während sich die Bewohner des Ortes nach und nach unterhalb der Felsenklippen direkt an der Weser angesiedelt hatten.

Nachdem 1802/03 das Bistum Paderborn und mit ihm auch der bischöfliche Besitz Herstelle an Preußen gefallen war, wurde das Kloster der Minoriten 1812 aufgehoben. Nur ein Jahrzehnt später kam der ruinöse Rest der Burg in den Besitz einer Adelsfamilie, die von 1826 bis 1832 eine neue »Burg« errichten ließ, frühklassizistisch, ganz im Stil dieser Zeit. Nochmals war auf dem Burgberg gesellschaftliches Leben eingezogen.

Die Klostergebäude standen leer, bis 1898 Luxenburger

Die Schloßfassade hat ein schönes Mauerwerk aus rotem Bruchsandstein.

Das eingeschossige Nebengebäude mit Mansarddach ist einige Jahrzehnte älter als der Schloßbau.

An der Seitenfront des Schlosses liegt eine Veranda mit gotisierenden Fenstern.

Benediktinerinnen die Anlage erwarben und das noch heute bestehende Kloster gründeten. Das Nebeneinander geistlichen und gesellschaftlichen Lebens dauerte nur wenige Jahre. Im Schloß folgte im 20. Jahrhundert ein Besitzer dem anderen. Alle Nutzungsversuche waren bis heute nur von kurzer Dauer.

Steigen wir den Fußweg zur Schloß hinauf. Erst dort zeigen sich die Spuren langsamen Verfalls. Trotzdem verdienen das Mauerwerk aus sorgfältig behauenen Sandsteinen und die harmonische Fassadengliederung noch immer Bewunderung. Nur ein einziges Mal hatten wir Gelegenheit, in das Entree des Haupthauses hineingehen zu können. Eine Enfilade – hier in bescheidener Nachbildung der barocken Raumanordnung, wie sie einst dem höfischem Zeremoniell gedient hat – legt die hohen Flügeltüren der Wohn- und Gesellschaftsräume in eine Achse. So bietet sie bei geöffneten Türen einen Blick durch die gesamte Zimmerflucht. Während manche Begegnung von Tradition und heutigem Bedürfnis nach Komfort ganz originell wirkt, ärgert man sich über viele unpassende Zutaten unserer Zeit wie etwa die modische Tapezierung der Räume. Es ist schade, daß ein in der Region seltenes Beispiel des Historismus bisher keiner dauerhaften, damit auch erhaltenden Nutzung zugeführt werden konnte.

Das benachbarte Kloster aber lebt. Man kann heute noch seine Gottesdienste und Veranstaltungen besuchen oder beeindruckende gregorianische Gesänge anhören.

Erst die Luftaufnahme zeigt die Größe der Klosteranlage. Im Hintergrund liegt das Schloß.

Die Klöster in der Region

Renate Rothkegel

Werfen Sie einen Blick auf die Karte mit den 12 Routen: Hier lassen sich dreißig Klöster und Stifte nachweisen! Wer sich für Klöster interessiert, für ihre Architektur oder ihre geistigen-geistlichen Inhalte, wird überrascht sein, neben historischen Relikten auch noch intakte, »lebendige« Klöster vorzufinden.

Bemerkenswert ist die ununterbrochene, fast 1200 Jahre alte Tradition benediktinischen Mönchtums. In siebzehn der hier vorgestellten Klöstern lebte man nach der Regel des Hl. Benedikt, fünf davon waren Zisterzienserklöster.

Über das monastische Leben der Benediktiner und Zisterzienser ist nur wenig bekannt: Benektinerklöster gibt es in Europa seit dem sechsten, und Zisterzienserklöster seit dem zwölften Jahrhundert. Die Zisterzienser, eine Art »reformierter« Benediktiner, besannen sich wieder auf ein klösterliches Leben in Armut und Einfachheit. Diese Haltung drückte sich auch in ihren Bauwerken aus, wir finden sie noch in ehemaligen Klosterkirchen wie Amelungsborn, Falkenhagen, Wiebrechtshausen und Wilhelmshausen. Sinn und Ziel des kontemplativen Lebens der Benediktiner sind in der Regel des Hl. Benedikt (um 480 - 547) vorgezeichnet: ein gemeinsames Leben in der Nachfolge Christi. Nicht die karitative Aufgabe ist das Wesentliche, sondern Gott zu suchen und sich seiner Gegenwart bewußt zu werden. In einer Klostergemeinschaft finden sich Menschen verschiedener Herkunft und Begabung zum gemeinsamen Lobpreis.

Was ist aus den im Mittelalter gegründeten Abteien geworden? Die Gründung eines Klosters galt und gilt als besiegelt, wenn der erste Abt eingesetzt und die Kirche geweiht worden ist. Jede der einstigen Abteien hatte eine Blütezeit, erlebte Jahre der Hochkultur, der politischen, wirtschaftlichen, geistigen und spirituellen Wirkung. Gemeinsam ist allen Klöstern, daß sie im Lauf der Geschichte durch interne und externe Einflüsse Schaden erlitten, daß sie belagert, geplündert, verwüstet wurden und daß Mönche immer wieder aufbauten oder neu begannen.

Zum Erliegen kam das Klosterleben im wesentlichen durch die beiden großen Säkularisierungen Mitte des 16. und Anfang des 19. Jahrhunderts. Dabei wurden die Klöster zerstört oder enteignet, die Güter gewaltsam in weltlichen Besitz überführt und Klostergebäude zweckentfremdet, in Schlösser und Domänen, in Kasernen, Zuchthäuser oder Krankenanstalten umgewandelt. Die erste Säkularisierung während der Reformation betraf alle Klöster in Hessen und Niedersachsen mit Ausnahme von Amelungsborn. Im katholischen Westfalen dagegen existierten die Klöster noch bis zur nächsten großen Säkularsierung. Ihre Auflösung erfolgte erst zwischen 1800 und 1815. Viele der mittelalterlichen Klosterkirchen in unserer Region sind erhalten geblieben. Seit ihrer Weihe erfuhren sie im Laufe der Jahrhunderte mehr oder weniger große Veränderungen in Architektur und Einrichtung. So wurden die meisten Flachdecken eingewölbt, als der gotische Stil »modern« wurde. Einrichtung, aber auch der Bau wurden verändert, wenn eine Klosterkirche zur Pfarrkirche wurde und damit anderen Bedürfnissen dienen mußte. Die auffälligsten Veränderungen ergaben sich beim Reformieren einer Kirche und beim Einführen neuer Formen der Liturgie. Lettner, die einst Mönche von Laien trennten, verschwanden ebenso wie Chorgestühle, Beichtstühle, Tabernakel und Bilderschmuck. Hier und da deuten Überreste noch darauf hin, daß die Kirche einmal Klosterkirche war. Wenn man aufmerksam beobachtet, erschließt sich einiges aus ihrer Geschichte ganz von selbst. Dann findet man vielleicht in einem Glasfenster, in einem Altarflügel, einer Skulptur oder einem Gewölbeschlußstein den Hl. Benedikt dargestellt. Oder wir finden ihn in einem ehemaligen Nonnenkloster zusammen mit seiner Schwester Scholastika, der ersten Äbtissin eines benediktinischen Nonnenklosters. Das wäre bereits das erste Indiz dafür, daß man sich in einer ehemaligen Klosterkirche befindet. Weitere Indizien könnten die Reste eines Chorgestühls sein, eine Nonnenempore, Grabplatten von Äbten, ein Dachreiter statt eines Glockenturms u.v.m.. Jedes solcher Details erzählt Geschichte. Von den Benediktiner- und Zisterzienserklöstern der Region möchte ich Corvey, Amelungsborn, Bursfelde und Herstelle näher beschreiben.

Corvey

Das erste Benediktinerkloster im Weserraum gründeten Mönche bereits im Jahr 815. Es wurde eines der bedeutendsten karolingischen Klöster und wirkte weit über die Region hinaus. Nach fast tausendjährigem Bestehen wurde es 1803 säkularisiert, dann zum weltlichen Fürstentum erhoben. Heute befinden sich Gebäude und Gut im Besitz der Herzöge von Ratibor, Fürsten zu Corvey. Viele Räume der Abteibauten, des heutigen Schlosses Corvey, hat der Hausherr für Besucher zugänglich gemacht. In Zusammenarbeit mit Behörden und Kulturvereinigungen werden hochrangige Veranstaltungen angeboten wie die große Landesausstellung »Kunst und Kultur im Weserraum 800 - 1600« (1966), wiederkehrende Musikwochen mit Schloßkonzerten und Kunstausstellungen, die landesweit Beachtung finden. Im Schloßmuseum gebührt auch der Bibliothek besonderes Interesse.

Doch schon allein die Kirche zieht Menschen aus aller Welt an, das früheste und einzig noch erhaltene Beispiel eines karolingischen Westwerks anzusehen. Die in der Literatur als Westwerke erwähnten Bauten sind zumeist nur Westriegel. Das Westwerk dagegen ist ein mehrgeschossiger Vorbau der Kirche, in dem Kaiser und Hofstaat dem Gottesdienst beiwohnten. In einer separaten Kapelle saß der Kaiser auf der Empore mit dem Ausblick auf alle Altäre der Basilika. Bis zur Mitte des 12. Jahrhunderts empfing das damalige Reichskloster Corvey mehr als hundert Besuche von Kaisern und Königen.

Die Kirche ist noch immer Mittelpunkt der einstigen Klosteranlage. Die 848 geweihte dreischiffige Basilika ist nach schweren Zerstörungen im Dreißigjährigen Krieg bis auf das Westwerk abgebrochen worden.

Immer wieder besuche ich diese Kirche, trete aus der Helle des Tageslichts durch das Westportal in das Halbdunkel und die Kühle der dreischiffigen Säulenhalle des Westwerks - von altersher »Krypta« genannt - und empfinde seine Stille fast körperlich. Doch kaum haben sich die Augen an diesen Kontrast gewöhnt, öffnet sich beim Weiterschreiten der Blick unvermittelt in eine gänzlich andere Welt: das Kirchenschiff des 17. Jahrhunderts mit seiner üppigen barocken Ausstattung. Die geschichtsträchtige Kirche ist heute katholische Pfarrkirche. Wenn ihre Gemeinde nur etwa 40 Mitglieder zählt, so liegt das nicht an Kirchenaustritten, sondern an der Abgeschiedenheit, die Corvey bis heute erhalten blieb.

Wenige hundert Meter vom Mutterkloster Corvey entfernt fanden Archäologen in den 70er Jahren einen wahren Schatz: die Fundamente und Grundmauern der Propstei »tom roden« samt technischen Einrichtungen wie Heizungsanlagen und Bleirohren von Wasserleitungen. Auch Gebrauchsgegenstände fand man, z. B. Bucheinbandstempel, eine Getreidemühle, Irdenware und Werkzeuge, ja sogar Silberbarren und Münzen. Im Museum des Schlosses Corvey findet man einige dieser Fundstücke und eine Dokumentation zur Grabung.

Amelungsborn

Die ununterbrochene benediktinische Tradition in dieser Region beruht auf einem glücklichen Umstand: Dieses Zisterzienserkloster entging 1803 der Auflösung durch den Reichsdeputationshauptschluß und bestand juristisch weiter, obwohl keine Mönche mehr dort lebten. Heute gehört das Kloster Amelungsborn zu Ev.-Luth. Landeskirche Hannover. Der Abt und die Konventualen, mehrheitlich Theologen, leben jedoch nicht in Klausur, sondern beten, arbeiten und wohnen »in der Welt« und sind verheiratet. Eine weitere einmalige Kommunität des Klosters ist die sogenannte Familiaritas, eine Laienbruderschaft. Das Bestehen zweier verschiedener Kommunitäten - Mönche bzw. Geistliche sowie Konversen bzw. Laienbrüder - hat zisterziensische Tradition. Die Konventualen, »Mönche auf Zeit«, kommen ebenso wie die Laienbrüder mehrmals im Jahr im Kloster zusammen, um in Stundengebeten Gott zu loben.

Kloster Amelungsborn liegt noch heute abseits des Trubels inmitten von Wäldern, Wiesen und Äckern. Es läßt sich gut nachvollziehen, weshalb gerade an diesem Ort ein Zisterzienserkloster entstand. Der Hl. Benedikt schrieb vor fast 1500 Jahren in seiner Regel: »Wenn möglich ist das Kloster so anzulegen, daß alles Notwendige, nämlich Wasser, Mühle, Garten und die verschiedenen Berufe innerhalb des Klosters ausgeübt werden können. So brauchen die Mönche nicht draußen umherzulaufen, was ja ihren Seelen keineswegs zuträglich ist« (RB 66,6f).

Amelungsborn wurde zwischen 1129 und 1147 gegründet und ist die wohl früheste Zisterzienser-Niederlassung in Niedersachsen. Die Anlage ist noch immer von einer Sandsteinmauer umfriedet. Darin finden sich Reste des mittelalterlichen Klosters, Gutsgebäude, Gästehäuser und die beeindruckende Kirche. Ob beim Gang durch das Klostergelände oder beim Betrachten der Kirche, man meint, noch etwas vom Geist der Zisterzienser zu spüren. Man findet den typischen Dachreiter, den geraden Chorabschluß, Blatt und Knospenornamente an Konsolen, Darstellungen der Gottesmutter, der diese Kirchen geweiht waren und natürlich eine Skulptur des Hl. Bernhard von Clairvaux, der die Expansion des Ordens im 12. Jahrhundert bewirkte. Sie bekrönt seitlich den außergewöhnlich schönen Levitenstuhl aus rotem Sandstein.

Die heutige Pfarr- und Klosterkirche ist tagsüber geöffnet. Überhaupt kann man hier eine Offenheit auch in geistlicher Hinsicht erfahren, die in evangelischen Kirchen so nicht zu finden ist. Wenn nicht gerade die Konventualen oder die Familiaritas im Kloster residieren, kann man in den Gästehäusern Unterkunft finden.

Bursfelde

Die evangelische Kirche in Bursfelde, einst ein Benediktinerkloster, hält ihre Türen ebenfalls offen. Auch hier meint man, daß der Hl. Benedikt diesen weltabgeschiedenen Flecken noch immer für die Ansiedlung von Mönchen empfehlen würde.

Was machte Bursfelde bekannt? Von hier ging im 15. Jahrhundert eine Reform aus, der sich bis zur lutherischen Reformationszeit mehr als hundert Bendiktinerabteien anschlossen, darunter die Klöster Hirsau, Alpirsbach und Maria Laach. Die sogenannte Bursfelder Kongregation war auch für das Kloster selbst von Bedeutung. Leider war es seinen Mönchen nicht lange vergönnt, die eigenen Ideen umzusetzen. Das monastische Leben endete bereits im 16. Jahrhundert während der ersten großen Säkularisierung. Mönche gibt es seitdem nicht mehr in Bursfelde, jedoch evangelische Titularäbte. Sie haben keine Amtspflichten und legen keine Gelübde ab. Der derzeitige Abt ist, wie auch der Abt von Kloster Amelungsborn, engagiert in der Ökumene und Theologieprofessor in Göttingen.

Im Klosterbereich ist ein Tagungszentrum eingerichtet, das von Katholiken und Protestanten besucht wird. In den Sommermonaten finden in der Klosterkirche Konzerte statt.

Benediktinisches Erbe zeigt sich nicht nur in Überresten von Architektur und sakraler Kunst, sondern auch in einem Traditionsbewußtsein, das von der eigenen Geschichte, aber auch von einem »lebendigen« Kloster wie Herstelle inspiriert sein kann.

Herstelle

Mitten in unserer Region liegt die Abtei »Vom Heiligen Kreuz«. Mit zur Zeit achtzig Schwestern im Konvent ist sie das größte benediktinische Nonnenkloster in Deutschland. Jenen Nonnen, die sich im ausgehenden 19. Jahrhundert in Herstelle ansiedelten und ihr »Opus Dei« aufnahmen, ist es zu verdanken, daß die benediktinische Tradition in diesem Raum gewahrt blieb. Wie leben benediktinische Nonnen heute? Wie eh und je: ora et labora, bete und arbeite. Dem Opus Dei, das ist gemeinschaftliches Chorgebet siebenmal täglich, ist – so der Hl. Benedikt – nichts vorzuziehen. Kraft ihrer Arbeit sorgt die Gemeinschaft selbst für ihren Lebensunterhalt, sie wird weder mit kirchlichen noch öffentlichen Mitteln gefördert. Einnahmen durch den »Zehnten« wie im Mittelalter gibt es nicht mehr, allenfalls Gaben von Menschen, die dem Kloster verbunden sind. Die Nonnen betreiben eine Gärtnerei mit Verkauf, eine Buch- und Kunsthandlung, eine Töpfer- und eine Textilwerkstatt (Paramentik, Weberei, Batik) sowie Gästehäuser. Nicht zu vergessen sind geistlich-literarische Veröffentlichungen.

Die Tradition benediktinischer Gastfreundschaft ist vielen unbekannt. Gastfreundschaft ist ein geistliches Geschehen: »Gäste, die ankommen, empfange man alle wie Christus ...« (RB 53,1). Man kann dort an Einkehr- oder Besinnungstagen teilnehmen, allein oder mit Familie ruhige, besinnliche Ferien verbringen und jederzeit beim feierlichen Gotteslob der Nonnen dabeisein. Unter den Ordensgemeinschaften der katholischen Kirche spielt die Abtei keine unbedeutende Rolle, gingen doch von diesem Kloster wichtige Impulse für die Liturgiereform aus. In Herstelle versucht man wie in jedem Kloster ewig Gültiges zu bewahren und gleichzeitig den Herausforderungen unserer Zeit zu begegnen. Obwohl ein claustrum, wirkt diese Gemeinschaft über die Klostermauern hinaus, sie bewegt etwas, inspiriert die Besucher, verändert und verbindet unter den Konfessionen.

Wo gibt es außerdem monastisches Leben in der Region?

Das Kloster Brede in Brakel bietet fast achtzig Schwestern eine offene, tätige Form klösterlichen Lebens. Sie gehören zur Ordensgemeinschaft der Armen Schulschwestern v. U.I.Fr. und arbeiten als Erzieherinnen und Lehrerinnen in Kindergarten und Hort, Schule und Internat.

Die ehemalige Benediktinerabtei Marienmünster beherbergt heute fünf Patres der Passionisten. Sie sind in den umliegenden Orten apostolisch tätig.

In Buchhagen konnte man das Entstehen eines neuen Klosters beobachten, das Mönche des Deutschen Orthodoxen Dreifaltigkeitsklosters in Eigenarbeit erbauten. Wie es in Klöstern üblich ist, gilt auch in Buchhagen die Einladung zum gemeinsamen Stundengebet. Auch Nichtorthodoxe dürfen ohne Scheu an der Klosterpforte klopfen. Vielleicht hat der Abt Johannes Zeit für ein Gespräch.

Ägyptische Kopten haben die schon verfallenden barocken Anbauten des ehemaligen Klosters Brenkhausen restauriert und neu belebt. Mit einem Einzug der Kopten hat sich ein dritter Orden am selben Ort angesiedelt. Im 13. Jahrhundert lebten Zisterzienserinnen in der romanisch-gotischen Klosteranlage, die später erweitert und bis zur Auflösung 1803 von Bendiktinerinnen bewohnt wurde.

Wer einen heutigen Einsiedler besuchen möchte, fahre oder wandere zur Klus Eddessen bei Borgholz. Mitten im Wald steht eine kleine Kirche mit einer Einsiedelei.

Rückblick und Ausblick

Im Mittelalter waren Benediktiner- und Zisterzienserklöster Inseln inmitten »unkultivierter« Landschaft, unberührter Natur, die als feindlich erlebt wurde. Mönche machten diese Inseln nicht nur zu geistigen Zentren, sondern auch zu Flecken oder Regionen der Landwirtschaft, Viehhaltung und Fischzucht. Von ihnen lernten unsere Vorfahren, Land urbar zu machen und zu bestellen. Jahrhundertelang bewirtschafteten die Mönche das Land mit einer solchen »stabilitas«, daß heute in einigen Abteien in den USA sogenannte »Land Programs« für Jugendliche stattfinden, bei denen sie sich an der Bodenständigkeit und stabilitas der Mönche orientieren können. Jugendliche, die wurzellos und auf der Suche nach Identität sind, können in den Klöstern ein Jahr lang mit Erde und Tieren ein ganz traditionelles Dasein versuchen. Im ehemaligen Zisterzienserkloster Hardehausen bei Warburg beschäftigt man sich mit ähnlichen Konzepten.

Bei fast jedem hinterläßt ein Klosterbesuch Spuren. Und er wird feststellen, daß wir von den im claustrum Lebenden nach wie vor lernen können. Sei es die Subsistenzwirtschaft, die stabilitas im weitesten Sinn oder nur das Verbleiben an einem Ort, das Füreinanderdasein, sei es die askesis als das Üben eines äußerlich bescheidenen Lebens, das Bewahren, das Wiederentdecken geistlicher Traditionen oder das Finden unserer eigentlichen Wurzeln.

Von Herstelle aus begleiten wir die Weser noch flußabwärts bis Beverungen.

Dicht an den Grenzen des Dreiländerecks entstand eines der ersten Atomkraftwerke, hineingesetzt in eine Landschaft, die zum Erholen einladen sollte. Stattdessen wuchs dicht neben den Dörfern der »Moloch« in die Höhe. Inzwischen ist er veraltet und wird demontiert – doch er irritiert noch immer.

Die nach Beverungen weiterführende Straße, die heutige B 83, mußte mühevoll aus dem felsigen Steilhang links der Weser herausgeschlagen werden.

Von hier aus sind die Reste des inzwischen stillgelegten Kernkraftwerks Würgassen nicht zu übersehen. Seine Baukörper sehen harmlos aus wie Bausteine eines Riesenspielzeugs, das in aufdringliche Nähe der Wohngebiete geraten ist. Der seit vielen Jahrhunderten auf den Menschen bezogene Maßstab der Bauwerke trat außer Kraft, wo Dorf und Anlage gleichzeitig im Blick lagen, etwa vom Fußgängersteg der Autobrücke über die Weser aus. Man hat sich in den Zentren der Industrie an derartige Kontraste, an die Notwendigkeit neuer Bauformen und Größen gewöhnt – vielleicht auch daran, mögliche Gefahren nicht ins Bewußtsein dringen zu lassen. Hier, inmitten einer schönen, zur Erholung einladenden Landschaft, wirken solche Gegensätze zumindest befremdlich.

Mit einer Burganlage sicherte das Bistum Paderborn ab 1330 seine Besitzungen an der Weser. Nur der mächtige Turm blieb erhalten.

An der Weserbrücke, die westfälisches und niedersächsisches Ufer verbindet, fällt ein hoher mittelalterlicher Bau ins Auge. Von einer Burganlage, die bereits ab 1330 zur Sicherung der Schiffahrt und zum Schutz weitreichender Besitzungen des Bistums Paderborn erbaut worden war, ist nur ein mächtiger Turm erhalten geblieben, noch immer ein Blickpunkt der Stadt. Heute beherbergt »die Burg« ein interessantes Stuhlmuseum der Firma Tecta. Es zeigt und beschreibt Experimente und Produktentwicklungen vieler großer Entwerfer des frühen 20. Jahrhunderts. Dazu gehören selten zu sehende Modelle der »Kragstuhl-Sammlung«, Modelle des Jean-Prouvé-Archivs aus den zwanziger Jahren und Urmodelle modernen Stuhl-Designs, außerdem neue Entwürfe der Firma Tecta. Es ist ein Erlebnis, die alten Holztreppen hinaufzusteigen, die Geschichte des Turms auf sich wirken zu lassen und den Fluß vorbeifließen zu sehen. Die museale Inszenierung in dem alten Bauwerk ist Anziehungspunkt weit über die Region hinaus.

Bereits im 9. und 10. Jahrhundert sollen sich dort, wo die Bever in die Weser einmündet, zwei bescheidene Flecken befunden haben. Zunächst dem Kloster Corvey, dann dem Hochstift Paderborn zugehörig, war dort der Grenzort, von dem aus das Land vor feindlichen Übergriffen der

An der Weserbrücke steht der restliche Bau einer ehemaligen Burganlage des Bistums Paderborn.

Die Etagen des mittelalterlichen Turms führen durch das Stuhlmuseum der Firma Tecta.

Hessen und der Braunschweiger geschützt werden mußte. So veranlaßten der Fürstbischof von Paderborn und der Abt von Corvey um 1330 den Bau einer Burganlage direkt an der Weser. In ihrem Schutz konnte sich Beverungen zu einem bescheidenen wirtschaftlichen und kulturellen Mittelpunkt der zwölf umliegenden Dorfgemeinden entwickeln. Die zweihundert Jahre vor Ausbruch des Dreißigjährigen Krieges (1618) gelten als die Blütezeit der kleinen Stadt. Geschützt durch die Burganlage mit Mauern und Wassergräben gediehen Handel und Gewerbe, die umliegenden Dörfer lieferten Nahrungsmittel.

Im Dreißigjährigen Krieg wurde die Ortschaft zerstört. Seine Bewohner flohen in die umliegenden Wälder, viele wurden Opfer der Pest. Erst hundert Jahre später wurde Beverungen wieder aufgebaut, um dann im Siebenjährigen Krieg erneut in Not zu geraten.

Heute ist das Städtchen wieder lebendig geworden, zu lebendig meinen Gäste, die in den Hauptverkehrszeiten die Autoketten der Durchgangsstraße miterleben. Ob die Beverunger ahnen konnten, welche Last ihnen mit der vielbefahrenen Ortsdurchfahrt auferlegt würde? Wir meiden deshalb die Hauptstraße in den verkehrsreichen Stunden, findet man doch ohnehin in Seiten- oder Nebenstraßen,

Das 1660 erbaute Rathaus des Städtchens ist ein zweigeschossiger Steinbau mit einem Fachwerkgiebel.

Auch der schöne Fachwerkbau neben dem Rathaus (Court-Holstein Haus) dient städtischen Einrichtungen und Angeboten. In der Eingangshalle werden Lesungen, Kammerkonzerte und Dia-Vorträge angeboten.

Blick zur evangelischen Kirche in Beverungen

Aus dem alten Bahnhof ist ein Wohnhaus geworden.

was wir beschreiben und zeigen wollen.

Unsere Fragen nach dem Bahnhof (siehe oben) lösen Kopfschütteln aus. Schließlich verweist jemand auf eine schmale malerische Allee außerhalb des Zentrums, die uns zum ehemaligen Bahnhofsgebäude führt. Es dient nicht mehr seiner einstigen Bestimmung, sondern ist zum Wohnhaus umgenutzt worden – ein abgeschlossenes Kapitel der Beverunger Eisenbahngeschichte.

In Beverungen folgen wir der Route in Richtung Westen und sehen am Ortsausgang die Bever (links) mit der alten Mühle.

Die kleine romanische Kirche auf dem Felssporn über dem Tal mußte zur Zeit der landesweiten Wallfahrtsbewegungen angebaut werden.

In Beverungen verläßt die zweite Route die Weser und führt in eines der schönen Seitentäler des Flusses. Jakobsberg weckt schon durch seine Lage auf der Felsnase die Lust hinaufzusteigen. Der Ort, an dem später das Dorf und die Kirche entstanden sind, galt in vorchristlicher Zeit als heilig – vor einigen Generationen wurde das Dorf als das ärmste weit und breit angesehen. Dazwischen lagen Ereignisse, die diese entlegene Ortschaft weithin bekannt machten.

Als im 12. Jahrhundert die kleine Kirche errichtet wurde, dicht am Berghang und einen herrlichen Blick ins Land bietend, hieß das Dorf noch Haddenberg. Sie ist dem hl. Jakobus geweiht und, vermutlich im Zug der länderweiten Wallfahrtsbewegungen, selbst zu einem Ziel für Pilger geworden. Der mühevolle Aufstieg aus dem Tal soll der

Inzwischen ist der romanische Teil weiß verputzt worden.

Die Kirche war 1992 noch unverputzt.

»Drei Paar Schuh« sollen die schon weit gewanderten Pilger für den Aufstieg zur Wallfahrtskirche gebraucht haben. Die heutige Autozufahrt macht diese Mühe kaum noch vorstellbar.

Vom niedrigen romanischen Teil der Kirche blickt man hinauf in den hochgotischen Anbau.

Überlieferung nach »drei Paar Schohn« gekostet haben. Vielleicht ist die wachsende Anzahl der Wallfahrten und Prozessionen der Anlaß gewesen, die Kirche in gotischer Zeit zu vergrößern.

Corveyer Mönche halfen beim Bauen, denn das Kloster Corvey wie auch der Bischof von Paderborn hatten für die Pilgerstraßen durch ihre Gebiete, so auch für Jakobsberg und seine Bewohner, Schutz zugesagt. Das Wallfahren war auch für die Kirche ein einträgliches Geschäft geworden, das es nun zu organisieren und gegen Gefahren zu schützen galt. Im Jahr 1474, wenige Jahrzehnte vor Beginn jener verwirrenden Veränderungen, die mit großen Reformbestrebungen der Klöster einhergingen, inkorporierte Papst Sixtus IV. die »Kirche des hl. Jakobus zu Haddenberg« dem Kloster Corvey. Mit Beginn des 16. Jahrhunderts ließen Pilgerreisen – schon gut organisierte Gesellschaftsreisen, eine Art »Tourismus« des Mittelalters – allmählich nach.

Heute gibt es keinen Kirchplatz mehr, auf dem man sich treffen und verweilen könnte. Die »schöner« gemachten Dörfer mit ihren großzügigen Ortsdurchfahrten regen kaum mehr zu Rückblick und Besinnung an – wäre da nicht dieses alte Gemäuer, ein Kirchenbau, der uns die Epochen nachvollziehen läßt. Der gotische Anbau hebt sich deutlich vom älteren Bau ab und läßt an die Zeit zurückdenken, in der man sich fromm und reiselustig auf den Weg machte und das romanische Kirchlein für den Ansturm der Pilger nicht mehr ausreichte.

Innen zeigt sich das erhöht liegende gotische Schiff licht und weit im Gegensatz zum romanischen Raum: Ausdruck der Frömmigkeit der jeweiligen Zeit.

Vom Kirchhof aus sieht man die waldreiche Mittelgebirgslandschaft.

Die Einsiedelei Klus Edessen liegt versteckt im Wald und ist heute wieder von einer Nonne bewohnt.

Nicht zu jeder Zeit befand sich die Klause im Wald in einem so guten Zustand wie heute, und nicht immer war es so friedlich »auf dem Eichenhagen«.

Schon von alters her sind Bitten und Hoffnungen der Menschen nach Eddessen getragen worden. Kamen die Wallfahrer nach Jakobsberg oftmals von weit her, so führten die Prozessionen der Bewohner benachbarter Gemeinden hierher in die Klus (Klause). Das Dorf Eddessen und seine Kirche, die urkundlich schon im 12. Jahrhundert genannt ist, sind Mitte des 15. Jahrhunderts von abziehenden Söldnern der Soester Stiftsfehde völlig vernichtet worden. Mit Hilfe von Opfergaben entstand an der Stelle der alten Kirche eine kleine Wallfahrtskapelle. Und so blieb Eddessen weiterhin Ort für besondere Festgottesdienste und Prozessionen.

Auch der Dreißigjährige Krieg hinterließ Verwüstungen, und wiederum mußte die Klus (lat. clausa, »Abgeschlossenes«) instand gesetzt werden. Doch dann ist sie wohl in Vergessenheit geraten. Erst aus der Zeit um 1860 findet sich wieder eine Mitteilung, diesmal über ihren desolaten Zustand. Kollektengelder und Spenden aller Gemeinden, deren Bewohner einst dorthin gepilgert waren, ermöglichten die Wiederherstellung und teilweise Erneuerung der

Der Eingang zur kleinen Kirche der Klus.

Einsiedelei. Sogar ein Einsiedler (Bruder Ubaldus) wurde wieder seßhaft. Er blieb dort bis an sein Lebensende im hohen Alter. Auch in unserer Zeit gab es Bewohner und Einsiedler der Klus, doch des entbehrungsreichen Lebens wegen immer nur für kurze Zeit.

Noch immer ziehen am Klustag und zu Kreuzfesten hunderte von Menschen zum Gottesdienst nach Eddessen. Inzwischen ist eine Nonne in den Anbau eingezogen, mit allem versehen, was man zum professionellen Schreiben zu benutzen pflegt. Statt des Esels von Bruder Ubaldus im 19. Jahrhundert steht sogar das Auto bereit. So ist heute auch eine Einsiedelei mit dem ausgestattet, was ein Mensch nicht nur zu seiner Erbauung, sondern auch für seine Arbeit benötigt.

Der kleine Anbau für den Einsiedler der Klause

Hier hat ein Einsiedler alles, was er zum Leben braucht.

Nähert man sich Borgholz vom Tal her, sieht man die Ortschaft auf der Anhöhe liegen mit der »Burg« (ganz links und unten) und der Kirche.

Eine wehrhafte Burg, umgebende Mauern und bewachte Stadttore machten das im späten 13. Jahrhundert gegründete Borgholz zu einer uneinnehmbaren Festung. In ihrem Schutz siedelten sich auch Bewohner der umliegenden Dörfer an. Mit derartig wehrhaften Ortschaften sicherten die reichen Bischöfe von Paderborn einst ihren großen Herrschaftsbereich. Ein Gemälde von 1665 zeigt noch die dem Ort südwestlich vorgelagerte alte Burg mit ihrem gedrungenen Turm. Sie lag dicht am Rand des steil abfallenden Geländes. Nicht mehr bewohnt, ist sie vermutlich nach und nach verfallen und ganz allmählich verschwunden. Die Stadtbefestigung jedoch ist erst zu Beginn des 19. Jahrhunderts niedergelegt worden.

Heute steht an der Stelle der alten Burg das burgartige Herrenhaus des Ritterguts Borgholz. Erst im Spätherbst, wenn die Bäume ihre Blätter verloren haben, sieht man es beim Näherkommen auf der Anhöhe liegen, wo einst die Wehrburg Trutz und Schutz geboten hat. Trotz historisierender Bauformen und Fassadengestaltung ist das neue Herrenhaus ein zeitgemäßer, heutigen Wohnansprüchen entsprechender Bau des frühen 20. Jahrhunderts. Der Rückgriff auf Bauformen der Vergangenheit erfolgte noch zu jener Zeit, als sich bereits die Moderne mit industriell vorgefertigten Bauteilen ankündigte. (Fortsetzung S. 74)

Das historisierende Schloßportal des Ritterguts Borgholz lädt zur baugeschichtlichen Entschlüsselung ein. Im Gutshaus können Familien wohnen und ihre Ferien verbringen.

Vor diesem restaurierten Gehöft wurden wir freundlich gebeten, ins Haus einzutreten – was gut tat an einem kalten Januartag.

Die ab 1997 restaurierte Synagoge. Der Bau blieb durch eine landwirtschaftliche Nutzung vor Zerstörung bewahrt. Links unten ein Blick in den Raum der Synagoge, rechts der Aufgang zur Frauenempore. Inschriften und Reste von Malereien sind im alten Zustand erhalten geblieben.

Der Raum der Synagoge wird heute für Vorträge genutzt.

Die Rückfront der Synagoge mit dem angrenzenden Gärtchen

Der im 19. Jahrhundert beliebte Rückgriff auf Stilelemente vergangener Epochen – in der Baugeschichte als Historismus bezeichnet – setzte sich vor allem im ländlichen Raum noch weit bis in das 20. Jahrhundert hinein fort.

Ab 1997 wurde die ehemalige Borgholzer Synagoge von Zubauten und Übermalungen befreit, restauriert und als ein denkwürdiger Ort der Gemeinde übergeben. Der Innenraum ist nach seiner Freilegung weitgehend im originalen Zustand verblieben – ein erschütterndes Mahnmal. Auch der jüdische Friedhof am Ortsende ist erhalten geblieben.

Weg zum jüdischen Friedhof am Ortsende

Blick in den erhaltenen jüdischen Friedhof

Das Herrenhaus von 1714 überrascht in seiner dörflichen Umgebung und macht neugierig, seiner Geschichte nachzugehen.

Vor einigen Jahren feierte die Ortschaft Natzungen ihr 950-jähriges Bestehen. Sie wurde 1120 und 1147 in Urkunden der Klöster Helmarshausen und Corvey erwähnt und war bereits im 12. Jahrhundert selbständige Pfarrei.

Der einstige Ortsteil Niedernatzungen besteht nicht mehr, vermutlich ist er 1447, wie auch der Nachbarort Eddessen, von zurückziehenden thüringisch-böhmischen Hilfstruppen des Kölner Erzbischofs zerstört worden. Die Bevölkerung hatte in der befestigten Stadt Borgholz Zuflucht gefunden.

Das Rittergut der Herren von Natzungen ging zu Beginn des 15. Jahrhunderts in anderen Besitz über. 1714 wurde ein neues Herrenhaus erbaut – das »Schloß« Natzungen, wie es noch haute genannt wird. In wechselndem Besitz wurde das Gut noch bis 1928 bewirtschaftet und schließlich aufgelöst, auf der Restfläche der Ländereien entstand 1950 eine Siedlung. Das barocke Gutshaus diente im letzten Krieg Evakuierten und nach Kriegsende Flüchtlingen zur Unterkunft. Danach stand es jahrelang leer und verwahrloste zusehends.

Eine private Initiative verhinderte schließlich den endgültigen Verfall und drohenden Abriß des Hauses. Und 1974 begann, außen wie innen, seine einfühlsame Restaurierung. Die Rückfront und Vorderfront des Gebäudes zeigen einen Mittelrisalit mit Dreiecksgiebel, die Vorderfront außerdem ein prächtiges Wappenportal mit gestuftem Dach. Außen wie Innen ist der Bau wohlproportioniert. Man empfindet ihn als Augenweide in seiner Umgebung und ist froh über seine Erhaltung.

Der Eingang zum Herrenhaus mit dem prächtigen Wappenportal

Das Wasserschloß Schweckhausen ließ der Erbmarschall des Hochstifts Paderborn in der 2. Hälfte des 16. Jahrhunderts für einen seiner Söhne erbauen.

Die Geschichte des Wasserschlosses Schweckhausen beginnt wie ein Märchen. Der Erbmarschall des Hochstifts Paderborn teilte in der zweiten Hälfte des 16. Jahrhunderts seine großen Besitzungen unter drei Söhnen auf. An drei Orten ließ er Wohnbauten für die Söhne und ihre Angehörigen errichten, so das Wasserschloß Schweckhausen, das Wasserschloß Borlinghausen (siehe Route 3.1) und die Gutsanlage Helmern (Route 3.7). Die Bauten und Türme des Schlosses Schweckhausen stammen aus mehreren Jahrhunderten. Sie gruppieren sich eng um einen kleinen kopfsteingepflasterten Hof. Steinsichtig oder mit Wein bewachsen spiegeln sie sich noch heute im Wasser der umgebenden Gräfte.

Dieser Anlage mit Schloßbauten und Wirtschaftshof war ehemals ein Torhaus quer vorgelagert. Heute durchschnei-

Eine Brücke führt über die Gräfte in den kleinen Schloßhof und zum Eingang im Treppenturm.

Die breite Gräfte umgibt das Wasserschloß mit seinen Gebäuden und Anbauten. Vom Saal aus führen Brücke und Treppe in den Garten.

Die verlassenen Werkstatthäuschen der ehemaligen Gutsanlage stehen heute jenseits der Ortsdurchfahrt.

det die Ortsdurchfahrt das alte Anwesen. Und erst jenseits der Fahrstraße stehen noch – abgeschnitten vom ehemaligen Gutskomplex – die Werkstatthäuschen, zwei fast spielzeughafte Fachwerkbauten mit offenen Arbeitsgauben. Als Schmiedewerkstatt und Schreinerei gehörten sie ehemals zum Bereich des Schloßgutes. Sie vermitteln noch immer den Eindruck, als seien sie eines Tages Hals über Kopf verlassen und nie wieder betreten worden. Wir versäumen nicht, uns bei jedem Besuch die Nasen an den blind gewordenen Fensterscheiben platt zu drücken, darauf hoffend, jemand könnte dem Verfall Einhalt geboten haben!

Der Zugang zum Wohnbereich des Schlosses führt auf einer kleinen Steinbrücke über die Gräfte hinein in den hufeisenförmig umbauten Innenhof, und von dort aus über

Wann und unter welchen Umständen sind diese Werkstätten verlassen und nie wieder betreten worden?

Selbst im ruinösen Zustand erinnern die Werkstatthäuschen an ihre Aufgaben in vergangenen Zeiten.

den achteckigen Treppenturm (Abbildung 2) ins Herrenhaus. Diese Treppentürme sind ein besonderes Merkmal der Weserrenaissance, wie wir es bei den meisten Schlössern und Herrenhäusern dieser Zeit in der Region vorgefunden haben. Die Bauten der beginnenden Neuzeit lösten die wehrhaften Burganlagen des Mittelalters ab. Ihre umgebenden Wassergräften waren jedoch nicht nur der Ästhetik der neuen Herrensitze gewidmet, sie bildeten zugleich Abwehr und Schutz, den die neuen Schloßbauten nicht mehr zu bieten hatten.

Ein Kapellenflügel mit für diese Zeit typischen Volutengiebeln wurde im frühen 17. Jahrhundert erbaut, der Name des Flügels entspricht noch seiner ursprünglichen Bestimmung. Der gegenüberliegende »rothe Flügel«, ein einfacher Bau aus dem 18. Jahrhundert, schließt den Baukomplex nach Norden hin ab. Man muß um die Anlage herumgehen, um ihre Schönheit, die verschiedenen Ansichten, ihre baulichen Details wie auch die Atmosphäre des Ortes wahrnehmen zu können. Aber erst im Winterhalbjahr, wenn die Bäume im kleinen Gehölz hinter dem Schloßgarten ihr Laub verloren haben, ist die Einsicht auch von dieser Seite her offen.

Trotz der Idylle zeigen sich Spuren eines beginnenden Ruins.

Im letzten Jahr unserer Streifzüge fanden wir das Schloß verlassen vor, die langjährigen Gutspächter hatten den Aufwand für die Unterhaltung aufgegeben und waren ausgezogen. Nun bleibt abzuwarten, wie rasch der einstmals pflegenden Nutzung die Verödung, dann der beginnende Ruin folgen wird. Möge sich das gerade noch so wunderschön anmutende Schloß, das schon einmal grundlegend

Das Wasserschloß, vor zehn Jahren noch mit Leben erfüllt, ist heute verlassen – und es wirkt auch so.

Die Luftaufnahme zeigt die Gesamtanlage des Wasserschlosses mit dem Ausgang und der Brücke zum Park.

saniert werden mußte, wieder mit Leben füllen. Doch hier wie auch anderswo stellt sich angesichts der schönen Herrenhäuser vergangener Zeiten die Frage, ob Erträge aus den dazugehörigen Landwirtschaften für deren Pflege und Erhalt überhaupt noch ausreichen. Wir müssen abwarten, ob die Geschichte des Wasserschlosses weiter geht oder eines Tages nur noch seine Ruine an vergangene Zeiten erinnern wird.

Heute zeigen sich Gitter und Zäune des Schloßparks bereits zerstört und abgebrochen, damit ist der Zugang zum Gartenbereich nicht mehr geschützt. Wenige Jahre nur genügten bereits, um dem Bild eines traumhaften Anwesens seinen Charme zu nehmen. Der kleine Ort an der Durchgangsstraße mit seinen neuen Häusern scheint sich bereits von der Vergangenheit abgewandt zu haben.

Nichts erinnert mehr an geselliges Leben und die üppige Blumenpracht im Schloßgarten.

Die Nutzung des Wasserschlosses scheint endgültig aufgegeben zu sein. Ist seine Geschichte damit beendet?

Dem frühgotischen Westturm der Kirche mit barocker Haube wurde im 19. Jahrhundert eine neugotische Hallenkirche angebaut.

Von der frühgotischen Borgentreicher Kirche ist nur der Westturm mit seinem hochgotischen Portal und der barocken Haube erhalten geblieben. Material und Bausteine des im 19. Jahrhundert abgebrochenen Schiffs dienten dann dem Bau einer Kirchenhalle im neugotischen Stil. Gleichzeitig erwarb das Ackerbürgerstädtchen eine große Springladenorgel, die Johann Patroklus Möller, ein bekannter Orgelbauer seiner Zeit, um 1730 im Auftrag des

Gegenüber der Kirche (links) liegt das Orgelmuseum. Hier kann man den Mechanismus des Instrumentes studieren.

Johann Patroklus Möller, bekannter Orgelbauer seiner Zeit, baute um 1730 diese Springladenorgel im Auftrag des Klosters Dalheim. Heute befindet sie sich in der Borgentreicher Kirche, wo sie auch bei Konzerten erklingt.

Klosters Dalheim geschaffen hatte.

Wer etwas über Orgelbau und den Mechanismus dieser Instrumente kennen lernen möchte, gehe in das Borgentreicher Orgelmuseum gegenüber der Kirche. Dort kann man selbst einmal die Tasten drücken, den Spieltisch bedienen und verfolgen, was dadurch im Instrument in Bewegung gesetzt und ausgelöst wird.

Route 3

Die dritte Tour führt bis zum Naturpark Eggegebirge, der südlichen Fortsetzung des Teutoburger Waldes. Von Borlinghausen aus begleiten wir seinen Osthang in nördlicher Richtung durch das Nethetal bis nach Neuenheerse, dort wenden wir uns ostwärts über Dringenberg nach Gehrden.

Das liebliche Tal der Nethe – das Flüßchen mit dem klangvollen Namen präsentiert sich immer wieder aufs Neue. Auf vielen Brücken und Stegen haben wir es überquert und an seinen Ufern gerastet: schöne Landschaft, nur hin und wieder ein Auto – und an jedem Ort ein lohnender Rückblick in die Geschichte!

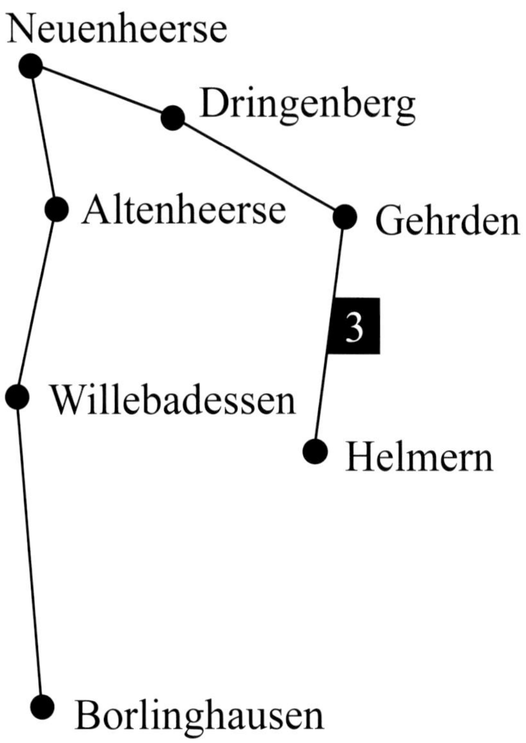

Von einem Wanderweg aus erlebt man diesen Blick auf die Schloßanlage Borlinghausen.

Auch Schloß Borlinghausen ist von breiten Gräften umgeben. Wie Schweckhausen (Route 2.7) und Helmern (Route 3.7) gehörte es zu den Besitzungen, die einst der Erbmarschall des Hochstifts Paderborn seinen drei Söhnen übergeben hatte. Das geschah in der zweiten Hälfte des 16. Jahrhunderts, und noch heute erfreuen wir uns an den Bauten der frühen Neuzeit, der sogenannten Weserrenaissance.

Der Zugang zur Brücke, die in den Schloßhof hineinführt, wird von steinernen »Wächterbüsten« bewacht. Sie mögen einst einem anderen Zweck gedient haben, vielleicht waren sie Konsolträger der steinernen Umrahmung eines Kamins.

Das schmuckreiche Portal des Treppenturms im Hofwinkel trägt die Jahreszahl 1587. In dem genannten Jahr ist

Der Weg zum Schloßhof führt über die Brücke der Gräfte.

Rechts der Vorderflügel des Schlosses. Der Renaissancetreppenturm steht im Innenwinkel der Schlossbauten.

Am Eingang zum Innenhof des Schlosses stehen an der Brücke über die Gräfte zwei steinerne »Wächterbüsten«. Vielleicht standen sie einmal auf dem Steinsockel eines großen Kamins? Erst im Winterhalbjahr, wenn die umgebenden Bäume und Büsche ihr Laub verloren haben, ist die Architektur der Schloßbauten in allen Details wahrzunehmen.

wohl der Umbau der alten Burg zu einem zweiflügeligen Schloß im Stil der Weserrenaissance abgeschlossen gewesen. Vom Vorgängerbau sind gotische Fenstereinrahmungen und das Wasserschlaggesims unter dem nördlichen Renaissancegiebel erhalten geblieben. Im ausgehenden 19. Jahrhundert wurden die Südfront des Haupthauses und der Südgiebel renoviert und teilweise erneuert. Auch der historisierende, an welsche Giebel der Frührenaissance erinnernde, weithin sichtbare Ostgiebel ist erst 1899 entstan-

Der weithin sichtbare Ostflügel des Schlosses stammt aus dem Jahre 1899.

Ostgiebel und Gartenfront des großen Schloßflügels
Unten: Der Gartenflügel des Schlosses mit der Brücke über die Gräfte

Das Portal mit der Brücke über die Gräfte in den Schloßgarten

den. Gegenüber vom Schloßeingang, am Chor der neugotischen Dorfkirche, stehen zwei prächtige Figurengrabsteine. Sie zeigen die Erbauer der Schlösser Borlinghausen, Schweckhausen und der Gutsanlage Helmern, Werner und Catarina von Spiegel, jeweils in der zeitgenössischen Tracht des späten 16. Jahrhunderts. Schloß Borlinghausen und Gut Helmern sind auch heute noch bewirtschaftete Adelssitze.

Gegenüber dem Schloßeingang stehen die Figurengrabsteine der Erbauer des Schlosses, Werner und Catarina von Spiegel.

Gebäude des ehemaligen Benediktinerinnenklosters Willebadessen. Der Klostergarten ist zum Kurpark geworden.

Die Baugeschichte der ehemaligen Klosterkirche ist nicht leicht zu entschlüsseln, denn die ursprünglich dreischiffige Basilika aus dem 12. Jahrhundert ist mehrfach umgebaut und verändert worden. Ob ein Westturm ausgeführt war, ist nicht nachgewiesen. Der große Einfluß der Klosterkirche Lippoldsberg (siehe Route 10) auch auf den Kirchenbau in Willebadessen zeigt sich nur noch in einigen Details. Aber gerade die Veränderungen und Ungereimtheiten, die den baulichen Zusammenhang nur noch schwer erkennen lassen, machen neugierig darauf, der Geschichte des Klosters nachzuspüren.

Wie die seit 1318 vor den Klostermauern wachsende Stadt einmal ausgesehen haben mag, zeigt ein Gemälde von 1665: Darauf liegt sie dicht neben dem doppelt ummauerten Klosterbereich mit der Klosterkirche und stattlichen Konventsgebäuden und ist ebenfalls von einer Mauer umgeben. Die kleinen, zumeist giebelständigen Häuser stehen eng zusammen und werden nur von dem mächtigen Turm der Pfarrkirche überragt. Der weiteren Sicherung dienen umliegende oder um die Mauern herumgeführte Gewässer.

Im ausgehenden 17. und beginnenden 18. Jahrhundert entstanden weitere Klostergebäude und die Kirche wurde barockisiert. Aus dieser Zeit stammt auch das schmiedeeiserne Gitter der Nonnenempore im Westen des Mittelschiffs und der prachtvolle Doppelsitz für die Äbtissin und die Priorin des Klosters. Die Wandsitze des Nonnengestühls sind aus gotischer Zeit erhalten geblieben.

Nachfolgende Zeiten müssen dem Kloster wie dem Ort schwer zugesetzt haben, und zu Beginn des 19. Jahrhun-

Der kleine Innenhof der mehrfach umgebauten Klosteranlage

Ein ehemaliger Eingang zum Klostergarten führt heute in den Kurpark.

Das ehemalige Konventsgebäude dient noch gelegentlich für Ausstellungen oder Veranstaltungen.

Die Eingangstür zum Konventsgebäude

derts wurde Willebadessen schließlich »ein elendiges dürftiges Dorf« genannt. Von seinen 150 Häusern waren nur noch wenige mit Ziegeln bedeckt. Zu dieser Zeit kämpfte auch das Kloster um sein Weiterbestehen und wurde schließlich aufgehoben. Seine Gebäude und die verbliebenen Ländereien gingen in Privatbesitz über. Die Klosterkirche wurde nach dem Abbruch der baufälligen Pfarrkirche zur Gemeindekirche.

Endlich erholte sich der Ort und wurde ansehnlich. Inmitten schöner Landschaft gelegen, bot er sich in jüngster Zeit als Reiseziel für Erholungsuchende an – die alten Bauten der ehemaligen Klosteranlage bilden seinen interessanten historischen Mittelpunkt. Das Gelände zwischen Kloster und Klostergut wurde als Kurpark der Öffentlichkeit zugänglich gemacht und es entstand, was zu den Segnungen modernen Kurlebens zu gehören scheint und dennoch vielerorts fremd bleibt.

Mit Kunst sollte dem entstandenen Kurort Leben zugeführt werden. Das Projekt wurde von namhaften Politikern wortreich und mit großen Gesten unterstützt: Werke international bekannter bildender Künstler machten zum einen auf das Städtchen aufmerksam, dienten zum anderen dem europäischen Gedanken.

Anläßlich des Europatags 1979 wurde eine große Ausstellung eröffnet, und Willebadessen gewann mit der »Stif-

Ehemalige Klostergebäude sind bürgerliche Wohnsitze geworden.

Ein erhaltenes Kapitell am Schiff zeigt noch die Verwandschaft des ehemals romanischen Kirchenbaus mit der Klosterkirche Lippoldsberg.

Das schmiedeeiserne Gitter der Nonnnempore über dem Kirchenraum ist in der Zeit um 1700 entstanden,

Die Nonnenempore mit dem Doppelsitz für die Äbtissin und die Priorin des Klosters aus dem frühen 18. Jahrhundert.

tung Europäischer Skulpturenpark« überregional Aufmerksamkeit und viele Freunde.

Als wir Jahre später auf unseren Touren nach Willebadessen kamen, fanden wir noch einige der Kunstwerke vor. Aber das Konventsgebäude war wieder verschlossen – keine Ausstellungen mehr, kein Café, das zum Verweilen einlädt. Nur ein vergessener Hinweis erinnerte an einstige Hoffnungen. Was so verheißungsvoll begonnen hatte, fand leider keine Fortsetzung.

Das Nonnengestühl auf der Empore stammt noch aus gotischer Zeit.

Erhaltene Grabsteine des ehemaligen Nonnenfriedhofs

Unser Weg nach Neuenheerse führt an Altenheerse, der älteren der beiden Siedlungen, vorbei. Sie wurde bereits im Jahr 868 in einer Synodalurkunde genannt.

Der Weg nach Neuenheerse führt an Altenheerse vorbei, der dem Namen entsprechend älteren der beiden Siedlungen. Diese Annahme begründet ein Hinweis in der Wormser Synodalurkunde aus dem Jahr 868. Demnach erfolgte die Gründung des Stifts Heerse in der Mark des Dorfes »Heerse«. Die ältere der Siedlungen erhielt allerdings erst im 12. Jahrhundert eine eigene Kirche.

Dieser einschiffige romanische Bau mit einem niedrigen Westturm mit Satteldach wurde im 17. und 19. Jahrhundert um die Sakristei und den breiten Chor erweitert. Sieht man auf älteren Abbildungen das Bruchsteinmauerwerk der Kirche noch steinsichtig und unverputzt, so liegt es heute unter einer glatten Putzschicht.

Der einschiffige Bau mit dem niedrigen Westturm entstand im 12. Jahrhundert.

Im 17. und 19. Jahrhundert wurde die kleine Kirche um die Sakristei und den breiten Chor erweitert.

Wenige Jahrzehnte nach ihrer Fertigstellung brannte die Stiftskirche bis auf die Umfassungsmauern nieder. Sofort begann der Wiederaufbau –die barocke Haube mit Laterne erhielt der Turm nach einem Blitzeinschlag 1797.

Von der bereits 868 erbauten karolingischen Pfeilerbasilika – der ersten Stiftskirche des »hochadlig-freiweltlichen« Damenstifts Heerse – ist nichts erhalten geblieben. Als die neue, zunächst nur flachgedeckte Säulenbasilika 1131 zur Stiftskirche geweiht wurde, bestand das Damenstift schon fast dreihundert Jahre. Doch bereits drei Jahrzehnte nach ihrer Weihe verbrannten der Ausbau und die Inneneinrichtung des großen Kirchenschiffs. Noch in demselben Jahr begannen der Neuausbau und gleichzeitig die Einwölbung des Schiffs. Trotz der späteren baulichen Veränderungen und einer überreichen Neuausstattung in barocker Zeit ist nichts von der großartigen Wirkung des Bauwerks verlorengegangen. Das Nebeneinander der Kontraste, deren Gestaltung jeweils dem Stil ihrer Entstehungszeit entspricht, weckten das Interesse der Besucher. Neben solchen Schätzen sehe man sich aber auch bescheidenere Dinge an, vergleiche beispielsweise das in unterschiedlichen Zeiten gearbeitete Mobiliar. Neben dem Chorgestühl und dem Gemeidegestühl finden sich überall in der Kirche Bänke, Stühle, Sitze in ganz lockerer Aufstellung oder Zuordnung. Sie laden bis zum heutigen Tag zur Benutzung und zum andächtigen Verweilen ein.

Die unverputzten Arkaden zwischen Hauptschiff und nördlichem Seitenschiff weisen eindringlich auf das Alter des Mauerwerks hin. Nicht einmal ein so kraftvoller Bau kann auf Dauer der Zeit widerstehen. Dennoch beeindruckt er ungleich mehr als mancher makellose, allzu perfekt wiederhergestellte Kirchenraum.

Schöne alte Häuser im Ort erinnern noch immer daran, daß die Stiftsdamen nicht in einem Kloster wohnten, sondern ihr eigenes Haus führten. (Siehe anschließenden Fachtext).

Vorbei an romanischen Säulen führt der Blick zu einem barocken Seitenaltar.

Treppen führen hinauf zum Chor mit dem mächtigen barocken Hauptaltar.

Auch hier sieht man das Miteinander der Zeiten. Die romanische Säule steht vor der barocken Orgelempore.

Nur ein winziger Teil alter Wandmalerei konnte bei der letzten Renovierung aufgedeckt werden.

Die alten Kirchenbänke vieler Generationen sind erhalten geblieben und gehören in diese Kirche, in der sich die Zeiten miteinander verbunden haben. Noch immer laden sie die Besucher zum andächtigen Verweilen ein und vermitteln ein Gespür für Kontinuität, selbst im Wandel der Formen.

Der reich bebilderte Taufstein und das Weihwasserbecken geben Auskunft über ihre Entstehung in der beginnenden Neuzeit.

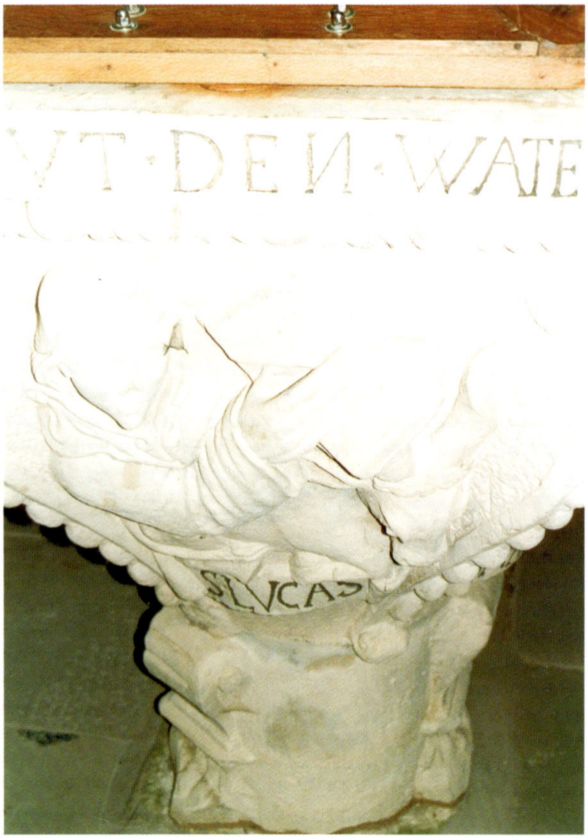

Spätestens in der Krypta unter dem Hochaltar fühlt sich der Besucher der gegenwärtigen Zeit entrückt. Die Neuenheerser Kirche macht die fast 900 Jahre ihres Bestehens anschaulich nacherlebbar. Sie zeigt noch heute ihre Standfestigkeit, und sogar die dicht vorbei führende Durchgangsstraße muß ihr ausweichen.

Ein prachtvolles Eisengitter aus der Zeit um 1400 im nördlichen Seitenschiff ist der Zugang auch zur Krypta.

Die dreischiffige Krypta entstand im frühen 12. Jahrhundert. An ihrem Westende liegt die tonnengewölbte Grabkammer der Märtyrer.

Schöne alte Häuser nahe der Stiftskirche erinnern daran, daß die hochadeligen Stiftsdamen jeweils ihr eigenes Haus führten.

Selbst das Wappen der einstigen Stiftsdame ist noch erhalten.

Die heutigen Eigentümer erhalten und pflegen die Stiftshäuser auch weiterhin.

Sie bilden ein schönes Ensemble nahe der Stiftskirche.

Auch die alte Vikarei ist in besten Händen.

Das ehemalige Abteigebäude des Klosters ist heute in privatem Besitz.

Die Stiftsdamen von Neuenheerse

Lothar Wengerzink

Im Jahre 868 gründete Luitgard, der dritte Bischof von Paderborn, an den Quellen des Flüßchens Nethe, das 20 km südöstlich von Paderborn liegt, das adlige Damenstift. Die Wahl dieses so ungünstigen Geländes läßt wohl darauf schließen, daß am Netheborn eine Kultstätte der Sachsen bestanden hat. Durch die Gründung des Damenstifts versprach sich Luitgard eine Vertiefung der christlichen Lehre. Ferner sollte das Stift Töchtern aus adligen westfälischen Familien eine Lebensaufgabe bieten. Auf dem Nationalkonzil zu Worms, dessen Vorsitz König Ludwig der Deutsche (843 – 876) inne hatte, wurde die Gründung bewilligt und von 27 Bischöfen und Äbten bestätigt. Der König schenkte dem Stift Land und Zehntfluren bei Heerse und Gehrden und verlieh ihm eine Reihe von Privilegien. Es unterstand nur dem königlichen Vogt.

871 nahm König Ludwig die Neugründung unter seinen besonderen Schutz, das Stift konnte seitdem die stolze Bezeichnung »Hochadelig Kaiserlich Freiweltliches Damenstift zu Heerse« führen. Jahrhundertelang wurde das Stift nur Heerse genannt, während die umliegende Ortschaft schon bald die Bezeichnung Neuenheerse erhielt im Gegensatz zum nahen Dorf Altenheerse. Auch Papst Stephan V. bestätigte 891 die Gründung des Damenstifts. (Dieses Schreiben ist die einzige Päpstliche Papyrus-Urkunde in Deutschland.) Die geistliche Betreuung oblag dem jeweiligen Bischof von Paderborn, der zunächst den persönlichen Schutz der Stiftsdamen übernahm. Der Gründer Bischof Luitgard bestimmte seine Schwester Walburga zur ersten Äbtissin.

Die Auffassung, das Wort Stift sei eine andere Bezeichnung für Kloster, ist falsch. Im Gegensatz zur Klosterschwester, der Nonne, legte die Stiftsdame kein Gelübde ab, sondern verpflichtete sich nur in besonderer Weise zu einem christlichen Leben. Statt einer besonderen Ordenstracht trug sie standesgemäße weltliche Kleidung. Nur während des Gottesdienstes und beim Chorgebet legte sie ein weißes Kleid und einen rötlichen pelzverbrämten Mantel an. Den Kopf bedeckte sie mit einem golddurchwirkten weißen Schleier, dem »Rantzen«. Kannte man in den Anfängen noch einen gemeinsamen Speise- und Schlafsaal, so lebte man vom 13. Jahrhundert an schon in eigenen Wohnungen in sogenannten Stiftshäusern und hatte entsprechende Dienerschaft. Die Stiftsdamen besaßen Privatvermögen und konnten jederzeit ihre Pfründe aufgeben. Mit Erlaubnis der Äbtissin durften sie für längere Zeit ihre Eltern und Verwandten besuchen und sogar problemlos aus der Gemeinschaft austreten, wenn sich die Gelegenheit zu einer Heirat bot.

Für die Aufnahme in das Damenstift Heerse waren zwei Bedingungen zu erfüllen. Das Edelfräulein mußte die Zugehörigkeit zur katholischen Kirche und ihre adlige Abstammung nachweisen. Nur Töchter aus dem Hochadel, die mindestens »sechzehn Schilde legten«, d.h., die lückenlos sechzehn adlige Ahnen auf väterlicher und mütterlicher Seite aufweisen konnten, wurden aufgenommen.

Die Zahl der Stiftsdamen schwankte zwischen zehn und zwanzig und wurde 1528 auf zwölf Damen (12 Apostel?) festgelegt. Zu diesen gehörten die Prälaturen, nämlich Äbtissin, Pröpstin und Dechantin, die allein mit Frau angeredet wurden, die übrigen Stiftsdamen dagegen mit Jungfrau.

Das Haupt der Gemeinschaft, die Äbtissin, wurde auf Lebenszeit gewählt und residierte im Abteigebäude. Ihr Einzug, Einfuhr genannt, erfolgte unter Beachtung eines besonderen Zeremoniells: Der Stiftsamtmann empfing die neue Herrin, die in einer geschmückten Kutsche saß, an der Stiftsgrenze und geleitete sie unter Voranritt dreier Schützenkompagnien bis ans Dorf. Hier verließ sie die Kutsche und wurde vom Stiftserbmarschall – der immer aus der Familie von Haxthausen stammte – auf einen Zelter gehoben. Sie ritt nun bis an den »Neuenheerser Damensattel«, den aus Stein gehauenen Sattel auf der Kirchhofsmauer an der Nordseite der Stiftskirche. (Die Jahreszahl 1738 bezieht sich auf die »Einfuhr« der Äbtissin Maria Magdalena von der Assenburg 1738, für die der steinerne Sattel erneuert worden war.) Entsprechend dem Protokoll wurde die neue Abtissin vom Stiftserbmarschall auf den

Steinsattel gehoben. Auf diese Weise nahm sie Besitz von ihrem Stift. Für seine Dienstleistung machte sie ihm das Pferd samt Sattel zum Geschenk. Nachdem die Untertanen ihr gehuldigt hatten, wurde sie von dem Damensattel heruntergehoben und feierlich in die Lamberti-Kapelle geleitet. Dort stand auf der steinernen Grabplatte über dem Grab der 1. Äbtissin Walburga ein Thronsessel, auf dem die neue Äbtissin Platz nahm. Sie wurde von der Pröpstin und der Dechantin mit dem Äbtissinnenmantel aus Hermelinpelzen bekleidet und mit einem Goldreif geschmückt. Durch diese Zeremonien sollte die rechtliche Nachfolge sichtbar gemacht werden. Danach schritt die neue Äbtissin im Gefolge der Stiftsdamen zur Kirche. Dort legte sie vor dem Hochaltar in Anwesenheit des Paderborner Bischofs, des gesamten Klerus und der Stiftsdamen den feierlichen Eid ab, nach bestem Wissen und Gewissen und zur größeren Ehre Gottes das Stift zu leiten und »im Jungfrauenstande zu verharren«, also auf die Ehe zu verzichten. Daraufhin erhielt sie vom Bischof ihre Weihe und ihre Bestätigung.

Vertreterin der Äbtissin im Konvent war die Pröpstin. Die Dechantin gestaltete Gottesdienste und liturgische Feiern und arrangierte Prozessionen. Die Stiftsdamen kamen jeden Morgen in der Stiftskirche zur Feier des heiligen Meßopfers zusammen und pflegten das tägliche Chorgebet. Für die geistliche Betreuung standen den Stiftsdamen Pfarrer zur Verfügung, die auch die heilige Messe zelebrierten. Das Vermögen des Stiftes Heerse war in seiner Blütezeit beträchtlich. Das Stift erwarb einen großen Besitz durch Kauf, durch Schenkungen und durch das Vermögen, das die einzelnen Stiftsdamen mitbrachten und während ihres Lebens noch erbten.

Nachrichten über die Gestaltung der Stiftskirche im Lauf der Jahrhunderte finden wir in Chroniken der Kirche. Aus ihnen läßt sich auf vier Bauperioden schließen:

Von der 868 entstandenen karolingischen Pfeilerbasilika ist bis auf die Ausgrabungsreste nichts mehr erhalten. Die erste der beiden im 12. Jahrhundert erbauten romanischen Kirchen, eine flachgedeckte, dreischiffige Säulenbasilika mit Westwerk und Krypta, brannte 1165 bis auf die Umfassungsmauern nieder. Noch im selben Jahr begann man mit ihrem Wiederaufbau, wölbte den Chor ein und wandelte das Westwerk in eine Westturmanlage um.

Nach 1350 wurde das Langhaus mit Ausnahme des nördlichen Seitenschiffs zur Hallenkirche umgebaut. Nach einem Blitzeinschlag im Jahre 1797 erhielt der Turm die heute noch vorhandene barocke Haube mit der Laterne.

Die Stiftskirche besitzt wenig an Ausstattung aus der Zeit vor dem Ende des 17. Jahrhunderts, denn zu Beginn des 18. Jahrhunderts ließen die Äbtissinnen die Stiftskirche in hervorragender Weise neu ausstatten. Den Glanz des Kirchenraums bilden seitdem die prunkvollen barocken Altäre aus Marmor und Alabaster. Sie entstammen der Werkstatt des Heinrich Papen und gehören zu seinen umfangreichsten Arbeiten. *Wohl selten hat in Westfalen eine barocke Altarausstattung das mittelalterliche Raumbild derart stark umgeprägt, wie diese Gruppe von drei Altären, die den Raum so sehr beherrschen, daß von einer Barockisierung die Rede sein muß. (K. I. Schmitz)*

Das Chorgestühl stammt aus dem 17. Jahrhundert. Im »Fräuleinchor« ist noch der große Äbtissinnenstuhl zu sehen, der mit Holzkohle beheizt werden konnte. Die Orgel wurde von Andreas Schweimbs aus Einbeck erbaut. Die schöne, viel zu wenig beachtete Schmiedearbeit des Chorgitters aus der Zeit um 1400 zeigt stilisierte Lilien, Rosetten, Trauben, Blätter und Vögel.

Im nördlichen Westbau steht der sechseckige, kelchförmige Taufstein. Er zeigt die vier Evangelisten und die heilige Saturina. Die Inschrift in niederdeutscher Sprache ist für das Entstehungsjahr 1585 ungewöhnlich.

Besondere Erwähnung verdienen die Grabplatten dreier Äbtissinnen, darunter die der ersten Äbtissin Walburga, deren gut erhaltene Inschrift ein bedeutendes Schriftdokument ist. Der Kapitelsaal unterhalb des Fräuleinchors im südlichen Querschiff, dessen Gewölbe eine einzige Säule trägt, ist in seiner Schlichtheit sehr eindrucksvoll. Er diente den Stiftsdamen als Versammlungsraum.

Die dreischiffige Krypta, entstanden zu Beginn des 12. Jahrhunderts, gilt als die am besten erhaltene in Westfalen. An ihrem Westende liegt die Confessio, die tonnengewölbte Grabkammer der Märtyrer. Sie birgt den großen Reliquienschatz der Stiftskirche.

Das Stift Heerse erlebte auch unruhige Zeiten. Als im Jahre 1593 bewaffnete holländische Banden raubend und plündernd in das Hochstift Paderborn einfielen, gründete man in den Stiftsdörfern Neuenheerse, Altenheerse und Kühlsen vorsorglich Schützenbrüderschaften. Während des Dreißigjährigen Krieges hausten 1631/32 die Schweden im Dorf, in der Abtei und in der Stiftskirche. Sie plünderten und richteten großen Schaden an. Auch der berühmt-berüchtigte Christian von Braunschweig (1599 - 1626), genannt der Tolle Christian, der auf der Seite der evangelischen Fürsten kämpfte, erpreßte 1622 bei seinem Aufenthalt in Neuenheerse von den Stiftsdamen 80.000

Taler und sämtliches Silbergeschirr. Den Todesstoß versetzte dem Damenstift zu Heerse die Säkularisation. Mit dem Reichsdeputationshauptschluß von 1803 wurden alle geistlichen Fürstentümer aufgehoben, 1810 erlitt das Damenstift zu Heerse durch ein Dekret des Königs Jérôme von Westfalen das gleiche Schicksal.

Das heute noch stehende, seit 1989 in Privatbesitz befindliche Abteigebäude (siehe letzte Bildseite unten rechts) stammt aus dem Jahre 1599; ein Wasserschloß, umgeben von einer Gräfte. Über dem Portal, in Stein gemeißelt, das Wappen der Äbtissin Ottilie von Fürstenberg.

Der »Neuenheerser Damensattel«, ein aus Stein gehauener Sattel, befindet sich auf der Kirchhofsmauer an der Nordseite der Stiftskirche. Die Jahreszahl 1738 bezeichnet nicht das Datum seines Ursprungs, sondern seiner Erneuerung.

In der im 12. Jahrhundert an die Stiftskirche angebauten Lamberti-Kapelle wurde die Gründungs-Äbtissin Walburga beigesetzt. Heute dient sie als Leichenhalle.

Verwendete Literatur:

Heinz Bauer/Friedrich Gerhard Hohmann: Alte Kirchen im Hochstift Paderborn. Paderborn 1974

Anton Gemmeke: Geschichte des adeligen Damenstifts zu Neuenheerse. Paderborn 1931

Wilhelm Grundmann: Die Stiftskirche in Neuenheerse. Kunstführer Nr. 895 München und Zürich 1984, 4. Aufl.

Joseph Hilker: Neuenheerse. Warburg 1968

Willy Lippert: Das Eggegebirge und sein Vorland. Paderborn 1980, 3. Aufl.

Nikolaus Rodenkirchen (Hrsg.): Bau- und Kunstdenkmäler von Westfalen. Kreis Warburg. Münster i. W. 1939, Bd. 44

Karl Josef Schmitz (Hrsg.): Die Bildhauerfamilie Papen in Giershagen. Paderborn 1970

Annette Werntze: Die Stiftskirche in Neuenheerse. Aachen 1994

Auf dem höchstem Punkt des nach allen Seiten hin abfallenden Höhenrückens liegen die Burg und der Ort Dringenberg.

Die Burg Dringenberg wurde um 1318 auf der höchsten Stelle eines nach allen Seiten hin abfallenden Höhenrückens erbaut. Vor ihren Mauern siedelten sich Bürger an. Die rasch anwachsende Siedlung erhielt schon bald ihr eigenes Stadtrecht.

Die Burg war zunächst ein gräflicher Besitz und diente vielfach den Paderborner Bischöfen als Residenz. 1471 diente sie sogar als Austragungsort der Friedensverhandlungen zwischen Paderborn und Hessen. Die Bedeutung der Burg und ihre anspruchsvolle Hofhaltung wirkten sich auch auf die wirtschaftliche und kulturelle Entwicklung der Stadt aus.

Mit dem Ausbruch des Dreißigjährigen Krieges war die große Zeit Dringenbergs beendet. Die Stadt wurde mehrfach besetzt und ausgeplündert. Eine neue Blütezeit folgte nicht mehr, zumal Dringenberg abseits der großen und neuen Verkehrswege lag und liegt.

Zur »Freiheit« der Burganlage – das bedeutete ein Terrain, auf dem kein städtisches Recht galt – gehörten auch die Zehntscheune, der Schafstall und eine Rentei. Diese Gebäude waren einst durch eine Mauer von der Stadt getrennt. Zum Torhaus und zur Burg, die auch heute noch

Der Burgeingang führte und führt heute noch über diese Brücke und erst vom Hof aus in die Gebäude.

Die Brücke führt über einen breiten und tiefen Graben, der dieser Burganlage den notwendigen Schutz gewährte.

»Das war hoffentlich nicht der einzige Abtritt im großen Burgbau«, meinte ein Besucher während der Besichtigung.

nur vom Innenhof aus zugänglich ist, führt noch immer die alte Steinbrücke über einen breiten Wehrgraben. Der umbaute Burghof, mit einem zur Burgkapelle führenden Treppenturm, ein 42 Meter tiefer Brunnen, die Stallungen und dicken Wehrmauern entsprechen der landläufigen Vorstellung von einer mittelalterlichen Burganlage.

Bevor die Burg Dringenberg erbaut wurde, hatte das Stift Heerse schon um 1250 für die Bauern der Umgebung eine

Von der ehemaligen Ausmalung des Gewölbes sind außer den farbigen Gratbegleitbändern mit Tragefigürchen nur noch ganz geringe Reste sichtbar.

Kapelle bauen lassen. Ganz in deren Nähe errichteten dann die ersten Dringenberger Bürger einen Wehrturm. Um 1400 wurde zwischen der Kapelle und dem Wehrturm, beide einbeziehend, die Pfarrkirche erbaut, deren verzogener Grundriß aus dieser Vorgeschichte zu erklären ist. Bis zur Säkularisation des Fürstbistums Paderborn zu Anfang des 19. Jahrhunderts diente die gotische Hallenkirche auch als Begräbnisstätte der bischöflichen Beamten. In der Kirche und an der südlichen Außenwand befinden sich heute noch ihre Grabplatten.

Um 1550 ist die Kirche ausgemalt worden, von der Ausmalung sind nur die sogenannten Tragefigürchen erhalten geblieben: Landdrost und Pfarrer, Küster und Lehrer, Hofnarr und Leibeigener tragen die farbigen Gratbegleitbänder des Gewölbes. Von der Ausmalung des Gewölbes selbst sind nur noch geringe Reste sichtbar.

Um 1142 wurde ein Benediktinerinnenkloster von der Iburg bei Driburg nach Gehrden verlegt. Der Bau seiner Kirche orientierte sich an der gerade entstehenden großen Klosterkirche in Lippoldsberg.

Viele Male besuchten wir Gehrden. Wir näherten uns der ehemaligen Klosteranlage von allen Himmelsrichtungen her, erlebten – über die Felder der Hochfläche kommend – das allmähliche Auftauchen des romanischen Turms, der sandsteingedeckten Dächer und schließlich des gesamten Klosterbezirks, wie er gegliedert und einzusehen ist. Oder wir gingen vom alten Baumgarten aus auf den von Efeu umfaßten Westturm zu, wo früher das Konventsgebäude gestanden hat. Die vermauerte Tür an der Westseite des Turms war einst der Zugang der Nonnen zum Nonnenchor, der heutigen Orgelempore. Vom Dorf her betritt man die Kirche durch das Nordportal aus der Zeit um 1250. Sein Türblatt ist reich beschlagen mit schmiedeeisernen Ornamenten, und der Türklopfer trägt einen gemeißelten Dämonenkopf.

Wer von Südwesten über die Felder der Hochfläche kommt, erlebt das allmähliche Auftauchen der Klostergebäude.

Wie nahezu überall in der Region sind auch hier die Dächer der ehemaligen Klosterbauten mit Sandsteinplatten gedeckt.

Zwei Löwen bewachen das Äbtissinnenhaus und das Gästehaus des Klosters.

Die ehemaligen Klostergebäude sind heute Familienerholungsstätte und Bildungszentrum der katholischen Kirche.

Auch in dieser ehemaligen Klosterkirche muß man sich Zeit nehmen für viele einzelne Kunstwerke und Zeugnisse aus verschiedenen Zeiten, die sich nach und nach zusammengefügt haben und zu einer eigenen Welt zusammmengewachsen sind.

Das Mitte des 12. Jahrhunderts gegründete Benediktinerinnenkloster bestand bis 1810. Nach seiner Aufhebung wurden Gebäude und Ländereien zum Verkauf ausgeschrieben. Das in Verlängerung der Kirche liegende Konventsgebäude, das Kapitelhaus und das Refektorium wurden abgebrochen.

Auch der alte Baum im Klostergarten ist sehenswert.

Die 1190 fertiggestellte Klosterkirche, eine kreuzförmige Gewölbebasilika im gebundenen System, gehört – wie ihre größere Lippoldsberger Schwester – zu den Bauten der sogenannten Wesergruppe. Sie wurde ab 1909 grundlegend restauriert, das Dach mit Sollingplatten neu gedeckt. Heute ist sie Pfarrkirche der Gemeinde Gehrden.

»Schloß Gehrden« ist heute im Besitz der Erzdiözese Paderborn. Das ehemalige Äbtissinnenhaus und das Gästehaus des Klosters sind 1960 zu einer Familienerholungsstätte und einem Bildungszentrum ausgebaut worden. Neben

Die ehemalige Klosterkirche ist die Gehrdener Pfarrkirche geworden.

Vom südlichen Turmportal aus gelangt man über eine Treppe hinter die Orgelempore (siehe oben). Dort sind noch Reste alter Wandmalereien zu sehen, die nicht übertüncht worden sind.

In der oberen niedrigeren Etage hängen die kleineren Glocken.

Zu den Glockenetagen gelangt man über eine Wendeltreppe.

Diese geheimnisvolle Tür hinter dem Südportal führt hinauf zum Glockenturm

Die Fenster in der Westseite des Turms gehören zu den beiden Glockenetagen.

Vom nördlichen Portal aus betritt man die Kirche.

Dieses großartige Portal aus dem 13. Jahrhundert ist eindrucksvoll beschlagen. Der Türklopfer zeigt einen gemeißelten Dämonenkopf.

Resten der ursprünglichen Ausstattung sind die Gästezimmer nach und nach mit altem, zum Teil sogar mit historischem Mobiliar ausgestattet worden, das bei Haushaltsauflösungen und Versteigerungen billig zu erwerben war. Die Heimleiterinnen und Mitarbeiter des Hauses haben es unter fachkundiger Anleitung selbst aufgearbeitet und mit wachsender Fachkenntnis saniert und restauriert. So kam in zwei Jahrzehnten eine wohl einzigartige Ausstattung zusammen.

Die Gutsanlage Helmern ist über Jahrhunderte erhalten und jeweils an die Nachfahren weitergegeben worden.

Mit der Gutsanlage Helmern lernen wir die dritte der Hinterlassenschaften jenes Erbmarschalls des Hochstifts Paderborn kennen, der im 16. Jahrhundert für seine Söhne zwei Schlösser und dieses Gut erbauen ließ. (Siehe auch Schweckhausen Route 2 und Borlinghausen Route 3).

Es gibt sie noch, jene schönen alten Güter mit dem Geviert von Wirtschaftsgebäuden und einem dem Betrachter zugewandten Herrenhaus. Man erfreut sich an ihnen und denkt voller Anerkennung an die kunstsinnigen Urheber zurück, an längst verstorbene Bauherren und Baumeister, Künstler und Handwerker, die einst mehr als das Notwendige getan und einen dauerhaften ästhetischen Wert geschaffen haben. Solche Beispiele beglücken, sie bilden Blickpunkte und regen zum Vergleichen an. Wir fragen uns, was die jeweilige Besonderheit ausmacht, wodurch

Das Gut Helmern ist in die umgebende Hügellandschaft eingebettet.

Von der Toreinfahrt her sieht man auf das Herrenhaus der Anlage.

Das relativ bescheidene Herrenhaus der Gutsanlage ist am treffendsten mit den selten anwendbaren Wort »zeitlos« zu beschreiben.

unsere Begeisterung ausgelöst wird und ob wir sie mit ländlichen Bauten aus unserer Zeit vergleichen könnten. Die Ausgangssituationen, die derartigen Anlagen, die der Wahl eines Areals zugrunde lagen, mögen sich gleichen – und doch entstanden keine bloßen Wiederholungen. Wie sich Gesichter unterscheiden und die vom Knochenbau herrührenden Proportionen innerhalb einheitlicher Bedingungen und Grundmuster – so unterschieden sich auch

Das Herrenhaus ist von Wirtschaftsgebäuden umgeben.

von Menschen und für Menschen geschaffene Anwesen, die viele Generationen überlebten.

Ob es bescheidenere Anwesen sind, ob Herrenhäuser oder Schlösser – unsere Reaktion auf das Besondere, auf den unverwechselbaren Ausdruck derartiger Bauwerke ist jedesmal von der gleichen Intensität. Rheder, Brakel, Albrock, Holzhausen, die Abbenburg und der Bökerhof, Hembsen, Bruchhausen – bereits die folgende Tour zeigt in den markierten Stationen weitere derartige Blickpunkte.

Route 4

Diese Tour führt zunächst nordwärts bis nach Holzhausen und wendet sich bei der Abbenburg wieder nach Süden. Sie endet in Amelunxen.

Auf den Wegen durch die Region trifft man auf viele alte Adelsnamen. Sie sind eng verbunden mit der Geschichte des Umlands, mit seiner Formung und Kultivierung. Träger dieser Namen haben geplant, erbauen und gestalten lassen, was uns noch heute Einblick in die Vergangenheit gewährt, sei es im profanen oder im kirchlichen Lebens- und Wirkungsbereich.

Diese Namen sind nicht nur mit einzelnen Orten oder Anwesen verbunden, sondern oftmals auch über die Grenzen des Dreiländerecks hinaus von Bedeutung gewesen. Das Aufzeichnen familärer und besitzrechtlicher Verbindungen würde ein weitverzweigtes Netz ergeben. Ob es Fürsten zu Corvey waren oder Grafen und Freiherren mit Namen von der Asseburg, von der Schulenburg, von der Borch, von Oeynhausen, von Haxthausen, von Wolff-Metternich, von Weichs, von Stockhausen, Spiegel von und zu Peckelsheim und andere mehr – es sind Namen, die mit der Geschichte der Region eng verbunden sind. Ihre Besitzungen haben zur Bildung und zum Bild dieses Dreiländerecks beigetragen.

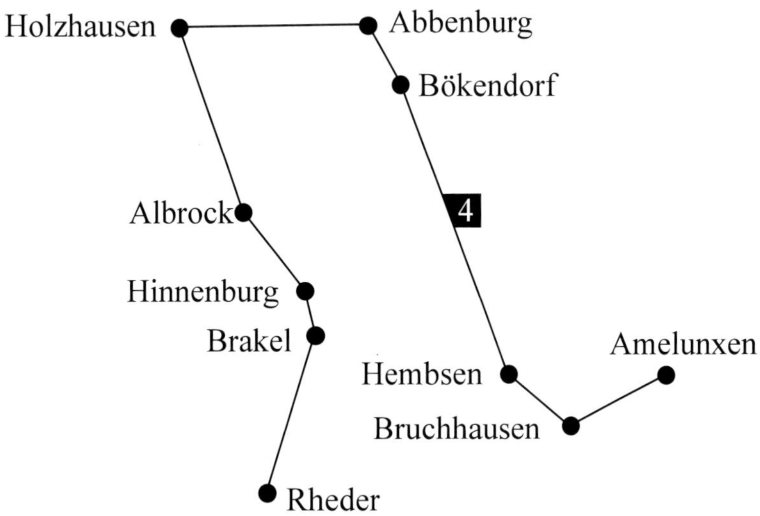

Die Zufahrt zu den großzügig angelegten Wirtschaftsgebäuden der Brauerei Rheder und zum Herrenhaus wurde in unserer Zeit zur Ortsdurchfahrt.

Seit etwa 1400 ist das Gut Rheder im Nethetal bewirtschaftet. Um 1750 ließ Franz Christoph von Mengersen ein neues Herrenhaus errichten. Das imposante, dreiflügelige Wirtschaftsgebäude mit seinen Eckbauten und seiner herrschaftlichen Toreinfahrt war bereits von seinem Vorgänger Burchard Bruno von Mengersen angelegt worden, der auch den Bau der großartig auf das Gutsensemble gerichteten Schlaunschen Kirche veranlaßt hatte.

Lauter, schneller und zeitweise ununterbrochener Durchgangsverkehr belastet heute die kleine Ortschaft und zerschneidet das einzigartige Ensemble der noch immer bewirtschafteten Gutsanlage.

Man muß einen ruhigen Augenblick abwarten, um von der Fahrbahn aus jenen Blick aufnehmen zu können, wie ihn alte Gemälde zeigen. Darauf fügten sich die Straßen noch in das Ensemble ein und verbanden es. Heute sieht man linker Hand die langgestreckte Vorderfront der dreiflügeligen Anlage der Wirtschaftsgebäude liegen. Ihre Richtungsänderungen sind jeweils von Eckpavillons markiert. In ihrer Mitte steht das risalitartig abgesetzte Torhaus – an dessen Giebelschmuck Johann Conrad Schlaun mitgewirkt hat – mit der Durchfahrt, die zum Wirtschaftshof und geradeaus zum Herrenhaus führt. Rechter Hand der Straße setzt sich die Anlage mit dem kleineren umbauten Hof fort. Und geradeaus im Blick – etwas erhöht und quer zur Straße gestellt – schließt die Pfarrkirche das Bild ab, ein frühes Werk des berühmt gewordenen Barockbaumeisters Johann Conrad Schlaun. Sie ist großartig von ihm ins Bild gesetzt! Ob Schlaun auch an den gleichzeitig entstehenden Wirtschaftsgebäuden oder am Bau des erst 1750 fertiggestellten Herrenhauses mitgewirkt hat? Die

Die Toreinfahrt zu den Wirtschaftsgebäuden jenseits der Straße.

Jenseits der Zufahrt zu den Wirtschaftsgebäuden liegt das Herrenhaus der Brauerei Rheder.

Links der dreiflügeligen Anlage der Wirtschaftsgebäude führt ein Weg in den Schloßpark.

Angaben darüber sind widersprüchlich; doch auch mit einem bekannten Namen ließe sich der großartige Eindruck der Anlage kaum steigern.

Unterstützt wird er durch die aufeinander abgestimmte, für die Erbauungszeit durchaus übliche Farbgebung, die uns heute in ihrer Konsequenz überrascht, ja begeistert: Das strahlende Ockergelb der Fassaden, das milde Rotbraun der sandsteingedeckten Dächer und die hellen Fenstereinfassungen und dazu das klare Weiß der verputzten Kirche kontrastieren untereinander und zugleich mit dem Grün der umgebenden Landschaft.

Gehen wir durch das Torhaus mit dem schmückenden Dreiecksgiebel in den großen Wirtschaftshof hinein! Gegenüber der Toreinfahrt, in gebührendem Abstand und in eigener Farbigkeit, schließt das Herrenhaus die weitläufige Anlage ab. Im Wirtschaftshof folgt man dem Hinweis auf die Schloßbrauerei Rheder, in der seit mehr als dreihundert Jahren gutes Bier gebraut wird. Es schmeckt uns! Ein großer Taubenschlag erregt die Aufmerksamkeit der Besucher. Doch von den vielen sehenswerten Details nimmt man zunächst nur einen Gesamteindruck mit. Und man freut sich bereits aufs Wiederkommen.

Unerläßlich für jeden Besucher ist ein Gang in den Schloßpark, der ganz allmählich in die Landschaft übergeht. Man umläuft seitlich die Wirtschaftsgebäude und den Schloßhof und gewinnt schließlich einen herrlichen Blick auf die Gartenseite des Herrenhauses, das sich von hier aus wie ein Märchenschloß darbietet.

Überall lädt der Schloßgarten zum Verweilen ein.

Vom Park aus erscheint das Herrenhaus wie ein Märchenschloß.

Die katholische Pfarrkirche St. Katharina wurde 1716-1718 von J.C. Schlaun erbaut und ausgestattet.

Das Eingangsportal der erhöht liegenden Kirche ist zur Straße gerichtet, die Südfront zeigt in voller Breite auf die Anlage Rheder.

Am Marktplatz überrascht die unterschiedliche Gestaltung der Häuser. Hier herrscht an Markttagen buntes Treiben.

Am Handelsweg zwischen Paderborn und Höxter liegend, gewann das kleine Dorf schon früh Bedeutung als ein Warenumschlagplatz. Im 13. Jahrhundert wurde es zur Stadt erhoben und einige Zeit später erhielt Brakel als Mitglied der Hanse sogar das eigene Zoll- und Wegerecht. Wenige Bauwerke zeugen noch von dieser Vergangenheit. Mit ihrer Hilfe kann man sich ein reizvolles altes Städtchen vorstellen, von dessen mittelalterlicher Bausubstanz sieben großer Brände wegen nur wenig erhalten geblieben ist.

Wie die meisten Orte in der Region fand auch Brakel keinen Anschluß an die sich verändernden Bedingungen und wirtschaftlichen Erfolge durch die Industrialisierung. Viele Versuche, den sich verändernden Lebensbedingungen des 19. Jahrhunderts zu begegnen und Alternativen für die einheimische Bevölkerung zu schaffen, hatten nur kurzfristigen oder geringen Erfolg. Noch 1979 hieß es in Brakel, die Wirtschaft der Stadt befinde sich »am Ende der Welt«, da die modernen Verkehrswege anderswo und weit entfernt verliefen und Arbeitsplätze lange Anfahrten erforderten. Diese Entwicklung hat der Region immerhin ihre Ruhe bewahrt und die schöne Landschaft erhalten. So setzt sie heute, und so setzt auch Brakel, auf den Fremdenverkehr.

Das Rathaus ist ein Bau aus dem 14. Jahrhundert mit Treppengiebeln, durchbrochenen Vierpässen und gotischen Fenstern.

Eine Giebelfront der Häuser links vom Rathaus.

Das gotische Rathaus gehört zu den ältesten Bauten der Stadt. Links davon steht das ehemalige Stadthaus der Ritter von Brakel.

Die Bebauung des Marktplatzes zeigt ein buntgemischtes Bild, was die unterschiedlichen Entstehungszeiten der Häuser und deren Gestaltung betrifft. Vor allem ist das späte 19. Jahrhundert mit seiner Formenvielfalt vertreten. Und der farbenfrohe Wochenmarkt bringt nicht nur Menschen und damit Leben ins Bild, sondern auch die Fülle dessen, was in umliegenden Gärten und auf den Feldern wächst. Vielleicht erlebt man Brakel gerade an einem Markttag. Malerisch sind Buden und Verkaufsstände vor dem Rathaus aufgebaut, einem schönen Bau aus dem 14. Jahrhundert mit Treppengiebeln, durchbrochenen Vierpässen, hohen gotischen Fenstern und dem später entstandenen Renaissanceportal. Auch die benachbarte »Alte Waage«, einst Stadtsitz der Ritter von Brakel, stammt aus dieser Zeit. Ihr Stufengiebel ist eine Rekonstruktion.

Es lohnt sich, in den Nebenstraßen und Gassen der unregelmäßigen Anlage dieser Stadt nachzuspüren. Man nehme sich genügend Zeit, auf dem erhöht liegenden Kirchplatz zu sitzen und schließlich auch in die Kirche hineinzugehen: Ihre wesentlichen Bauteile gehören noch zur romanischen Basilika aus dem 12. Jahrhundert. Um- und Anbauten wie ein gotischer Chor, das südliche Seitenschiff oder der Turm erfolgten in späteren Jahrhunderten. Im Kirchenraum fallen neben den romanischen Arkadenpfeilern mit Ecksäulchen und der barocken Ausstattung besonders die großen Klappflügel der Orgel ins Auge. Die darauf zu sehenden Gemälde des aus Brakel stammenden Barockmalers Johann Georg Rudolphi sind 1683 entstanden. Diese Flügel werden alljährlich zur Passionszeit vor die Orgel geklappt. Erst zu dieser Gelegenheit zeigen sich auch die Gemälde auf den Rückseiten. Die im 19. Jahrhundert im Kirchenschiff als gerahmte Bilder gezeigten Rudolphi-Gemälde dienen heute, ihrer einstigen Bestimmung gemäß, auch der neu gebauten Orgel als Klappflügel. Für Architekten und Designer ist Brakel als ein Produktionsort von Türklinken und Beschlägen bekannt geworden. Neue Entwurfsideen, experimentelle Wettbewerbe und die hervorragenden Publikationen machten über die Bundesgrenzen hinaus auf eine anspruchsvolle Entwurfsstrategie der Brakeler Firma aufmerksam. Vom Kirchplatz aus sieht man bereits das nächste Routenziel liegen, die Hinnenburg der Ritter von Brakel.

Das Rathausportal stammt aus der Rennaissance.

Gleich hinter dem Rathausplatz liegt der Kirchplatz mit der romanischen Basilika, die einige Um- und Anbauten erfahren hat.

Die Klappflügel der neuen Orgel tragen die Malereien des Barockmalers Johann Georg Rudolphi.

Der Nonnenfriedhof im Garten des Brakeler Klosters. Unten links sieht man den Eingang zur Klosterschule. An der Klosterpforte wurden wir von einer Schwester freundlich zum Gespräch ins Haus gebeten.

Ein schmaler Fußweg führt in Serpentinen zur Hinnenburg hinauf.

Bereits im 13. Jahrhundert war diese Höhenburg der Wohnsitz der Ritter von Brakel. Ihre Geschichte zählt Zerstörungen und Feuersbrünste auf, Wiederaufbauten, Besetzung, sogar Pfändung und schließlich auch die Vergrößerung und die Erneuerung. Im 1600 wurde die Höhenburg ausgebaut, und rund fünfzig Jahre später erhielt die Burg ihre achtseitige Schloßkapelle. Von dem nachfolgenden Schloßherrn, dem kurkölnischen Minister Hermann Werner von der Asseburg, stammen Umbauten aus den Jahren 1736 bis 1796. Im 19. Jahrhundert entstand dann die Vorburg der alten Hinnenburg, die bis heute bewirtschaftet wird.

Der Burgberg ist weithin sichtbar, soeben sahen wir ihn bereits vom Brakeler Kirchplatz aus liegen. Ein Fußweg führt in Serpentinen auf den Berg hinauf, dann vorbei an

Nach dem Umbau von 1736-1746 wurde das Wappen des Eigentümers angebracht: Hermann Werner von der Asseburg.

Das Eingangstor mit der achtseitigen Schloßkapelle führt hinein in die Vorburg.

Die achtseitige Schloßkapelle von 1658 ist später nach Nordwesten erweitert worden.

der langen Außenfront des dreigeschossigen Haupthauses mit dem untersetzten Eckturm, führt vorbei an der Kapelle und hinein in den Hof der Vorburg, deren Gebäude erst im 19. Jahrhundert errichtet worden sind. Erst durch eine zweite Toreinfahrt gelangt man hinein in den schmalen Innenhof, der die Schloßflügel hoch und mächtig erscheinen läßt. Sie sollen noch einen Teil jener prächtigen Ausgestaltung enthalten, die schon Annette von Droste-Hülshoff begeistert beschrieben hat. Daß dieser Besitz einmal als Museum zugänglich werden könnte, ist wohl nur ein Wunschtraum.

Erst beim nächsten Besuch stellten wir fest, daß auch eine bequeme Fahrstraße auf den Burgberg hinaufführt. Sie endet am Portal des Schloßhofes und umgeht so den Hof und die Vorburg.

Die Gebäude der Vorburg wurden erst im 19. Jahrhundert erbaut und werden heute noch bewirtschaftet.

Ein kleiner Verbindungsbau zwischen Vorburg und dem eigentlichen Burgbau.

Vom Vorhof aus führt der Weg durch die Toreinfahrt in den schmalen Innenhof der Burg hinein.

Der Treppenturm im Hofwinkel der alten Burganlage

Bereits im 13. Jahrhundert entstand diese Höhenburg der Ritter von Brakel. Seit nahezu 800 Jahren steht der alte Rittersitz auf seinem Burgberg.

Inzwischen ist wieder Leben in die Burgmauern eingezogen ist. In einem Teil der Schloßflügel wurden Wohnungen eingerichtet.

Trutzig, sich gegenseitig stützend und schützend – so wirken diese hohen Mauern der eng zusammenstehenden Burgbauten im Innenhof auch heute noch. Leider bleiben unsere vielen Fragen unbeantwortet, die sich auf die Bewohner beziehen, auf Lebensweise und Lebensbedingungen der Menschen in den Jahrhunderten des Bestehens dieser abgeschlossenen kleinen Welt.

Der schmale Innenhof der Hinnenburg

Daß sogar eine bequeme Fahrstraße zur Burg hinaufführt, sahen wir erst an diesem Ausgang des inneren Burghofs.

Ein verlassener alter Hof? So fragt man sich beim Näherkommen und wundert sich über die Gestaltung des ehemaligen Gutshofs Albrock.

Diese Tour beschert einige Überraschungen. Nicht immer sind unsere »Funde« bedeutend genug, um in Kunst-Reiseführern Erwähnung zu finden – das schmälert aber weder unsere Begeisterung noch unser Interesse. Durch Zufall also, auf einem wenig befahrenen Weg nach Holzhausen, entdeckten wir den ehemaligen Gutshof Albrock. Er ist um 1830 als Vorwerk des Schäferhofs (unterhalb der Hinnenburg) erbaut worden, eingefügt in Felder und die Landschaft. Die äußerst bescheidene, doch wohlproportionierte Architektur des Herrenhauses haben vielleicht die Beispiele des französischen revolutionären Klassizismus beeinflußt. Geometrische Grundformen, kontrastierende Elemente wie Giebeldreieck und zentraler Rundbogen sind eigenwillig in Zusammenhang gebracht. Einfachheit und klare Formen folgten bei derartigen Entwürfen nicht nur einer ästhetischen Entscheidung, sie sollten auch Ord-

Auch die Anlage sebst und der Bau der großen Scheunen machen neugierig.

Der Ruin ist aber schon weit fortgeschritten.

Die »Schauseite« des bescheidenen Herrenhauses, davor eine Anhäufung von Steinen, Schutt und Abraum

nung symbolisieren und eine gesellschaftliche Position aufzeigen. Hier treffen diese Bedeutungsmerkmale allerdings nur bedingt und auch nur auf die Fassade zu, auf die dem Betrachter zugewandte Vorderfront eines bescheidenen Herrenhauses. Dagegen verraten die Rückfront und die Schmalseiten des Hauses, daß der Anlage keine großartige Bedeutung zugedacht war. Der Zustand des verlassenen Anwesens wurde immer ruinöser und wir hofften sehr, daß die in Aussicht gestellte Sanierung und Neunutzung tatsächlich und möglichst bald erfolgen würde. Wenige Jahre später schien eine Neunutzung zwar vorbereitet, jedoch bald wieder aufgegeben worden zu sein. Heute ist das mit Steinen, Geröll und Schutthaufen überzogene Anwesen durch einen Maschendrahtzaun für die Öffentlichkeit nicht mehr zugänglich.

– sollte hier ein Neubeginn eingeleitet werden?

Diese Frage konnte nicht geklärt werden, so oft wir auch wiederkamen.

Durch das Tor des Gutshofs Holzhausen sieht man das prächtige Herrenhaus, »die Holzhausener Burg«.

»Die Holzhausener Burg« – so wurde der alte, um 1312 als befestigte Anlage erbaute Adelssitz von jeher genannt.

Durch die Toreinfahrt der weitläufigen Bruchsteinummauerung sieht man das herrliche Anwesen der Freiherren von der Borch liegen. Zuerst beeindruckt der weitläufige Gutshof mit seinen zahlreichen Wohn- und Wirtschaftsgebäuden, der – im Gegensatz zu anderen

Die Frontterrasse über dem Portal wird von toskanische Säulen getragen.

Eine zweite Brücke führt vom Vorhof des Herrenhauses hinüber in die Gartenanlagen.

Die schmalen Seitenfronten des Holzhausener Herrenhauses

Im Kontrast zum strengen klassizistischen Stil des Herrenhauses stehen die heiter stimmenden Dachaufbauten der Ochsenaugenfenster und die prächtigen Schornsteine.

Höfen – noch immer durch landwirtschaftliche Tätigkeiten belebt ist. Frontal im Blick liegt, durch eine Gräfte vom Wirtschaftsbereich getrennt, das Herrenhaus. Der vom klassizistischen Stil inspirierte Neubau entstand 1802 bis 1809 an Stelle der alten Burg, die unbewohnbar geworden war und abgebrannt wurde.

Eine Brücke führt über die Gräfte zum Herrenhaus hinüber – oder ist es ein Schloß? Seine Wirkung beruht auf der Prägnanz einer maßvollen Architektur. Der strengen Gliederung der Fassaden steht die kunstvolle Verspieltheit auf den sandsteingedeckten Dachflächen gegenüber mit ihren Dachgauben und Ochsenaugenfenstern, den originellen Schornsteinen und den steinernen Vasen auf einem attikaähnlichen Aufbau. Doch dieses reizvolle Formenspiel ist wiederum ordnend zusammengefaßt und in die

Im weitläufigen Schloßpark fühlt man sich aller Pflichten entrückt –

und überall sind reizvolle Ruheplätze zu finden.

Sogar das Dach des Pferdestalls ruht auf stolzen Säulen.

Der Blick von der Terasse des Herrenhauses fällt auf die Ein- und Ausfahrt des großen Gutshofs und hinaus auf Felder und Wiesen.

bauliche Komposition eingefügt.

Die von toskanischen Säulen getragene Frontterrasse über dem Portal wurde erst 1910 hinzugebaut. Obwohl ihre funktionale und repräsentative Bedeutung überzeugt, bedauert man ein wenig den Einbruch in das ursprüngliche Gestaltungsprinzip.

Was wird von dieser Frontterrasse aus zu sehen sein? Zunächst ist es der große Wirtschaftshof mit den darin ausgeübten Tätigkeiten, aber auch ankommende und wieder aufbrechende Gäste, denen man bis zur Hofeinfahrt mit den hohen markierenden Bäumen nachschauen kann. Oder der Blick fällt über die Hofeinfahrt hinaus auf weitreichende Felder, die vom Gut Holzhausen umweltfreundlich genutzt werden.

Auch die alten Gebäude des Gutshofs sind einfühlsam gepflegt und erhalten.

Von den Feldern her fällt der Blick auf den Gutshof und das Eingangstor.

Das 1835 neu erbaute Herrenhaus des Ritterguts Abbenburg

Das Rittergut Abbenburg, seit 1465 ein Familienstammsitz der Familie von Haxthausen, ist von Ortsunkundigen kaum wahrzunehmen. Wie in alten Zeiten liegt es noch immer abseits von Ortschaften und belebten Straßen in idyllischer Ruhe, eingebettet in die umgebende Landschaft und die dazu gehörigen Ackerflächen. Gut Abbenburg ist heute ein aufs modernste geführter Landwirtschaftsbetrieb.

Im Frühjahr, wenn die Felder noch nicht bestellt, die Bäume noch ohne Laub sind, sieht man das 1833 neu erbaute Herrenhaus. Es ist kleiner bemessen als der abgerissene Vorgängerbau. Die heute ältesten Gebäude des Anwesens, die Alte Rentei und die Kapelle, die auch als Torhaus bezeichnet wird, gehörten zur Burganlage des 16. Jahrhunderts.

Ganz in der Nähe finden wir einen weiteren Besitz der Abbenburger, den Bökerhof in Bökendorf.

Im Bökerhof, einem alten Anwesen der Freiherren von Haxthausen, ist heute ein Museum eingerichtet.

Der ursprüngliche Renaissancebau des Bökerhofes ist jeweils im 17. und im 18. Jahrhundert umgebaut worden. Wer ihn nur eben kurz ansehen und seine Tour rasch fortsetzen möchte, versäumt ein paar besondere Stunden. Man sollte Haus, Hof, Garten und Wäldchen möglichst in der milden Frühlingssonne umlaufen, sich mit dem Blick auf die Gartenfront des Herrenhauses ins Gras setzen und etwas über die Gäste des Hauses lesen. Sie kamen im frühen 19. Jahrhundert hierher, um Gespräche zu führen und

Wir beginnen seitlich mit der Umrundung des Grundstücks.

Hinter dem Bökerhof liegt links das von den literarischen Gästen beschriebene und besungene Wäldchen, das von Laubengängen aus Hainbuchen eingefaßt war.

Anregungen für ihre literarische Arbeit zu finden.

Denn das Bökendorfer Rittergut war für den Freundeskreis der Brüder Werner und August von Haxthausen ein immer wieder gern besuchter Ort, an dem man sich zum Gedankenaustausch traf. Unter den Schriftstellern und Gelehrten waren klangvolle Namen wie Clemens von Brentano, die Brüder Grimm und Annette von Droste-Hülshoff,

Der Weideplatz neben dem Wäldchen des Bökerhofs

Reste des Bosketts von Hainbuchen, das um 1800 den Bökerhof umgab

Selbst im Winter verliert das Boskett nichts von seinem geheimnisvollen Reiz.

Von den Gärten und den Wäldchen des Bökerhofs führt eine Lindenallee in die Landschaft hinein.

eine Nichte der Gastgeber. Gehen wir doch ihren Wegen von damals nach, die um das Herrenhaus und durch das Wäldchen in die Landschaft hineinführten. Freuen wir uns noch heute an den Resten des Bosketts, jenes Laubengangs aus Hainbuchen, der zu Beginn des 19. Jahrhunderts das ganze Anwesen umgab. Die an den Garten anschließende Lindenallee mit Kreuzwegstationen wurde etwa in der Mitte des 19. Jahrhunderts angelegt.

Lange wartete man in Bökendorf darauf, daß sich mit einem Museum das still gewordene Herrenhaus neu beleben würde. Tatsächlich hat es inzwischen als Stätte für kulturelle Darbietungen neue Freunde und Gäste gewinnen können.

Der ursprüngliche Renaissancebau ist im 17. und 18. Jahrhundert umgebaut worden.

Frühling, Sommer, Herbst und Winter –

nur die Jahreszeiten verändern das Bild der Lindenallee des Bökerhofs.

Von der Ortsdurchfahrt her fällt der Blick auf ein recht ungewöhnliches Herrenhaus, das von den alten Wirtschaftshöfen der ehemaligen Gutsanlage umgeben ist.

Der Ort selbst zeigt nichts mehr von seiner weit zurückreichenden Geschichte. Einst gehörte er zu den ältesten Besitzungen der Abtei Corvey und ist in einer ihrer Schenkungsurkunden aufgeführt. Heute prägen Neubauten das ehemals dörfliche Ortsbild, und sogar die Kirche kann mit ihren rund hundertsiebzig Jahren noch als junger Bau gelten. Von der mittelalterlichen Vorgängerkirche ist wenig in Erinnerung geblieben. Bereits baufällig, ist sie vermutlich im Dreißigjährigen Krieg vollends zerstört worden. Eine um 1680 errichtete Kapelle diente danach für die Gottesdienste der Gemeinde, bis 1817 die heutige Pfarrkirche erbaut werden konnte.

Ein einziges Haus läßt uns immer wieder in den Ort zurückkehren. Es ist das Herrenhaus einer ehemaligen Gutsanlage, ein ungewöhnlicher Bau, der es uns angetan hat:

Der Treppenaufgang gehört einer der späteren Bauphasen an –

– die das Herrenhaus nach und nach vergrößert und den Zeiten entsprechend modernisiert haben.

Der große Balkon über der Terrasse der linken Seitenfront. Das Dach ist – wie überall im Weserbergland – mit Sandsteinplatten gedeckt. Die Schornsteine erinnern uns an ähnliche »Schmuckschornsteine« auf dem Dach des Schlosses Holzhausen.

Weitere An- und Aufbauten aus dem 19. Jahrhundert und der seitliche Eingang des Hauses (siehe unten und folgende Seite). Das Dach ist bereits aufgestockt.

Der seitliche Hauseingang zwischen Terrasse und Turm

Die Bau- und Renovierungsarbeiten haben Unordnung und Staub verursacht – aber überall gibt es etwas zu sehen.

Das offenstehende Hoftor gibt den Blick über den Gutshof auf die Vorderfront des Hauses frei. Wir dürfen das Grundstück und das Haus betreten und jederzeit wiederkommen. So erleben wir den interessanten Bau – außen wie innen – jedesmal und von jedem Standort aus immer wieder überraschend neu. Um den alten Kernbau herum sind im 19. und frühen 20. Jahrhundert nach und nach An- und Ausbauten entstanden. Schließlich wurde der Bau sogar aufgestockt und eine neue Dachlandschaft ge-

Auch Beispiele aus der Zeit des Jugendstils und der Wiener Sezession haben im Hembsener Gutshaus bei der Neugestaltung des Treppenaufgangs anregend gewirkt…

staltet. Das alles geschah im Einklang mit dem jeweiligen Zeitgefühl, mit neuen Gewohnheiten und Bedürfnissen. Selten sieht man Bauabschnitte und Ausstattungsanteile verschiedener Zeiten so einträchtig nebeneinander wie am und im Hembsener Gutshaus. Selbst in diesem entlegenen Ort folgte man, wenn auch in eigener Umsetzung und manchmal auch zeitverschoben, dem sich wandelnden Stil. Und so konnten, fast zeitgleich neben dem Bau des

…und ein nobles Beispiel für das beginnende 20. Jahrhundert in das Haus eingebracht.

Von einer Seitengasse aus sieht man jenseits der Grundstücksmauer die Rückfront des vielgestaltigen Hauses mit weiteren Anbauten.

historisierenden Turms, auch Ideen des Jugendstils und der Wiener Sezession in die Umgestaltungen im Haus eingehen.

Hier fanden wir bei unseren Besuchen Gelegenheit, eine einfühlsame Restaurierung verfolgen zu können. Sie ist ein seltenes Beispiel dafür, wie man vorhandene bauliche Besonderheiten bewahrt und dennoch den Bedürfnissen einer heutigen Nutzung entsprechen kann.

Die Liebe zum Objekt, Kenntnis über seine Entstehung und ein Gespür für seine Einmaligkeit gehören zu den Voraussetzungen für den Erhalt historischer Bauten. Solche Bauten sind in unseren vielfach langweilig gewordenen Ortschaften erfreuliche Akzente.

Vor dem Ortsanfang von Bruchhausen rasteten wir gern am Ufer der Nethe.

Hier treffen wir wieder auf die Nethe. Die Bruchhausener haben sogar ihre Fußwege erhöht angelegt und mit Geländern zur Hauptstraße hin gesichert – denn nicht immer zieht das Flüßchen friedlich am Ort vorbei.

Wir sind gerne hier, rasten am Ufersaum mit dem Blick auf Häuser und Höfe und verfolgen die rasche Strömung der Nethe. Eine Anlage, deren Wasserkraft zur Stromerzeugung genutzt wurde, scheint nicht mehr in Betrieb zu sein. Sie ist in desolatem Zustand. Im Ort finden sich noch etliche Stellen mit Resten von Ursprünglichkeit. Bruchhausen ist noch nicht vereinnahmt von der säubernden Allmacht der »schöner« werdenden Dörfer, die vielerorts ländliche Idyllen neu und pflegeleicht ins Bild gesetzt haben. In der Ortsmitte öffnet sich ein Areal mit Häusern und Bauten aus verschiedenen Zeiten. Es ist ein reizvolles En-

Die Fußwege der Hauptstraße sind erhöht angelegt und mit Geländern versehen – denn nicht immer fließt die Nethe friedlich vorbei.

Das Doppelhaus zeigt links eine beispielhafte Sanierung, rechts die »Modernisierung« der Nachkriegszeit.

Gleich hinter der Kirche liegt der Eingang zum ehemaligen Gutshof mit dem um 1777 neu erbauten Herrenhaus.

semble, in das die Dorfstraße und ihre Fachwerkhäuser, zwei Kirchen und Gäßchen mit Durchblicken eingebunden sind. Im ehemaligen Gutshof ist ein um 1777 erbautes Herrenhaus zu sehen, an seiner Gartenseite schließt sich ein kleiner und allen zugänglicher Park an. Die ehemalige Wirschaftsanlage dient heute sportlichen Aktivitäten der Dorfbewohner. Auf der anderen Hofseite wundert man sich über einen seltsamen Bau, dessen Gestalt erst nach

Der Eingang zum Herrenhaus mit Wappen der Freiherren Wolff Metternich.

Hinter dem Herrenhaus liegt ein kleiner Park, der auch für die Öffentlichkeit zugänglich ist.

Dem Herrenhaus gegenüber steht ein niedriger Bau. Er ist das verbliebene Erdgeschoß der alten Burg. Nach dem Verlassen des Schloßhofs umrunden wir den Rest der Burg.

Kenntnis seiner Geschichte zu verstehen ist. Als Teil der alten Burg, die einst einem Brand zum Opfer gefallen ist, wurde das verschont gebliebene Erdgeschoß nicht aufgestockt, sondern nur überdacht und eingeschossig weiterbewohnt. Als lohnenden Fund brachten die letzten Restaurierungsarbeiten einige Schabracken- bzw. Vorhangbogenfenster mit asymmetrischen Schmuckformen zutage.

Links neben der Burg wird die spätmittelalterliche Feme des Adelssitzes restauriert. Durch das Fenster ist das gegenüberliegende Herrenhaus zu sehen.

Das Erdgeschoß der mittelalterlichen Burg wurde nach dem Abbrennen nur überdacht. Bei der letzten Restaurierung des Gebäudes sind mittelalterliche Vorhangbogenfenster freigelegt worden. Unten rechts: Restaurierungsarbeiten an der alten Feme.

Vorderfront der Feme. Rechts unten: ein restaurierter Treppenaufgang

So sah die Feme noch 1990 aus. Sie ist inzwischen außen wie auch innen vorbildlich restauriert und wird als Wohnhaus genutzt.

Zur alten Burganlage gehörte auch die spätmittelalterliche Feme, sie war ein Zeichen der eigenen Gerichtsbarkeit der Burgherren. Ihr eindrucksvoller Fachwerkbau mit in Mustern gelegter Ziegelausfachung steht auf einem massiven Steinsockel. Der Bau war bereits dem Verfall preisgegeben, als wir ihn zum ersten Mal sahen – wie bedauerten wir den drohenden Verlust! Inzwischen sind gründliche Sanierungsarbeiten und eine vorbildliche Restaurierung des interessanten Bauwerks abgeschlossen. Es sind Wohnungen darin entstanden, ohne daß Originaltreue durch bedauerliche Kompromisse beeinträchtigt wurde. Wir freuten uns über die gute handwerkliche Ausführung und Wiederherstellung auch im Innenbereich, hatten wir doch die Treppenaufgänge und -verläufe, ihre steilen und rhythmischen Geländerschwünge schon verloren geglaubt. Es gibt sie also noch – oder wieder – die Könner ihres Handwerks, die mit der beginnenden Industrialisierung auszusterben drohten. So kann der kleine Ort auf ein weiteres Baudenkmal stolz sein.

Direkt neben mittelalterlichen Kostbarkeiten stehen gestaltlose Zweckbauten wie diese Bankfiliale.

Links vor dem alten Schloßbau und der anschließenden Feme wird der Blick durch einen kleinen Bau ganz anderer Art gestört. Banken bedienten sich in den 60er und wohl auch noch in den 70er Jahren im ländlichen Raum derartiger Flachbauten. Diese »modernen« Zweckbauten wurden häufig in dörfliche Umgebungen plaziert. Später erst kamen die Vertreter der Banken und Sparkassen auf die Idee, ihre Filialen in restaurierten Altbauten einzurichten und auf diese Weise auch für sinnvolle Sanierungen Beispiele zu geben.

Die Fenster der kleinen Kirche in Amelunxen aus dem 12. Jahrhundert sind einige Jahrhunderte später vergrößert worden.

Das letzte Ziel der vierten Route ist die kleine romanische Saalkirche in Amelunxen. Der östliche Teil des Schiffs wurde Mitte des 12. Jahrhunderts erbaut, der westliche Teil mit dem Turm und der Einwölbung nur wenige Jahrzehnte später. Die Erweiterung des Chors und der Annex mit einem Fachwerkgiebel an der Nordseite stammen aus dem 17. Jahrhundert. Eine umfassende Restaurierung der Kirche mit gleichzeitigem Einbau einer Fußbodenheizung

Auch die Mauerstützen wurden vermutlich erst in späterer Zeit angebaut.

Ein Blick auf die Amelunxer Dorfkirche aus dem angrenzenden Kirchgarten. Das Dach der Kirche ist noch mit Sandsteinplatten gedeckt.

ergab 1980 die Gelegenheit zu archäologischen Untersuchungen, die Spuren noch älterer Siedlungen nachweisen konnten.

Der bescheidene, für die Romanik typische Bau einer kleinen Kirche beeindruckt durch seine klaren Formen, die sich in den vergangenen 800 Jahren kaum verändert haben. Doch sogar ein Gotteshaus reagiert auf die Veränderungen in der Umwelt.

So hat auch dieser Bau innerhalb des festgefügten Mauerwerks sein Erscheinungsbild auf die neue Zeit und ihren Geist ausgerichtet: Der Einlaß des hellen Tageslichts durch den Einbau großer Fenster hat ihn ebenso verändert wie der Wechsel der konfessionellen Zugehörigkeit seiner Gemeinde und schließlich auch der Einbau einer Orgelempore.

Der Kirchenraum mit schweren Wandpfeilern, breiten rundbogigen Gurten und schlichten Kreuzgratgewölben wirkt zeitlos. Doch man spürt das Alter und die Last des Mauerwerks, wenn man um den Bau herumgeht und die übermächtigen haltgebenden Verstärkungspfeiler wahrnimmt. Sie sind Maßnahmen zur Bauerhaltung.

Das Kirchenschiff nach Westen mit der später eingebauten Orgelempore. Das Seitenportal (oben links) vergleiche man mit dem Portal der Lippoldsberger Kirche.

Auch das Innere der kleinen Kirche zeigt die klaren Formen der Romanik. Die Kirchenbänke sind, wie üblich, erst in der Neuzeit eingebaut worden.

Route 5

Die Route führt zu den wohl bekanntesten Orten der Region, nach Höxter und Corvey. Sie beginnt aber – und so klingt sie auch aus – mit weniger berühmten Sehenswürdigkeiten, oftmals übersehen auf dem direkten Weg in touristische Zentren. Sie wollen wir in diesem Buch besonders ins Licht rücken.

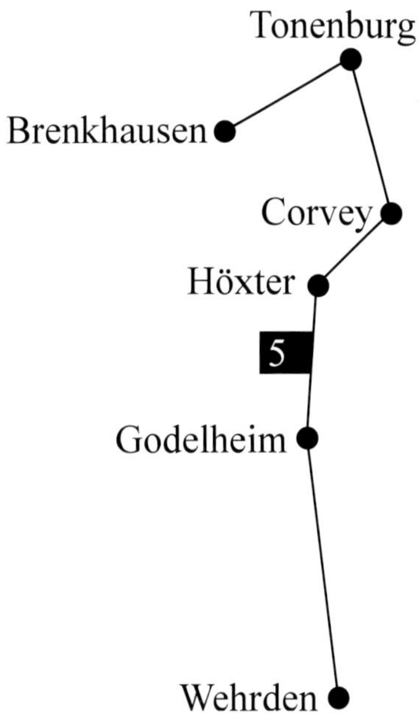

Der Blick vom Gutshof aus auf Schloß Wehrden, das um 1696 an der Stelle einer alten Wasserburg entstanden ist.

Wenn die Blätter fallen, sieht man unterhalb der Straße nach Godelheim-Höxter (B 83) das Dorf Wehrden an der Weser liegen. Sein Blickfang ist das weiß verputzte Schloß mit dem freundlich geschweiften Ziergiebel in der Frontmitte über der Freitreppe zum Säulenportal. Der Giebel ist eine Zutat aus dem 19. Jahrhundert. Daß sich damit der eher strenge Charakter der Hauptfront veränderte, stört höchstens Puristen. Wir freuen uns vor allem über die gekuppelten Vorhangbogenfenster, die aus einem älteren

Die seitlichen Aufgänge zum Schloßportal (oben Mitte).

Die gekuppelten Vorhangbogenfenster vom Vorgängerbau wurden im 19. Jahrhundert in den neu entstehenden Schloßgiebel eingebaut.

Bau stammen und hier ihren neuen Platz gefunden haben.

Schloß Wehrden ist um 1696 durch den Umbau und die Neugestaltung einer alten Wasserburg entstanden. Einzelne Teile sind am Neubau wiederverwendet worden, etwa die aus Spolien zusammengefügte, allerdings nicht mehr begehbare Auslucht. Die Aufstockung der rückwärtigen Eckpavillons mit sich durchdringenden Satteldächern erfolgte gegen Ende des 18. Jahrhunderts. So trug jede Epoche zum heutigen Bild des Schlosses bei.

Das Schloß und ehemalige Gutshäuser sind bewohnt und der Öffentlichkeit nur bedingt zugänglich. Man begnüge sich deshalb mit einem Blick in oder durch das wappengeschmückte Hoftor und mit einem Spaziergang durch das Anwesen oder um die Anlage herum. Der schmale Weg

Die »Auslucht« ist vom Vorgängerbau übernommen und angebaut worden.

Hier ist der Ein- und Ausgang zur modernen Galerie im Schloß Wehrden.

Links, ein wenig hinter dem Schloß, steht der bewohnbare Renaissanceturm, den Annette von Droste-Hülshoff als einen höchst poetischen Aufenthaltsort beschrieben hat.

Die Jahreszahl über dem Türsturz bezieht sich auf den Umbau, der gleichzeitig mit dem Errichten des Schlosses erfolgte.

Eine steinerne Wendeltreppe führt zu den drei Turmetagen mit jeweils einem Raum ganz beachtlicher Größe hinauf.

am Weserufer gibt allerdings nur hier und da den Blick auf die Rückseite des Schlosses und den Park frei.

Auch die Anlage Wehrden ist überschaubar nach Funktionen gegliedert. Vor der Schloßfront liegt der geräumige Gutshof. Einige der ehemaligen Wirtschaftsgebäude sind im vergangenen Jahrzehnt zu großzügigen Wohnungen und Appartements ausgebaut worden. Zur Gartenseite

Im ersten Stockwerk steht der wappengeschmückte Kamin von 1697.

Die Fenster im Kaminraum überraschen mit ihrer ungewöhnlichen Form.

Die Fenster der Turmräume lassen in alle Richtungen hin Ausschau halten.

Der Aussichtsplattform wurden im 19. Jahrhundert, also zur Zeit des Historismus, Zinnen aufgesetzt – oder wieder aufgesetzt.

Die Eckpavillons an der Rückseite des Schloßes waren ursprünglich eingeschossig.

Erst Ende des 18. Jahrhunderts wurden sie aufgestockt.

hin schließt sich ein Park an, gestaltet als Englischer Garten mit Gruppen seltener Bäume und mit Rasenflächen. Ganz unvermittelt steht seitlich des Herrenhauses der kleine Wohnturm, den Annette von Droste-Hülshoff als einen höchst poetischen Aufenthaltsort bezeichnet hat und in dem sie sich gerne aufhielt, wenn sie ihre Wehrdener Verwandten besuchte. Die Aussicht aus den sorgfältig restaurierten und zeitgemäß ausgestatteten Turmzimmern ist noch immer märchenhaft. Die steinerne Wendeltreppe führt in überraschend geräumige Etagen und hinauf und zur Aussichtsplattform mit den im 19. Jahrhundert neu oder wieder aufgesetzten Zinnen. Die Jahreszahl über dem Türsturz, ebenfalls 1696, bezieht sich auf den Umbau eines wohl mittelalterlichen Vorgängerbaus. Träumen wir aber gar nicht erst vom romantischen Leben im Turm inmitten des herrlichen Parks – er ist schon bewohnt.

Die Rückfront des Schlosses und nochmals ein Blick zum Renaissanceturm. Rechts beginnt der Park mit herrlichen alten Bäumen.

Der Treppenaufgang zu den Räumen der modernen Galerie im Schloß.

Wie feinfühlig sich historische Räume und moderne Ausstattung verbinden lassen und daß eine funktionale Einrichtung kein störender oder gar zerstörender Eingriff in die verbliebene Noblesse sein muß, beweist die im Schloß eingerichtete Galerie. Sie stellt Werke junger Künstler vor, die ihr Studium an Kunstakademien als Meisterschüler abgeschlossen haben und besondere Beachtung verdienen. Die Räume bilden dafür einen idealen Rahmen.

Harmonisch verbinden sich hier Neues und Altes miteinander.

Den Gleichklang schafft die vorhandene Qualität der Räume, des Mobiliars und der Objekte.

Überall ist etwas aus vergangener Zeit zu entdecken. Die Treppen führen zu den erhöht liegenden Eingängen der Gutshäuser.

Kurz vor dem Ortsbeginn von Godelheim liegt rechts das »Haus Brunnen«, das einst Besitz der Corveyer Äbte war. Rechts unten das Brunnenhaus

Wer vor einigen Jahren von Karlshafen aus in Richtung Höxter fuhr, den machte – bevor die letzte Kurve zur Einfahrt nach Godelheim ansetzt – ein Schild rechts der Straße (B 83) neugierig: »Haus Brunnen« verhieß es ohne nähere Angaben.

Eine schmale Allee führte uns zu dem unbewohnten Herrenhaus mit typischen Formen barocker Profanbauten – einem mächtigen, mit Sandsteinplatten gedeckten Mansarddach und dreiachsigen Mittelrisaliten mit Dreiecksgiebeln. Die nähere Umgebung wirkte verlassen, verwahrlost, die Wirtschaftsgebäude waren verfallen. Im Dorngestrüpp, fast zugewachsen, überraschte der gute Zustand eines Pavillons.

Die Geschichte des Hauses beginnt mit einer Mineralquel-

Von der Bundesstraße aus führt eine kleine Allee zum »haus Brunnen«.

le nahe der Mündung der Nethe in die Weser. Der Abt zu Corvey ließ sie fassen und 1751 auf dem Grundstück ein stattliches Sommerhaus für Corveyer Äbte erbauen. Mit der Säkularisierung des Klosters ging es in anderen Besitz über. Im 19. Jahrhundert wurde Haus Brunnen umgebaut. Um zwei Achsen verkürzt und durch Veränderung der Geschoßhöhen bei belassener Traufhöhe paßte es sich den neuen Bedürfnissen an. In unserer Zeit sollte es schließlich, die grundstückseigene Quelle nutzend, als Kurhotel dienen – „Haus Brunnen". Einschneidende Umbauarbeiten wurden begonnen, doch schließlich wegen stockender Finanzierung abgebrochen. Die Handwerker zogen ab, das Haus blieb über Jahre in diesem unfertigen Zustand. Nach seiner Versteigerung, bei der die Stadt Höxter bedauerlicherweise nicht mithalten konnte, war nichts über die weiteren Pläne der Eigentümer in Erfahrung zu bringen. War das Haus Spekulationsobjekt geworden? Für Überraschung sorgte eines Tages die kurzfristig angesetzte oberflächliche Renovierung der Räume an einem verlängerten Wochenende. Dann wurden für einige Zeit Asylbewerber untergebracht, weit entfernt von allem, was zur bescheidenen Lebensführung notwendig ist. Wiederum kurze Zeit später erfolgte erneut ein Besitzerwechsel. Nun begann die Außenrestaurierung und Farbgestaltung des Hauses gemäß der Bauzeit. Doch dann wurde der Zugang erneut gesperrt, Schilder verboten den Zutritt und die Einfahrt. Das Haus blieb wiederum jahrelang unbewohnt.

Erst seit 2001 ist Haus Brunnen »aufgewacht« und endlich wieder in guten Händen. Nun wird es nach und nach zu dem gemacht, was es einmal gewesen ist – zu einem der vielen historischen Blickpunkte dieser Region, mit deren Geschichte auch »Haus Brunnen« lange Zeit verbunden gewesen ist.

Auf der anderen Seite von Godelheim rasten wir mit dem Blick auf Schloß Maygadessen unterhalb des Brunsbergs. Von der ehemaligen Brunsburg ist nichts sichtbar erhalten geblieben, aber ihre einstige Bedeutung ist uns überliefert worden. So soll sie in vorgeschichtlicher Zeit Fliehburg gewesen sein. Zur Zeit Karls des Großen wurde sie im Zusammenhang mit einem Sieg über die Sachsen genannt und im 12. Jahrhundert, in der letzten kulturellen und wirtschaftlichen Blütezeit der Reichsabtei, diente die Brunsburg dem Kloster Corvey als Schutz. Schon gegen Ende des 13. Jahrhunderts soll die Burg zerstört gewesen sein.

Schloß Maygagessen liegt unterhalb des Brunsbergs.

Maygadessen, in mittelalterlicher Zeit Meingodessen geheißen – dieser ungewohnte, klangvolle Name prägt sich rasch ein. Es heißt, daß um 1500 an dieser Stelle eine kleine Wasserburg gestanden habe, deren Gräfte vom Maibach gespeist wurde. Das heutige Schloß ist 1851 erbaut worden und ist ein eigenwilliger, streng wirkender, schön in die Landschaft eingefügter Bau, der die repräsentative Geste mit Zurückhaltung und Betonung der Funktionalität verbindet. Die Farben des Mauerwerks aus dunklen Sandsteinen, steinsichtig belassen, setzen sich fort in der Außentreppe und in der Parkmauer; je nach Jahreszeit verbinden sie sich oder kontrastieren mit den Farben der Landschaft, der Bäume und des Ackers.

Die schmalen Geschäftsstraßen mit ihren alten Häusern öffnen sich zum Marktplatz hin, hier sieht man bereits die Türme der romanischen Kilianikirche.

Neben landschaftlichen Eigenarten sind es oft die Türme, deren charakteristische Formen ein Ortsbild schon aus der Ferne erkennen lassen. Sie waren und sie sind nicht nur ein Zeichen für die geistig-geistliche Präsenz am Ort, sie geben auch Auskunft über die Bauzeiten der Kirchen und über ihre Veränderungen im Lauf der Jahrhunderte.

Höxter wird von den Türmen der romanischen Kilianikirche aus dem 11. Jahrhundert angekündigt. Sie ist nicht die erste Kirche an dieser Stelle. Wo schon seit langer Zeit Handelswege die Weser überquerten, war eine Siedlung entstanden, die nach Gründung des Klosters Corvey Bedeutung erlangte und im späten 13. Jahrhundert als Mitglied der Hanse erwähnt wird. Zur Zeit der Übernahme des Dortmunder Stadtrechts um 1250 hatte Höxter bereits seinen halbkreisförmigen, auf den Fluß gerichteten Grundriß gefunden, den die im 13. Jahrhundert erweiterte Stadtbefestigung umschloß und der noch immer nachvollziehbar ist. Große wirtschaftliche Blüte erlebte die Stadt im 16. und frühen 17. Jahrhundert, also von der Reformation – der sich Höxter 1533 anschloß – bis zum Dreißigjährigen Krieg. Die stattlichen Fachwerkhäuser im Stil der Weserrenaissance stammen aus dieser Zeit. Sie stehen auf massiven Bruchsteinsockeln oder Untergeschossen, ihre vorkragenden Fachwerkobergeschosse sind üppig geschnitzt und bemalt. Die einfach gebauten, meist schmucklosen Ackerbürgerhäuser entstanden vorwiegend erst nach dem Dreißigjährigen Krieg.

Viele Jahrhunderte haben Spuren aus ihrer Entstehungszeit an den Häusern hinterlassen

Lange Zeit verging, bis Höxter im 19. Jahrhundert wieder einige Bedeutung erlangte, diesmal als Verwaltungsmittelpunkt. Der heutige Aufschwung mag auch mit dem wachsenden Interesse an Höxter und Corvey als touristischem

Vom anderen Weserufer aus fällt der Blick auf die Minoritenkirche des ehemaligen Franziskanerklosters, eine der ältesten Bettelordenskirchen in Deutschland.

In der ehemaligen Kirche der Franziskaner werden heute Konzerte und Vorträge angeboten.

Ziel einhergehen. Die fachkundig und aufwendig betriebene Sanierung und Restaurierung von Altbauten, oft im Wettlauf mit dem drohenden Verfall durchgeführt, weckt Sympathie wie Neugier. Hier mögen denkmalpflegerische Aspekte und wirtschaftliche Bedingungen mit den heutigen Fragen der Stadt- und Verkehrsplanung nur schwer in Einklang zu bringen sein. Doch ob einer behutsamen Belebung oder dem marktschreierischen Rummel Vorrang eingeräumt wird, ist vom Konzept der Verantwortli-

Bauten aus vielen Jahrhunderten haben das Stadtbild geprägt.

Eine wirtschaftliche Blütezeit erlebte Höxter im 16. und frühen 17. Jahhundert.

Fassade und Dach dieses Hauses sind mit Schieferplatten gedeckt. Auch hier wurden später Läden im Erdgeschoß eingerichtet.

chen abhängig – und das ist anscheinend auf ein zukünftiges Kulturzentrum Höxter-Corvey gerichtet, auf das man sich freuen kann.

Die Autos sollten hier vernünftigerweise am Stadtrand geparkt werden. Wer von der B 83 kommt, findet gleich nach dem Einbiegen in die Westerbachstraße rechter Hand die Einfahrt zu einer Tiefgarage. Der Fußweg ins Zentrum und bis zur Weser ist nicht weit und überall ist etwas zu sehen.

Die Fronten vieler Fachwerkhäuser wurden mit Schieferplatten verkleidet, die zugleich schützten und schmücken.

Alle Dächer der Altbauten sind noch mit Schieferplatten gedeckt.

Vom Solling her fällt der Blick auf die ehemalige Klosteranlage Corvey jenseits der Weser. Seit der Säkularisierung ist Corvey ein weltliches Fürstentum.

Den schönsten Blick auf Corvey hat man vom Randweg des Sollings aus. Kommt man auf der Allee von Höxter her nach Corvey, so sollte man zuerst die gesamte Anlage umlaufen. Wer sich mit raschen Einblicken in die Vielgestaltigkeit der Bauten, Wirschaftsanlagen, Gärten und Höfe begnügt, braucht immerhin eine halbe Stunde dazu. Erst mit dem Überschreiten der kleinen Brücke und Passieren der steinernen Schilderhäuschen mit ihren Wächtern gelangt man in den Anlagenkomplex hinein und sieht die Türme des Westwerks und die Hauptfront des Schlosses vor sich liegen. Die Geschichte und die Bedeutung der alten Benediktinerabtei ist im Fachtext »Die Klöster der Region« (S. 54) nachzulesen.

So gilt unsere Beschreibung vorrangig dem Schloß. Es war einst der Neubau der Konventsgebäude und ein repräsentativer Rahmen der reichsfürstlichen Residenz des Corveyer Abtes. Die Bauzeit der neuen Anlage begann 1699 und dauerte insgesamt vierzig Jahre. Bausteine lieferten die Steinbrüche der Umgebung, Holz die Wälder des Sollings. Die Bauarbeiten führten hauptsächlich einheimische Handwerker aus. Das mag sich zwar vereinfachend auf die Gestaltung ausgewirkt haben, doch konnten auf diese Weise die Kosten niedrig gehalten werden. Corvey – nacheinander Kloster, Abtei, Reichsabtei und schließlich Fürstbistum, wurde im Zug der Säkularisation 1803 zu einem weltlichen Fürstentum. Seitdem sind Schloß und Gut im Besitz der Herzöge von Ratibor, Fürsten zu Corvey.

Einer der Schloßflügel wurde als Museum der Öffentlichkeit zugänglich gemacht. Auch wechselnde Ausstellungen und Konzerte im Kaisersaal bieten im Sommerhalbjahr immer wieder Anlaß, Corvey zu besuchen. Uns interessieren

Das im 12. Jahrhundert umgestaltete Westwerk der Benediktinerabtei Corvey.

Rechts neben der langen Front des ehemaligen Fürstbistums, dem heutigen Schloß der Herzöge von Ratibor, Fürsten zu Corvey, erheben sich die Türme des imposanten Corveyer Westwerks.

Der obere Teils des Westwerks ist im 12. Jahrhundert umgestaltet worden. Vom karolingischen Bau ist das unregelmäßige Bruchsteinmauerwerk mit einzelnen Rundbogenfenstern und Lichtscharten erhalten geblieben (siehe unten links).

besonders die Sammlungen von Kunstgegenständen und Mobiliar, von Einrichtungen mit zeitentsprechenden, zum Teil gemalten Tapeten und Bildern, wir bewundern großzügige Parkettböden, Dielen und Treppenaufgänge, weitläufige Flure – in einem befinden sich Porträts der Corveyer Äbte – und im Erdgeschoß die Landschaftstür, die den Blick ins Freie vorwegnimmt. Die Bibliothek erinnert daran, daß der Dichter Heinrich Hoffmann von Fallersleben

Rechts: Der Neubau des Schiffs hinter dem Westwerk erfolgte nach den Zerstörungen im 30-jährigen Krieg.

Im Westwerks sieht man die Dicke der Mauern und erlebt die ständigen Maßnahmen zur Erhaltung.

In langwieriger Arbeit sind in den Geschossen des Westwerks Reste der karolingischen Raumausmalung und Fragmente eines Wandgemäldes freigelegt worden.

in seinen späteren Lebensjahren die fürstliche Bibliothek verwaltet hat. Sein Kabinett scheint bis heute unverändert geblieben zu sein.

Eine Neukonzeption des Museums soll die einstigen Aufgaben und die Bedeutung der Klöster als kulturelle und geistige Zentren aufzeigen. Die museale Darstellung wird sich neben der herausragenden Geschichte des Klosters auch auf regional spezifische und stadtgeschichtliche Themen Höxters beziehen. Höxter und Corvey verfolgen heute als gemeinsames Ziel die Schaffung eines kulturellen Zentrums mit vielen Aktivitäten, das von überregionaler Bedeutung sein wird.

Corvey birgt noch manches Geheimnis. 1975-1980 durchgeführte Grabungen in der Nähe des Klosters legten die Grundmauern eines weiteren Benediktinerklosters des 12. Jahrhunderts frei, das Kloster tom Roden. Es wurde bereits um 1500 zerstört und aufgegeben.

Neueste Grabungen richten sich auf ein altes Siedlungsgebiet südlich der Klosteranlage. Dort sind bereits Steinkeller, Steinbrunnen und sogar Reste von Pfahlbauten gefunden wurden. Auch die Restaurierung des Westwerks wird fortgesetzt.

Zwischen dem Westwerk und dem barocken Kirchenschiff ist die Orgel eingebaut worden. Vom Westwerk her ist ihre Rückseite zu sehen.

Durch die sogenannte Krypta, das Erdgeschoß des Westwerks, führt der Weg in das neugotische Kirchenschiff. Es wurde nach dem 30-jährigen Krieg erbaut.

Ein größerer Kontrast als der zwischen der romanischen Vorhalle des Westwerks und der barocken Kirche ist kaum vorstellbar.

Vor dem Schloß sieht man den Rest des Grabensystems, das bis zur Weser reichte und auch zur Sicherung des Klosters diente. Unten rechts: Das Landschaftsportal.

In einem der langen Flure des Schlosses hängen die Porträts der Corveyer Äbte. Unten rechts: Ein Blick in das heutige Schloßmuseum.

Die Geschichte Corveys führt uns weit zurück in die mittelalterliche Geschichte. Im 9. und 10. Jahrhundert war die unter königlichem Schutz stehende Reichsabtei Nachfolgerin einer schon 815 von zwei Vettern Karls des Großen gegründeten Benediktinerabtei im Solling, kirchlicher, kultureller und wirtschaftlicher Mittelpunkt in Sachsen. Sie ist bis heute ein großer kultureller Anziehungspunkt geblieben.

Ein Kabinett aus der Zeit, in der Hoffmann von Fallersleben die fürstliche Bibliothek verwaltete, ist bis heute unverändert geblieben.

Zur Sicherung der Ländereien nördlich des Klosters Corvey wurde um 1325 die Tonenburg errichtet. Gefahr drohte vor allem von den Nachbarn jenseits der Weser.

Die großen mittelalterlichen Klöster mit ihren weit reichenden und verstreut liegenden Besitzungen hatten ihre Territorialherrschaft zu erhalten und zu schützen. Zur Sicherung der Ländereien nördlich von Corvey wurde um 1325 die Tonenburg errichtet, einige Kilometer flußabwärts von Corvey nahe Albaxen. Denn Gefahr drohte vor allem von den Nachbarn jenseits der Weser, den Braunschweiger Herzögen etwa oder den Grafen von Everstein.

Vor etwa zwölf Jahren war der Verfall der Tonenburg schon weit fortgeschritten.

Links: Der Blick aus der Tonenburg hinunter zur Weser. Rechts: Der Ententeich unterhalb der Burg

Der heutige Zustand des Wach- und Wohnturms läßt vermuten, daß der Baugrund mit seinem steilen Abfall zur Weser für den Bau aufgeschüttet worden ist. Vor der Restaurierung flogen durch die klaffenden Öffnungen im Bruchsteinmauerwerk Vögel ein und aus.

Das barocke Portal mit Wappen im gesprengten Giebel und der Jahreszahl 1721 im Schlußstein gehört zur »Mo-

Der stattliche Fachwerkflügel wurde im frühen 18. Jahrhundert errichtet. Vor etwa zwölf Jahren wurde er saniert und wieder bewohnbar gemacht.

Vor etwa zehn Jahren ist die Tonenburg verkauft worden. Die neuen Besitzer begannen mit einer gründlichen und fachgerechten Sanierung, die inzwischen abgeschlossen ist.

dernisierung« der Burg im frühen 18. Jahrhundert. Sie begann mit der Errichtung des stattlichen Fachwerkflügels, der vor wenigen Jahren restauriert und wieder bewohnbar gemacht worden ist. Neue Wirtschaftsgebäude schlossen 1736 die Erneuerung der Tonenburg ab.

Man ist überrascht von der Geräumigkeit der Turmetagen, in denen die letzten Bewohner ihre Spuren und Zeitzeichen hinterlassen hatten. Wieviele interessante Möglichkeiten der Nutzung fallen einem allein im saalartigen Obergeschoß ein! Die Kosten einer gründlichen Sanierung schienen unerschwinglich: Sie mußte daher in Etappen erfolgen und mit umfangreichen sichernden Maß-

Nichts wurde dem Ruin überlassen – und nichts geschah in unüberlegter Hektik.

Gern werden die vielen Fragen der Besucher beantwortet.

Die Restaurierung und eine geplante Neunutzung der Tonenburg als Motorradhotel wurde mit Fachkenntnis und großem Einfühlungsvermögen betrieben.

Im September 2002 zeigen die Mauern der Tonenburg wieder einen farbigen Anstrich, die langwierige Restaurierung ist nahezu abgeschlossen.

nahmen beginnen. Die aufgenommenen Schäden waren größer, als man bei der bloßen Besichtigung von außen her wahrnehmen konnte. So drohte der Mittelschornstein den Gewölbekeller zu erdrücken. Zunächst mußte die Hügellage stabilisiert und der Bau stellenweise unterfangen werden, bevor an eine Renovierung und neue Nutzung auch nur zu denken war.

Schon wenige Jahre nach dem Beginn der Sanierung belebte sich die Tonenburg wieder. Eine der Scheunen wurde zu einer freundlichen Gaststätte, in der man gut essen kann und zur Kaffeezeit köstliche hausgebackene Kuchen serviert bekommt.

In eine der ehemaligen Scheunen kann man bereits einkehren, vorzüglich speisen und leckeren selbstgebackenen Kuchen essen.

Mit der Tonenburg hat die Region einen schönen und lohnenden Ausflugsort erhalten. Das schon fast vergessene Anwesen ist wieder mit Leben erfüllt.

Die Überraschung war groß: Mitten im Ort, den wir durchfahren wollten, zeigte sich die Brenkausener Klosteranlage.

Mitten in einem kleinen Ort überrascht ein ungewöhnlicher Anblick. Inmitten einer großen Anlage stehen die Bauten eines ehemaligen Zisterzienserklosters, das gegen Mitte des 13. Jahrhunderts gegründet wurde. Aus dieser Zeit sind die frühgotische Kirche – sie hat heute eine barocke Ausstattung – sowie der Ostflügel mit spitzbogigen Kreuzgangarkaden und einem nach Süden gerichteten Stufengiebel mit dem Brunnenhaus erhalten geblieben. Blendend weiß heben sich auf unseren ersten Fotos diese

Vor der frühgotischen Klosterkirche ein neugotischer Turm (Abbildung links)

Hat sich im spätromanischen Pfeiler der Baumeister dieser Kirche als Trägerfigur dargestellt? Zeitlich dürfte ein derartiges Abbild in die frühen Formen von Selbstdarstellungen fallen, die jedoch noch keinerlei porträthafte Ähnlichkeit beabsichtigten.

Im Hof der Klosteranlage: Links beginnt der ruinöse Anbau des barocken Klosterflügels, rechts sieht man den wiederhergestellten kleinen Kreuzgang der Kirche.

Baukörper von den vernachlässigten jüngeren Klosterflügeln ab, die um 1712 als schloßartige Anlage erbaut worden sind.

Nicht einmal hundert Jahre später erfolgte bereits die Auflösung des Klosters. Die Klosterkirche wurde zur katholischen Gemeindekirche von Brenkhausen, die Klostergebäude wurden zur Wirtschaftsanlage umgestaltet mit Durchbrüchen für die Wagendurchfahrt im Westflügel und einer Einfahrt durch den Ostflügel. Alte Aufnahmen (A. Ludorff, 1897) zeigen, wie sich die neuen Bedingungen auf den baulichen Befund ausgewirkt haben. Besonders betroffen war der Ostflügel in seiner Verwendung als Stallgebäude.

Nach Aufgabe der landwirtschaftlichen Nutzung blieben

Neben restlichen Kirchenschätzen, die noch heute aufbewahrt werden, beeindruckt die alte Doppelsäule aus der Erbauungszeit des Klosters.

Über ihren Ursprung und ihre Bedeutung konnten wir nichts in Erfahrung bringen.

Der wiederhergestellte Kreuzgang. Links befinden sich die Sakristei und die Gemeinderäume. Rechts die Fenster zum Innenhof der Klosteranlage

die drei Flügel über längere Zeit ungenutzt. Der Ostflügel dagegen wurde schließlich in langwieriger Arbeit saniert, restauriert und in seiner Form als Kreuzgang wieder mit der Kirche verbunden. Neben der Sakristei und kleineren Räumen dient er heute auch für Veranstaltungen der Gemeinde.

Könnte es sich bei der Brenkhausener Trägerfigur (siehe

Gleich neben der restaurierten Kirche beginnt die dreiflügelige barocke Erweiterung des Klosters.

So sah die barocke Klosteranlage aus, bevor sie von den Kopten übernommen und in jahrelanger, mühevoller Arbeit restauriert wurde.

Das Tor zum Westflügel und zum Innenhof.

Abbildung) um den Versuch einer Selbstdarstellung des Baumeisters handeln? Die Entstehungszeit der Kirche dürfte mit dem Aufkommen solcher »Selbstbildnisse« übereinstimmen. Denn die Abbildung des Menschen im frühen und hohen Mittelalter war nicht das Porträt, wie wir es heute verstehen, sondern ein idealisierendes Bild, das ihn in Ausübung seiner Tätigkeit zeigte, den Stifter beispielsweise kniend und betend, seine Gabe darreichend. Als erste porträthafte Bildnisse könnten derartige Kopfkonsolen

Der Durchgang zum Innenhof mit Blick auf die Kirche.

und Trägerfiguren gelten, mit denen sich Baumeister in ihre Werke einfügten – im übertragenen Sinn: in Ausübung ihrer Tätigkeiten.

Währenddessen galten Sorge und Bedauern dem fortschreitenden Verfall der leerstehenden Flügel. Mit Anteilnahme verfolgten wir die ersten Vorschläge zu neuer Nutzung, die allerdings eine sorgfältige Restaurierung der Baudenkmäler zur Auflage hatten. Nach jahrelangen Verhandlungen war es endlich soweit: Mitglieder eines koptischen Klosters hatten sich dazu entschlossen, die barocken Bauten zu restaurieren und im ursprünglichen Sinn neu zu beleben. Kopten sind Anhänger der altchristlichen Lehre, sie haben sich bereits im früh christianisierten Ägypten im 5. Jahrhundert von der Großkirche gelöst.

Inzwischen sind der Abt und ehrenamtliche Mitarbeiter aus Ägypten in Brenkhausen eingezogen und haben 1994 mit den aufwendigen, schwierigen und langwierigen Sa-

Die Restaurierungsarbeiten haben im Südflügel begonnen. Wo sie beendet sind, werden Räume sofort genutzt.

Die Sanierung setzt sich im anschließenden Westflügel fort. Hier ist zunächst der Müll abtransportiert worden.

Der Eingang zum Empfangsraum des Bischofs. Die Türen sind zwar restauriert und eingehängt, aber zunächst nur provisorisch gestrichen.

nierungsarbeiten begonnen. Zuerst wurde der Südflügel entrümpelt, wieder bewohnbar gemacht und in Zusammenarbeit mit den Experten der Denkmalpflege restauriert. Jeder Gebäudeteil wurde bereits nach seiner zunächst provisorischen Wiederherstellung bezogen. Etwa 170 Fenster waren originalgetreu nachzubauen. Alles erfolgte beinahe nebeneinander und im unermüdlichen Einsatz. Dort, wo die Sanierungsarbeiten beendet waren, zo-

Auch alle kunsthandwerklichen Arbeiten entstehen der Tradition gemäß und werden von Ägyptern ausgeführt, die jeweils für 2 Jahre bleiben.

Bischof Damian empfängt uns zu unserem ersten Besuch im koptischen Kloster – ihm folgten bis heute weitere Besuche mit jederzeit freundlicher Aufnahme.

gen bereits die ägyptischen Kunsthandwerker ein. Ein der Tradition gemäßer Altar entstand und wurde aufgebaut, und man konnte das Entstehen von Wandgemälden beobachten. In einem Nebenraum des Altars wurden die aus Marmor gearbeiteten Taufbecken aufgestellt, eines davon mit kunstvoll spiralförmig angelegten Stufen zum Hineinsteigen.

Der ägyptische Kunsthandwerker freute sich jedesmal über unseren Besuch und zeigte die fertiggestellten Arbeiten.

Die Sanierung der einst ruinösen Klostergebäude durch die Kopten verdient höchsten Respekt und Bewunderung.

Im koptischen Kloster Brenkhausen wird jeder Besucher gastfreundlich empfangen. Bischof Damian heißt jeden Gast selbst willkommen. Es werden Ausstellungen gezeigt und Informationen über die koptische Glaubenslehre angeboten. Mit dem Priester der katholischen Pfarrgemeinde, dem wir die informationsreichen Gänge durch die alten Gemäuer verdanken, freuen wir uns über die Fortführung der Klostergeschichte.

Route 6

Abwechslungsreicher kann ein Ausflug kaum sein. Auf dieser Route sind eine romanische Dorfkirche, eines der schönen Schlösser der Weserrenaissance, die Reste einer mittelalterlichen Burg und zwei ehemalige Klosteranlagen zu sehen – und die Landschaft zeigt sich so abwechslungsreich wie überall im Weserbergland. Die schönsten Wanderwege bieten sich vor allem um Thienhausen, Marienmünster und Falkenhagen an.

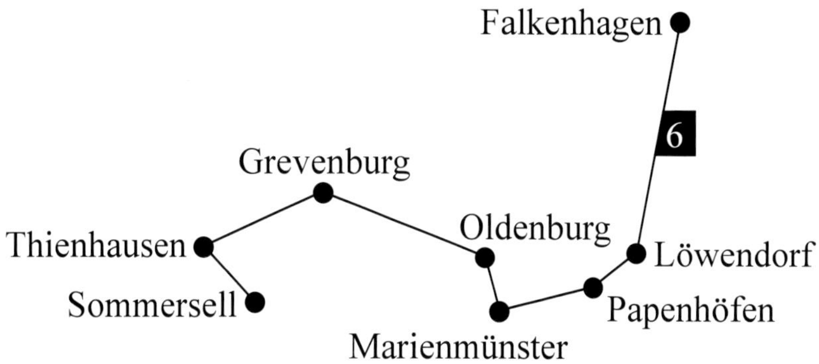

Der Westturm und die Sakristei sind erst Jahrhunderte später angebaut worden. In der Ortsmitte von Sommersell steht die bescheidene, einschiffige Kirche aus dem frühen 13. Jahrhundert.

Was der Standort einer Kirche für das Ortsbild ausmacht, wie er in die Anlage des öffentlichen Raums einbezogen wurde oder wie sich ein Ort um ihn herum bildete, zeigt sich in der Region auf vielfältige Weise. In Neuenheerse erlebten wir, wie bestimmend sich ein großer Bau ausnimmt. Die Straße führt so dicht an ihm vorbei, daß man den Kopf in den Nacken legen muß, will man seine volle

Der erhöht liegende Kirchhof diente im Mittelalter der kleinen Gemeinde als Friedhof.

Jahrhunderte des Tragens und Stützens haben Bau und Gewölbe der kleinen Kirche gedrückt und verschoben, und dennoch vertraut man weiterhin ihrer Standfestigkeit. Von einer bescheidenen Ausmalung des Gewölbes sind nur Reste erhalten geblieben.

Der Pfarrer in Sommersell gab freundlich Auskunft über seine Kirche.

Unserer Frage nach der Tür oben in der Wand des Kirchenschiffs folgte ein Aufstieg in die Schiffswand.

Größe und Höhe erfassen. Dieser alles bestimmende Eindruck relativiert sich erst wieder mit zunehmender Entfernung. In Sommersell dagegen führt jeder Weg zur Ortsmitte, zum Kirchplatz hin, der früher ein Mittelpunkt des dörflichen Lebens gewesen ist. Auf einem kreisrunden, erhöhtem Platz steht die kleine spätromanische Kirche, umgeben vom ehemaligen Kirchhof. Der ist heute nur noch eine bescheidene Rasenfläche. In respektvoller Entfernung zeichnen die umliegenden Häuser und Höfe den Kreis, den Kirche und Kirchhof bilden, nach. Eine solche Anlage sagt etwas über Rangfolgen aus, die das mittelalterliche Leben bestimmten. Im Schutz der Kirche – und damit Gott vor Augen – fühlten sich die Gläubigen sicher und »in Gottes Hand«. Selbst die toten Angehörigen gehörten in das Bild ihrer Welt.

Die Kirche in Sommersell ist tagsüber geöffnet. Der einschiffige gewölbte Bau trägt schwer an seiner Last: Jahrhunderte dauernden Tragens und Stützens haben ihn gedrückt und verschoben – und doch vertraut man weiterhin seiner Kraft. Der geharnischte Ritter des Epitaphs im nördlichen Anbau versetzt in die kriegerische Zeit des 16. Jahrhunderts. Ein mächtiger Taufstein zeigt die typischen Schmuckformen der Weserrenaissance. An der Südwand des Chors, in Höhe des Altars, befindet sich ein kleines

Bevor im 17. Jahrhundert der Turm erbaut wurde war der Dachboden nur auf diesem Weg zu errreichen,

»Pestfenster«, durch das Kranke außerhalb der Kirche am Gottesdienst teilnehmen konnten. Was sich hinter der Tür oben an der Südwand des Schiffs verbirgt, konnten wir selber in Augenschein nehmen. Mit Hilfe einer Leiter stiegen wir hinauf, öffneten die Tür und fanden Zugang zu einer Steintreppe innerhalb der Mauer, die steil zum Dachboden über dem Kirchenschiff hinaufführt. Dort erblickt man die Gewölbe von oben. Mit ihren konvexen Formen

Auch der hilfsbereite Pfarrer stieg mit uns zum Dachboden des Kirchenschiffs hinauf –

und dort sind die Gewölbe des Kirchenschiffes von oben her zu sehen.

Die schmale Treppe in der Kirchenwand, die zum Dachboden führt, ist eine Rarität.

bilden sie eine Art Hügellandschaft, wie sie sich in jeder Gewölbekirche – ihrer Größe und der Anzahl ihrer Wölbungen entsprechend – anders darstellt. Fünfhundert Jahre lang gab es nur über diese Treppe in der Südmauer einen Zugang zum Bodenraum. Erst mit dem Bau des Kirchturms im 17. Jahrhundert ergab sich auch ein bequemerer Aufstieg zum Dachboden der Kirche.

Der beginnende Abstieg in der Kirchenwand auf der 700-jährigen Treppe

Epitaph eines geharnischten Ritters

Wasserschloß Thienhausen gehört zu den Adelssitzen der Weserrenaissance, die im 16. Jahrhundert und anfangs des 17. Jahrhunderts im Weserraum erbaut worden sind.

Wer an einem sonnigen Tag zum abseits gelegenen Wasserschloß Thienhausen findet, wird bezaubert sein von der Anlage, von der Landschaft, in die sie eingebettet liegt, und vom Bau inmitten seiner Anlage selbst: Zwei Flügel mit gekuppelten Fenstern und einem quadratischen Treppenturm im Binnenwinkel, ein prachtvoller Volutengiebel mit Geschoßfenstern, die von zierlichen ionischen Säulen eingerahmt sind, ein reich geschmücktes Portal,

Der prächtige schmuckreiche Stufengiebel ist ein Wahrzeichen der Bauten dieser Zeit im Weserraum.

Jenseits der Gräfte und der umgebenden Bruchsteinmauer sind die beiden Schloßflügel zu sehen mit dem Treppenturm im Innenwinkel.

flankiert von Säulen und Sitznischen und die unverwechselbare Ornamentik der Weserrenaissance, die ihre Vorbilder in der römischen Antike hatten. Sie steht dekorativ im Kontrast zu den konstruktiven Baugliedern, ist geschmückt mit Roll- und Beschlagwerk, schönen Mädchenköpfen, Masken oder Fratzen an Säulenschäften und Sturzbalken, Bosssensteinen, Quadern mit Einkerbungen, die durch Wiederholung und neue Kombination geometrische Muster ergeben. Die beeindruckenden Bruchsteinmauern seien, wie es ein Fachmann erklärte, die ästhetische Entscheidung der heutigen Zeit. Auch sie waren einst verputzt. (In den anschließenden Fachtexten werden August von Haxthausen, Thienhausener Schloßherr im 19. Jahrhundert, sowie ein Text zur Weserrenaissance vorgestellt.)

Die einsam gelegene, idyllisch anmutende Schloßanlage war und ist der Stammsitz der Freiherren von Haxthausen.

Schon die Brücke über eine breite Gräfte hinüber zum Eingang in den Schloßhof versetzt den Gast in eine andere Zeit.

Das Wasser der umgebenden Gräfte sicherte früher und umgibt heute noch den Innenhof, den kleinen Park und die zweiteilige Schloßanlage.

Mit Wappen am Eingangstor zeichneten die Erbauer ihren Besitz –

– durch das Eingangstor betritt man den Innenhof der Schloßanlage.

Wir halten den Ort in besonderer Erinnerung. Der Hausherr, Baron von Haxthausen, hatte die Projektgruppe der Universität Gh Kassel eingeladen, die Fotos und Beschreibungen aus der Region im Schloß auszustellen. So öffnete sich damit für zwei Wochen der sonst nur privat zugängliche Besitz nicht nur für die Ausstellungsbesucher, sondern auch für die Bewohner der benachbarten Ortschaften.

Auch wir konnten vieles mehr wahrnehmen, als es flüchtige Besuche zulassen, deutlich auch die Verluste, die mit dem verheerende Brand von 1905 einhergingen. Sogar Unglücksfälle gehören zur Geschichte von Häusern, ebenso der Wiederaufbau nach besten Kräften und nach neuen, das heißt nach neuzeitlichen Gesichtspunkten. In Thienhausen wird seitdem die zweigeschossige Eingangshalle durch ein großflächiges Oberlicht erhellt. Hier wurde es

Das Obergeschoß der Treppenanlage ist 1905 durch einen Brand zerstört und neuzeitlichen Erkenntnissen gemäß wieder aufgebaut worden. Seitdem wird die zweigeschossige Eingangshalle durch ein großflächiges Oberlicht erhellt.

Die kleine Schlossterrasse ist ein Lieblingsplatz des Schlossherrn.

uns einmal mehr bewußt, welche Mühen und Opfer die Erhaltung historischer Bauwerke, ihre Weitergabe an die nächste Generation gekostet haben und noch immer kosten. Die Bewirtschaftung der dazugehörigen Ländereien reicht häufig nicht mehr dafür aus. Die Mittel der Ämter für Denkmalpflege sind geringer, die Anzahl der zu schützenden Objekte ist größer geworden. Nach einem ersten und vergeblichen Versuch des Schloßherren, im

Eines der bezaubernden Pferdebilder im Schloss.

Die rechts von der Turmtreppe liegende Schloßfassade. Sie zeigt deutlich die gemauerten Fensterbögen, die der Stabilisierung des Mauerwerks dienen.

Überall an Eingängen, über Fenstern und seitlich der zumeist zweiflügeligen …

… Schloßfenster sieht man die typischen Schmuckformen der Weserrenaissance.

Obergeschoß des Schloßflügels Ferienaufenthalte anzubieten, zielten neue Planungen auf einen allgemeinen Aufschwung des Fremdenverkehrs im Gebiet Steinheim. So sollte in Schloßnähe eine Hotelanlage mit Tagungsräumen entstehen. Doch auch andere Pläne scheiterten.

Heute ist das Eingangstor geschlossen, und für die interessierten Fremden ist kein rascher Blick von jenseits der Gräfte mehr möglich – vielleicht sind die vielen Neugierigen zu unbescheiden geworden? Doch auch ohne der Zugang zum Schloßhof ist der Blick auf das Juwel aus der Zeit der Weserrenaissance ein Erlebnis. Möge es – mit wessen Hilfe auch immer – weiterhin erhalten werden und Auskunft über eine vergangene Zeit geben können.

Schöne Figurenköpfe inmitten geometrischer Schmuckformen …

… umgeben die Doppelfenster der Schloßfassaden.

Reliefs und Skulpturen am prachtvollen und schmuckreichen Kamin in der Eingangshalle zeugen von dem Wohlstand der Schloßerbauer.

Schloß Thienhausen und August Freiherr von Haxthausen (1792–1867)

Martina Stoyanoff-Odoy

Mitte des vorigen Jahrhunderts war Thienhausen einmal ein gesellschaftliches und kulturelles Zentrum, das Besucher aus ganz Europa anzog. Der hier von 1847 bis zu seinem Tode im Jahre 1867 residierende August von Haxthausen galt zu seiner Zeit als der Rußland-Experte schlechthin. Seine umfangreichen Werke zu diesem Thema wurden auch in andere Sprachen übersetzt und fanden überall in Europa eine interessierte Leserschaft.

August Freiherr von Haxthausen wurde 1792 auf dem nicht weit von Thienhausen gelegenen elterlichen Gut Bökendorf geboren (siehe Route 4) und kam dort durch seine älteren Geschwister schon früh mit den bedeutenden Geistern seiner Zeit zusammen. In Bökendorf verkehrten Joseph Görres, Ernst Moritz Arndt, Clemens Brentano, Achim von Arnim, Heinrich Hoffmann von Fallersleben und später auch Heinrich Heine. August von Haxthausen interessierte sich besonders für die Märchen, Sagen und Volkslieder seiner westfälischen Heimat, die er sich auf seinen ausgedehnten Wanderungen von den Einheimischen vortragen ließ. Hierbei begleitete ihn oft seine nur um wenige Jahre jüngere Nichte Annette von Droste-Hülshoff. Besonders häufige Gäste in Bökendorf und lebenslange enge Freunde Haxthausens waren die Brüder Jacob und Wilhelm Grimm und deren Bruder Ludwig, ein Maler, der zahlreiche Porträts der Familie Haxthausen schuf. Die berühmte Märchensammlung der Gebrüder Grimm basierte im wesentlichen auf den von August von Haxthausen, seinen Geschwistern und Annette und Jenny von Droste-Hülshoff zusammengetragenen Märchen ihrer Heimat. Der romantischen Schule blieb August von Haxthausen auch treu, als er nach der Teilnahme an den Kämpfen der Freikorps gegen die napoleonischen Besatzungstruppen in Göttingen mit dem Studium der Rechte begann. Er gründete dort die „Wünschelruthe", eine spätromantische Zeitschrift, für die auch Clemens Brentano, Achim von Arnim und die Gebrüder Grimm arbeiteten. Haxthausen selbst verfaßte eine Erzählung nach einer wahren Begebenheit aus seiner Heimat. Es war derselbe Stoff, den Annette von Droste-Hülshoff später für ihre berühmte Novelle »Die Judenbuche« verwendete.

Im Sommer 1818 verließ August von Haxthausen die Universität Göttingen, um seinen Vater bei der Verwaltung der Haxthausenschen Güter zu unterstützen. Hier begann er mit seinen agrarrechtlichen Studien, die ihn sein ganzes Leben lang beschäftigen sollten. Nach einigen Veröffentlichungen zu diesem Thema rief ihn der ihm geistesverwandte und ebenfalls den Ideen der politischen Romantik anhängende preußische Kronprinz und spätere König Friedrich Wilhelm IV. in den Staatsdienst, wo er es bis zum Geheimrat brachte. Auf zahlreichen Reisen durch die verschiedenen Landesteile des Königreichs studierte er in den folgenden Jahren die dortigen Agrarverfassungen, d.h. vor allem die rechtliche Stellung der Bauern zu den Gutsherren.

Während dieser Jahre verbrachte er die Wintermonate in Berlin. Dort verkehrte er bei Hofe ebenso wie in den liberalen Salons Bettina von Arnims und Karl August Varnhagen von Enses. Als seine Freunde Jacob und Wilhelm Grimm im Jahre 1837 mit den anderen Professoren der »Göttinger Sieben« ihren öffentlichen Protest gegen die Aufhebung der Verfassung im Königreich Hannover erhoben und beide Göttingen verlassen mußten, bot ihnen Haxthausen sofort seine Berliner Wohnung an. Ihm, Bettina von Arnim und Alexander von Humboldt war es zu danken, daß beide in Berlin eine gut dotierte Stelle bekamen.

Nachdem Haxthausen im Jahre 1842 einen Artikel über die Probleme der Leibeigenschaft in Rußland veröffentlicht hatte, lud Kaiser Nikolaus I. ihn zu einer wissenschaftlichen Reise durch sein Reich ein, um auch dort die agrarrechtlichen Zustände erforschen zu lassen. So verbrachte Haxthausen die Jahre 1843/1844 im offiziellen Auftrag in Rußland und gelangte dabei bis ans Schwarze Meer und bis weit in den Kaukasus. Erst durch Haxthausens nach der Reise verfaßtes dreibändiges Werk wurden weite Kreise mit den immer noch weitgehend unbekannten inneren Zuständen in Rußland vertraut. So erging es auch vielen russischen Adligen in ihren Petersburger Palais, die nur sehr verschwommene Vorstellungen von den Verhältnissen im Landesinneren hegten.

In Moskau und Petersburg verkehrte August von Haxthausen mit der gesellschaftlichen und geistigen Elite Rußlands und war im Winterpalais Gast der kaiserlichen Familie. Seine wichtigste Bekanntschaft dort war die mit der Großfürstin Helene, einer geborenen Prinzessin von Württemberg und Schwägerin des Kaisers Nikolaus I.. Sie galt allgemein als das gebildetste und liberalste Mitglied des Kaiserhauses. Schon früh schaffte sie einen Kreis von reformwilligen Politikern um sich, mit deren Hilfe sie das Hauptziel ihres Lebens erreichen wollte, nämlich die Befreiung der russischen Bauern aus der Leibeigenschaft. Nach dem Regierungsantritt ihres Neffen Alexander II. sah sie endlich die Zeit gekommen, politisch aktiv zu werden. Sie lud daher die Mitglieder ihrer »Reformpartei« im Juli 1857 nach Wildbad im Schwarzwald ein und bat auch August von Haxthausen hinzu. Damit begann für den westfälischen Freiherrn eine lebenslange Beschäftigung mit den inneren Problemen Rußlands, worüber vor allem seine teilweise veröffentlichte Korrespondenz mit Baronesse Editha von Rahden, der engsten Vertrauten der Großfürstin, Auskunft gibt.*

In Wildbad waren sich die Mitglieder der „Reformpartei" mit Haxthausen von Anfang an darüber einig, daß die Aufhebung der Leibeigenschaft unbedingt mit Landzuteilungen an die Bauern einhergehen müsse, um ihre Verelendung zu verhindern. Als nun in Petersburg das geheime Komitee für die neue Bauerngesetzgebung zusammentrat, sandte Editha von Rahden die Berichte von den internen Diskussionen nach Thienhausen, damit Haxthausen zu den einzelnen Punkten Stellung nehmen konnte. Wie groß sein Einfluß war, konnte er daran ermessen, daß auch Zar Alexander II. bei diesem größten und kompliziertesten Reformprojekt seiner Regierungszeit persönlich bei ihm Rat suchte. Als nach größten Schwierigkeiten und heftigsten Protesten des Großteils des seinen Ruin befürchtenden Adels endlich im Februar 1861 die Entlassung der russischen Bauern aus der Leibeigenschaft verkündet wurde, sahen die besonders angefeindete Großfürstin Helene und ihre Mitstreiter ihre Vorstellungen weitgehend durchgesetzt. In Thienhausen war also eine Reform mitausgearbeitet worden, die Rußland den Weg in die Moderne ebnete.

Haxthausens auch in russischer und französischer Sprache erschienenes Buch über das Zustandekommen der russischen Bauernbefreiung war sein letztes Werk und stieß in Rußland wie auch im Ausland auf großes Interesse. Ebenso erfolgreich war ein Buch, das er im Auftrag der Großfürstin Helene im Jahre 1863 herausgegeben hatte, in dem deutsche Staatsrechtler das Für und Wider von Konstitutionen erörterten, denn es zeigte in Rußland die gewünschte Wirkung und brachte dort eine Diskussion auch über eine Verfassung für das eigene Land in Gang.

Während August von Haxthausen so bis an sein Lebensende für die Großfürstin und für die Lösung der Probleme Rußlands gearbeitet hatte, erreichte er sein eigenes Lebensziel nicht, nämlich die Kirchenunion, d. h. die Wiedervereinigung der seit dem Großen Schisma von 1054 getrennten orthodoxen und katholischen Kirchen. Die Kirchenunion sollte dem Zusammenhalt des christlichen Europas gegenüber von außen drohenden Gefahren dienen, vor allem der Bedrohung durch einen aggressiven Islam. Haxthausen lud zum Zweck der Unterstützung seines Projekts der Kirchenunion zu einer Bischofskonferenz nach Thienhausen ein, wurde auch einige Male persönlich und ziemlich erfolgreich beim Papst in Rom vorstellig und gründete mit dessen Billigung einen Gebetsverein für die Union. Er scheiterte aber trotz seiner exzellenten Beziehungen zum russischen Kaiserhaus, auf dessen Unterstützung er große Hoffnungen gesetzt hatte, an der in Rußlands führender Schicht vorherrschenden wenig freundlichen Haltung gegenüber der katholischen Kirche und besonders gegenüber dem Papsttum. Ein anderes Projekt Haxthausens, die Wiedererrichtung des Malteserordens in Deutschland, verlief dagegen erfolgreich.

Obwohl August von Haxthausen sein ganzes Leben hindurch außerordentlich beschäftigt und viel auf Reisen war, außerdem eine ausgedehnte Korrespondenz mit Wissenschaftlern, Politikern, Schriftstellern und gekrönten Häuptern in ganz Europa unterhielt, fand er doch immer noch Zeit für ein ausgesprochen geselliges Leben in Thienhausen. Da er ein sehr beliebter und ungewöhnlich amüsanter Gastgeber war, war sein Haus immer voller Gäste, die auch blieben, wenn der Hausherr kurz verreisen mußte. War er in Thienhausen, so hielt er Hof als der weithin bekannte »Tyrann von Thienhausen«, ein Spitzname, den ihm seine Hausordnung eingebracht hatte, die seine Gäste unter Androhung von Strafe verpflichtete, sich ja nach Kräften zu amüsieren.

August von Haxthausen starb in der Neujahrsnacht 1866/67 in Hannover und liegt in der Haxthausenschen Familiengruft in Bellersen begraben.

Cohausz, Alfred: August von Haxthausen – Editha von Rahden. Ein Briefwechsel im Hintergrund der russischen Bauernbefreiung von 1861. Paderborn 1975

Über August von Haxthausen liegt vor:

Martina Stoyanoff-Odoy: Die Großfürstin Helene von Rußland und August Freiherr von Haxthausen. Zwei konservative Reformer im Zeitalter der russischen Bauernbefreiung. Wiesbaden 1991. Verlag Otto Harrassowitz

Dieselbe: Editha von Rahden (1823–1885) und die Bauernbefreiung in Rußland. Hannover-Döhren 1992. Verlag Harro von Hirschheydt

Burgen, Schlösser und Herrenhäuser im Weserraum

G. Ulrich Großmann

Eng verknüpft mit unserer Vorstellung vom Weserraum ist der Begriff »Weserrenaissance«, der eine besonders reiche Variante der Renaissance in Deutschland bezeichnet. Zwar ist das Land um Weser, Solling, Deister und Teutoburger Wald keine Landschaft mit markanten Höhenburgen wie der Mittelrhein oder auffälligen Wasserschlössern wie das Münsterland, dennoch spielen Burgen, Schlösser und Herrenhäuser eine bedeutende Rolle in dieser Region.

Mittelalterliche Burgen wie die Höhenburg auf dem Desenberg bei Warburg sind eher die Ausnahme. Erst auf den zweiten Blick erschließt sich daher dem Besucher auch die hohe Zahl mittelalterlicher Burgen und Sitze. Massive „Steinwerke" des Mittelalters säumen die Weser. Besonders markant ist die Burg der Paderborner Bischöfe an der Weserbrücke von Beverungen (s. Route 2), doch auch die Oldenburg (s. Route 6) bei Marienmünster oder die Burg in Lichtenau sind Beispiele für solche Anlagen. Meist sicherte der Landesherr im Spätmittelalter seinen Herrschaftsbereich durch derartige Burgen, auf der ein Dienstmann die Aufgaben des Herrn wahrnahm. In diesem Sinne hatte der Paderborner Bischof mit seinen Burgen Lichtenau und Beverungen durchaus weltliche Interessen, die sich u. a. gegen das Hochstift Corvey (s. Route 5) und dessen nicht minder weltliche Interessen im Weserraum richteten. Mehrgeschossig spärlich durchfensterte Bruchsteinbauten mit meterdicken Wänden machten diese Steinwerke ebenso sicher wie ungemütlich. Daher baute man in späterer Zeit oft einen Wohnbau an einen solchen Turm an, in dem es sich auch heute wohnlicher hausen läßt als in der eigentlichen Burg. Engagement der Eigentümer an ihrem ungewöhnlichen Besitz und denkmalpflegerisches Interesse sicherten den Burgen dennoch ein Überleben. Besonders auffällig ist die Vielzahl von Schlössern und Herrenhäusern der Renaissance im gesamten Ober- und Mittelweserraum. Viele der Bauten sind so aufwendig gestaltet, mit markanten Zwerchgiebeln, Beschlagwerkformen der Renaissance versehen, mit Bossenquadern dekoriert, daß man sie seit 1912 unter dem Begriff »Weserrenaissance« zusammenfaßte. Ihre Vielzahl erklärt sich aus unterschiedlichsten Gründen. Im Weserraum trafen sich rund ein Dutzend verschiedener Herrschaften, Grafschaften und Herzogtümer, so daß allein dadurch eine große Zahl an landesherrlichen Schlössern entstand, so etwa Fürstenberg (Route 8), Dringenberg (Route 3), Uslar (Route 9) und Schloß Brake bei Lemgo. Daneben gab es eine Vielzahl kleiner Güter, die wirtschaftlich dadurch florierten, daß im kriegerischen 16. Jahrhundert im Weserraum relativ sicher Getreide produziert und gewinnträchtig exportiert werden konnte. Ein Exportschlager war auch der niedere Adel persönlich, der sich zu Feldzügen in ganz Europa verdingte und im Falle des siegreichen Überlebens mit erheblichen Gewinnen den Heimweg antreten konnte. Die Schlacht bei St. Quentin (Nordfrankreich, unweit der heutigen Grenze zu Belgien) 1557, in der französische gegen spanische (habsburgische) Truppen um den Einfluß des jeweiligen Königs bzw. Kaisers auf die südlichen Niederlande kämpften, fand wesentlich unter Beteiligung des deutschen Adels statt. Ein zehnjähriger Krieg zwischen Dänemark und Schweden wurde ebenfalls von deutschen Söldnerführern (und Söldnern) bestritten, ja teilweise sogar provoziert. Der berüchtigste Söldnerführer aus dem Weserraum war Georg von Holle, der hier u. a. Schloß Grohnde ausbaute; ihm standen die Münchhausens oder die Klenckes (die sich bald aber auf die ungefährlichere Landwirtschaft verlegten) zunächst kaum nach. Den Reichtum der Region bewirkte daneben auch der Handel mit selbstproduzierten Waren und ihr Transport auf der Weser. Man muß bedenken, daß sie der wichtigste Handelsweg zwischen Elbe und Rhein war, den man heute nur mit einem gemeinsamen Autobahn- und Eisenbahnanschluß eines Großbetriebs vergleichen kann. Glas und Keramik (die weithin berühmte Weser- und Werraware) waren die wichtigsten Exportgüter neben dem Getreide; der Handel mit Sandstein aus dem Obernkirchener Raum war demgegenüber zwar zweitrangig, sorgte aber für wichtige Kontakte der Baumeister untereinander. Das Rathaus in Antwerpen, das heutige Schloß und frühere Rathaus in Amsterdam, aber auch bedeutende königliche Bauten in Dänemark (Seeland) lagen vor 500 Jahren noch als natürliche Sandstein-Formationen unter dem Wald zwischen Rinteln und Bückeburg.

Die wichtigsten privaten Herrensitze im Weserraum waren die Schlösser Schwöbber, Bevern (Route 8) und Hämelschenburg, die die Bedeutung der landesherrlichen Schloßbauten weit übertrafen, daneben sind die Schlösser und Gutshöfe Thienhausen, Grevenburg, Grohnde, Hehlen, Hinnenburg, Schweckhausen, Borlinghausen, Wehrden, Bruchhausen, Amelunxen, Forst, Allersheim und Adelebsen zu nennen, die alle in der Zeit der Renaissance ausgebaut oder gar erst angelegt wurden. Auch viele jüngere Herrenhäuser, etwa Godelheim, gehen auf Anlagen zurück, die schon im 16. Jahrhundert bestanden. Viele dieser Schlösser und Herrenhäuser sind noch heute in Familienbesitz, gehören vereinzelt sogar den Nachfahren der einstigen Bauherren. Tradition und Gegenwart reichen sich hier die Hand, was der Erhaltung der zum Teil als landwirtschaftliches Gut, zum Teil als reines Wohnhaus genutzten Bauten sehr entgegenkommt. Unter dem »Schloß« hat man sich dabei nicht allein das Wohnhaus des Adels vorzustellen, sondern vor allem einen Komplex aus Wirtschaftsgebäuden mit Ställen, Scheunen und Mühlen. Einige der Schlösser sind heute in öffentlichem Besitz, beispielsweise das Schloß in Bevern (siehe Route 8). Wenige der Schlösser sind als Museum eingerichtet und dem Besucher zugänglich wie Schloß Brake in Lemgo; andere sind von ihren Eigentümern – privaten wie öffentlichen – für Besichtigungen geöffnet wie Dringenberg, Hämelschenburg oder Fürstenberg; einige dienen als Wohnhaus und können normalerweise nicht besichtigt werden, zumindest nicht im Inneren. Die Besichtigungsmöglichkeit ist oft eine Hilfe zur Bauunterhaltung, sei es durch den Verkauf von Eintrittskarten, sei es über Mittel der Denkmalämter. Sie sind aber zumeist nur zwei, drei Tropfen auf den heißen Stein. Die Bereitschaft, öffentliche Mittel zur Unterhaltung der privaten Schlösser und Herrenhäuser zur Verfügung zu stellen, ist daher die einzige Garantie zur Sicherung der bedeutenden Bau- und Kulturdenkmäler für die nächsten Generationen. Um so wichtiger ist es, daß diese Bauten auch im öffentlichen Bewußtsein stehen. Aber damit sind wir bei einer der Aufgaben angelangt, die u. a. dem Weserrenaissance-Museum Schloß Brake übertragen worden sind.

Der Weg zum Vorhof der Burganlage führt zunächst über einen weiträumigen Gutshof (siehe auch unten links).

Nur im Winter, wenn die Bäume ihr Laub verloren haben, ist von der Straße her etwas von der Grevenburg zu sehen. Sie liegt im Schutz des Parks, des großen Wirtschaftshofs mit seinen Ställen, Scheunen und Speichern und versteckt in der umgebenden Landschaft.

Ein Streit mit dem Kloster Marienmünster soll die Ursache dafür gewesen sein, ein Vorwerk aus der unmittelba-

Rechts: Der Eingang zum Vorhof der Burg

Der Vorhof und die alte Toranlage. Sie führt zum kleinen Innenhof der Grevenburg.

Die Durchfahrt in den kopfsteingepflasterten Innenhof.

Neben dem Torhaus steht der sechseckige Treppenturm.

ren Nachbarschaft des Klosters an einen anderen Ort zu verlegen, die streitenden Parteien blieben allerdings weiterhin im Blickkontakt miteinander. Noch im 16. Jahrhundert wurde der neue Wirtschaftshof zum Stammsitz der Freiherren von Oeynhausen ausgebaut. Es entstand eine von Wasser und Wällen umgebene Wohnanlage in den Formen der Weserrenaissance – und doch in einer ganz eigenwilligen Prägung.

In diese Anlage gelangt man erst nach dem Gang über einen großen Wirtschaftshof, von dem man abbiegen muß – linker Hand liegt der Eingang zum Schloßhof, rechts führt der Weg in den Wald hinein. Der umbaute Schloßhof ist nur durch das Torhaus zugänglich, ein stattliches Giebelhaus mit einer Durchfahrt. Es stammt noch aus der Zeit des Vorwerks. Der kopfsteingepflasterte Innenhof ist nicht groß. So fällt es schwer, die unterschiedlichen Bau-

Der geschnitzte und gemalte Fachwerkbau der Grevenburg ist 1978 restauriert worden.

Über dem Portal sieht man die Wappen der Freiherren von Oeynhausen. Es sind die Namensschilder jener Zeit.

Jedes Tor – wohin es auch führen mag – ist mit Schmuckformen der Weserrenaissance umgeben.

Auch bescheidene Eingangstüren, beispielsweise in Kellergelasse, sind gestaltet.

ten und ihre dem Hof zugewandten Fassaden mit vielen schönen und phantasievollen Details in gebührendem Abstand zu überblicken. Der für die Zeit der Weserrenaissance unerläßliche Treppenturm, hier ist er achteckig, steht im Winkel von Torhaus und Südflügel, einem Fachwerkbau mit reichen Schnitzereien. Am zweiflügeligen Haupthaus fangen vor allem die Sandsteinportale und der doppelgeschossige Erker den Blick ein. Die Bilder lassen an Märchen denken, laden zum Träumen ein. Man fragt sich erst draußen, wieviel Mühe, Sorge und Verantwortungsgefühl notwendig waren, um einen solchen Ort über Jahrhunderte hinweg so zu erhalten.

Ohne eine derartige Bürde tragen zu müssen, also mit leichtem Gepäck können wir weiterziehen, nachdem wir die Grevenburger Schätze betrachtet haben.

Auch die Familienwappen gehören zu den vielfältigen schmückenden Formen dieser Zeit.

Köpfe und Masken sind ebenfalls Blickpunkte des ornamentalen Schmuckwerks der Weserrenaissance.

Bereits von der Toranlage aus fällt der Blick auf die Treppe mit dem Haupteingang zur Burg.

Dieses Portal ist prächtig mit Blüten- und Pflanzenornamenten geschmückt.

Selbst die Erbauungszeit der Grevenburg ist in die Schmuckformen ornamental einbezogen worden.

Die Schmuckformen sind vielfältig, jeder Eingang ist anders gestaltet.

Alle Vielfalt fügt sich wiederum einer maßvollen Ordnung.

Jeder Erker. jede Fenstereinfassung hat eigene Schmuckformen erhalten.

Erst wenn die Bäume ihr Laub verloren haben, entdeckt man oben auf dem Hang den restlichen Bau der mittelalterlichen Oldenburg.

Im Winterhalbjahr sieht man die Oldenburg von der Straße her auf der bewaldeten Anhöhe stehen, auf dem »olden Schwalenberg«, dann kurz Oldenburg genannt. Oder man entdeckt sie von Marienmünster über den Wald hinausragen. Aus jedem Blickwinkel ist es ein beeindruckender Bau, der allen Unbilden zu trotzen vermochte. Er gehört zu den Überresten einer mittelalterlichen Burg, die seit ihrer Errichtung im 12. Jahrhundert in immer neue Hände gelangt ist. Um 1337 erbaute der damalige Burgmann ein weiteres steinernes Haus, das einst vermutlich als Speicher gedient hatte. Nach dem Verfall der alten Anlage wurde 1687 nur dieses Speicherhaus wieder aufgebaut. Es wird vermutet, daß die acht Fuß dicken Mauern des Erdgeschosses und die gewölbten Keller noch im 14. Jahrhundert zur Burganlage gehört haben.

Auch in unserer Zeit versuchte man, den mächtigen alten Bau wieder zu nutzen. Zunächst diente das Haus Wandervögeln als notdürftiges Lager. Im Dritten Reich wurde sogar sein Ausbau zum Bildhaueratelier für Arno Breker erwogen – ein Plan, der nur der hohen Kosten wegen nicht weiter verfolgt wurde. Doch eines Tages hat die Oldenburg, wie auch heute noch der restliche Bau der einstigen Burganlage genannt wird, wieder Bewohner gefunden. In ebenso mühseliger wie liebevoller Arbeit über ein ganzes

Wir nähern uns zu Fuß der mächtigen Oldenburg …

… und entdecken, daß sie wieder bewohnbar gemacht worden ist.

Das Wappen der Erbauer über dem Eingangstor, dem einzigen Zugang zum Wohnturm.

Überall ist es zu sehen, daß wieder Leben in das alte Gemäuer eingezogen ist.

Jahrzehnt hinweg wurde sie von einer kenntnisreichen und geschichtsbewußten Familie wieder bewohnbar gemacht. Es ist ein ganz besonderes Erlebnis, den Hang hinaufzusteigen und einen Besuch im Turm zu machen und den entstandenen Garten zu bewundern. Man ahnt, welches Engagement dahinter steckt und wieviel harte und mühevolle Arbeit nötig war, um ein solches Ergebnis zu erreichen. Auch hier ist Geschichte anschaulich nachzuvollziehen.

Die Türme der Klosterkirche Marienmünster sind weithin ins Land zu sehen. Im Vordergrund links stehen Wirtschaftsgebäude der Klosteranlage, rechts ein Gasthof.

Auch in Marienmünster sehen wir, daß nur wenig von den alten Bauwerken in ursprünglicher Form erhalten, sozusagen noch »aus einem Guß« ist. An vielen Bauten läßt sich – außen wie innen – eine wechselvolle Vergangenheit ablesen. Der Zerstörung folgte nicht nur die Wiederherstellung, sondern auch bauliche Veränderung im Stil des neuen Zeitgeistes. So verbanden sich nicht nur die Leistungen aus verschiedenen Bereichen der Kunst miteinander, sondern auch solche ganz unterschiedlicher Stilepochen.

Die Kirche des ehemaligen Benediktinerklosters Marienmünster (siehe auch den Fachtext »Klöster in der Region«) wurde Mitte des 12. Jahrhunderts als kreuzförmige Basilika mit Apsiden, Vierungsturm und einer doppeltürmigen Westfront erbaut. Deren Westempore diente den adligen Klostergründern als Herrschaftssitz. Der heutige Bau ist

Die westliche Turmfront mußte im 19. Jahrhundert abgebrochen werden. Ihre Erneuerung erfolgte nach dem Vorbild von St. Kilian in Höxter.

Der heutige Bau der Kirche entstand nach der Zerstörung der romanischen Basilika im 30-jährigen Krieg.

Das Chorgitter trennt das nüchtern wirkende Schiff vom Chor der Mönche mit seiner prachtvollen barocken Ausstattung.

Bemalte kleine Masken, Vögel, Blüten, Blätter und Sterne schmücken das Chorgitter.

Hinter dem Chorgitter sieht man den prächtigen barocken Altar und das reich geschnitzte Chorgestühl der Mönche.

weitgehend das Resultat von Instandsetzungen und Neuaufbau nach den Zerstörungen im Dreißigjährigen Krieg. Von der Südfront her zeigt sich das Aufeinandertreffen alter und jüngerer Bauformen am deutlichsten. Das romanische Schiff ist zur Hallenkirche umgebaut und nach Osten durch einen langgestreckten, hohen neugotischen Chor verlängert worden. Der Vierungsturm mußte über den First des neuen Chors hinaus erhöht werden, er trägt seit-

Üppigkeit und Vielfalt einer neuen Zeit haben die Strenge des zerstörten romanischen Bauwerks abgelöst.

Die barocke Orgel auf der Westempore mit zurückgesetztem Hauptwerk ist ein Werk des westfälischen Orgelbaumeisters Johann Patroklus Möller.

dem das Zwiebeldach, die Welsche Haube. Die westliche Turmfront mußte im 19. Jahrhundert abgebrochen werden. Ihre Erneuerung erfolgte nach dem Vorbild der Kirche St. Kilian in Höxter.

In der nüchtern wirkenden Halle wird der Blick zum Chor gelenkt, zunächst aufgefangen vom Chorgitter, einer schönen schmiedeeisernen Arbeit mit Blüten, kleinen Vögeln, Masken und Sternen in einem wiederkehrenden Grundmuster. Das Gitter trennte die Gemeinde vom Chor der Mönche, dessen prachtvolle barocke Ausstattung einen eindrucksvollen Kontrast zum Kirchenraum bildet. An sonnigen Tagen leuchten die Vergoldungen der schmuckreichen Altäre und des reich geschnitzten Chorgestühls auf, belebt sich das Licht- und Schattenspiel der Reliefs, blitzt hier und da ein Rest der ursprünglichen farbenfro-

Von den Kirchenbänken im Schiff fällt der Blick …

… auf den schmuckreichen Chor der Kirche.

Vor der Nordseite des neugotischen Chors liegt der Garten des Abteigebäudes.

Das aus dem 17. Jahrhundert stammende Abteigebäude grenzt an den weitläufigen Wirtschaftshof.

hen Bemalung des Chorgitters auf.

Die große Barockorgel auf der Westempore mit einem zurückgesetzten Hauptwerk und seitlich vorgeschobenen Pedaltürmen ist ein Werk des bekannten westfälischen Orgelbaumeisters Johann Patroclus Möller.

Mit der Nordseite grenzt die Kirche an das Abteigebäude aus dem 17. Jahrhundert. Ihm schließt sich der weitläufige Wirschaftshof mit vielen Gebäuden des 18. Jahrhunderts an. Von Westen her führt der Hauptzugang durch das barocke Figurenportal mit gesprengtem Giebel in den weiträumigen Wirtschaftsbereich der Klosteranlage hinein. Marienmünster ist auch heute noch – oder heute wieder – ein Kloster. In den fünfziger Jahren sind niederländische Passionisten nach Deutschland gekommen. Brüder dieses Missionsordens haben sich auch im Kloster Marienmünster angesiedelt.

Erst bei der Umrundung und Begehung der Klosteranlage sieht man ihre Größe

und begreift auch etwas von ihrer Bedeutung bis zur heutigen Zeit.

Eine Brücke führt durch das Portal mit dem gesprengten Giebel in die weiträumige Wirtschaftsanlage des Klosters.

Einige der vielen Gebäude der großen Wirtschaftsanlage des Klosters Marienmünster

Einsam in der Landschaft steht ein ungewöhnlicher Bau, der neugierig macht. Nähern wir uns ihm.

Beim Näherkommen wird der voranschreitende Ruin des Hauses deutlich.

Auf den Fahrten in Richtung Löwendorf fiel uns der breit auf die Anhöhe gelagerte Bau auf (siehe Abbildung auf vorhergehender Seite). In dem links dahinter neu errichteten Wohnhaus erfuhren wir etwas von der Geschichte des langsam verfallenden Baues. Er war um die Zeit des endenden 19. Jahrhunderts als Landgasthof in recht ungewöhnlichen Formen und Proportionen entstanden.

Zwei Satteldächer in derselben Firsthöhe durchdringen sich. Der kürzere von ihnen gestaltet mit seiner Giebelfront gleich einem breiten, nur wenig vorspringenden Mittelrisalit die breite Traufseite des Hauses. Die Schmalseite mit der Giebelfront beschließt ihre Form mit dem waagerechten Abschluß eines Krüppelwalms. Er ist, wie auch die Dachschrägen, mit sparsamen Ornamenten betont. Zwei kreisrunde Ochsenaugenfensterchen und die wiederum streng angeordneten Rundbogenfenster geben der Giebelfassade das Gesicht.

Das ist zu bedauern, denn der Entwurf ist ungewöhnlich.

Trotz der einfachen Ausführung ist das ehemalige Gasthaus ein eigenwilliger, interessanter Entwurf. Leider steht der Bau bereits seit Jahren leer und verfällt – obwohl denkmalgeschützt. Denn seit Jahren schon wird das Haus nicht mehr gebraucht, und eines Tages wird es verschwunden sein. So bleibt wenigstens etwas von ihm auf diesen Buchseiten erhalten.

Das Dorf Papenhöfen beginnt erst jenseits und talwärts der beschriebenen Anlage.

Die Schmalseite des Hauses zeigt mit ihrer Giebelfront die Ochsenaugenfensterchen und bescheidene Schmuckformen unter dem Dach.

Der breite, wenig vorspringende Mittelrisalit der Traufseite, zeigt unterschiedlich große Rundbogenfenster.

Der Dorfteich mit dem Anger und alten Fachwerkhöfen in Löwendorf, wo wir in einem der Höfe gerne rasteten (siehe unten und folgende Seiten).

Löwendorf ist ein altes, westfälisches Angerdorf. So oft wir in den Jahren unserer Streifzüge in der Nähe waren, machten wir einen Abstecher nach Löwendorf. Denn dort gab es jene bescheidene und doch gepflegte Stätte, in der man unterwegs so gerne einkehrt. Man fühlte sich als persönlicher Gast willkommen geheißen und bekamen statt der üblichen ellenlangen Speisekarte eine kleine Auswahl von Speisen angeboten, die rasch und gleichbleibend

Alles hat sich Jahrhunderte hindurch gut erhalten.

Die kleine Gastwirtschaft im »Alten Pfarrhof«, die wir gerne aufsuchten, um uns für die Weiterfahrt zu stärken.

lecker zubereitet wurden. Wie wuchs jedesmal der Appetit, wenn wir uns dem Ort näherten und an hausgemachte Sülze und knusprige Bratkartoffeln oder an die täglich selbst gebackenen Kuchen dachten!

»Der alte Pfarrhof« war nach 1650 nur noch landwirtschaftlich genutzt worden. Nachdem er im 20. Jahrhundert über lange Zeit unbewirtschaftet geblieben war, ist er ab 1990 wieder Mittelpunkt eines kleinen bäuerlichen Betriebs geworden mit einem Café, in dem man selten gewordener Gastlichkeit begegnete. Jedesmal herzlich willkommen geheißen, nahmen wir Anteil an der liebevollen Wiederherstellung des Anwesens, am Gedeihen des prächtigen Bauerngartens, sahen nach den Studden und Lämmern und wunderten uns, daß neben Bewirtung, landwirtschaftlicher Tätigkeit und Vermarktung der Erzeugnisse jedesmal

Bei schönem Wetter saß man im Garten vorm Haus …

war es kalt oder regnerisch, wärmte die kleine Gaststube.

Der Eingang zum Wirtschaftshof

Zwiebeln und Schoten sind geerntet worden.

noch Zeit blieb für ein Gespräch.

Einziger Wermutstropfen ist die zu großzügig bemessene Durchgangstraße im alten Angerdorf. Sie verführt so manchen zu schneller und lautstarker Ortsdurchfahrt. Aber es lohnt sich, vor der Weiterfahrt nach Falkenhagen das alte Angerdorf genauer anzusehen, zumal die breite Dorfstraße seit der Anlage einer Umgehungsstraße nicht mehr von einem permanenten Durchgangsverkehr betroffen ist.

In der Ortsmitte biegen wir ab zur letzten Station dieser Route und fahren nach Falkenhagen. Die Gastwirtschaft ist inzwischen geschlossen worden, denn die freundlichen Gastgeber im Alten Pfarrhof haben sich mit einer Herde von Studden und Lämmern der Nutzung und Pflege der brachliegenden Ländereien angenommen. Aber wenn wir heute anklopfen, werden wir noch immer willkommen geheißen.

Auch die alten Türen zum Wirtschaftsbereich sollte man sich ansehen.

Wir freuen uns, daß sie erhalten worden sind.

Das ehemalige Kloster Falkenhagen ist Mitte des 13. Jahrhunderts für Zisterzienserinnen gegründet und 1432 vom Orden der Kreuzbrüder übernommen worden.

In der sorgfältig restaurierten Anlage des ehemaligen Klosters Falkenhagen verbindet sich alles aufs Schönste zum Ensemble: Die Kirche mit dem südlich angebauten Kreuzgangflügel, der südlich des Chors liegende Kapitelsaal, der Remter und das zweigeschossige Dormitorium, ein stattlicher Fachwerkbau von 1509. Innen zeigt sich die einschiffige Kirche als hoher, schmaler Saalbau, dessen Kreuzrippengewölbe auf ornamentierten Konsolen ruht.

Heute ist Falkenhagen in evangelischer Hand. Die Kirche kann jederzeit besucht und besichtigt werden.

Vorder- und Rückseite des prächtigen Dormitoriums. Das Dach ist neu mit Sandsteinplatten gedeckt.

Das ehemalige Dormitorium (hier mit Klosterhof) ist 1509 erbaut worden. Er ist der älteste datierte Fachwerkbau in Lippe.

Der Blick wird zu drei hohen Maßwerkfenstern im Chor gelenkt. Ihre bedeutenden Glasmalereien sind um 1500 entstanden. Die leuchtende Farbigkeit ihrer Bilder kontrastiert mit der feierlichen Strenge des Raums und der Ausstattung mit den dunklen Holzfarben der Emporen und Stützen, der Bankreihen und des Chorgestühls. Das Kloster war ab 1250 von Zisterzienserinnen und ab 1432 bis zu seiner Aufhebung von Kreuzherren belegt (siehe den

Der Blick über das Zufahrtstor in den Innenhof des Klosters.

Die Klosterkirche St. Marien ist nach dem Brand von 1479 neu erbaut worden.

Der bescheidene Kreuzgang des Falkenhagener Klosters –

rechts und links an den Wänden stehen Epitaphien.

Fachtext über die Klöster der Region.)

Auch die Falkenhagener Kirche zeigt, wie sich die geistige Haltung einer Zeit in künstlerischer Gestaltung auszudrücken wußte. Aus Stein errichtet, konnten Kirchen viele Jahrhunderte überdauern und über die vergangen Zeiten Auskunft geben.

Man muß sich genügend Zeit nehmen, vielleicht auch wiederkommen, um alles wahrzunehmen und dem Charakter der Anlage nachzuspüren. Kommt man im Sommer nach Falkenhagen, kann man auch die Blumenpracht des Pfarrgartens bewundern. Zu jeder Zeit lohnt sich ein Spaziergang um das Kloster herum und in die umgebende Landschaft hinein.

Rechts des Kreuzganges liegt das Kirchenschiff.

Die hohen Chorfenster der Kirche wurden um 1500 geschaffen.

Route 7

Die nördlichste der Routen durch das Dreiländereck beginnt in Lügde. Über weite Hochflächen führt sie schließlich wieder ins Wesertal zurück und überquert den Fluß in Bodenwerder.

Den schönsten Blick weit über die wechselvolle Landschaft des Weserberglandes hinweg findet man vor der kleinen romanischen Kapelle Hattensen. Dort lädt an heißen Hochsommertagen ein kühlender Wind zur Rast ein.

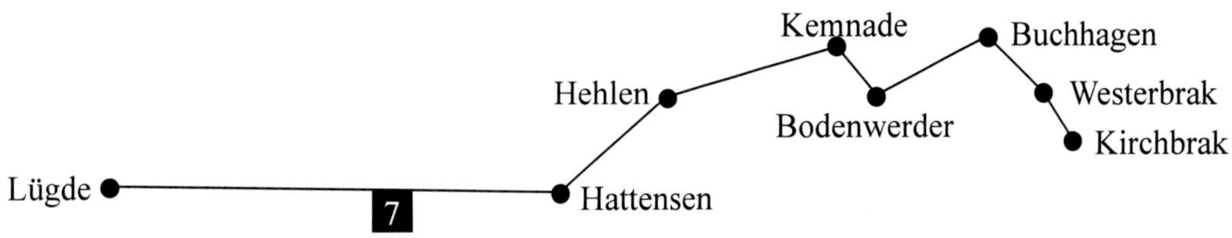

Die kleine Basilika aus dem 12. Jahrhundert mit dem Turm in Schiffsbreite – sein unterer Teil (helleres Mauerwerk) stammt von einer Vorgängerkirche.

Die Kirche St. Kilian liegt außerhalb der Stadt auf dem ehemals befestigten Kirchhof. Für ihre Erbauungszeit wird das zweite Drittel des 12. Jahrhunderts genannt, jedoch wird der untere Teil des mächtigen Westturms einem noch älteren Bau zugeschrieben. Wer waren die Erbauer? Wer wählte den Bauplatz der Kirche aus, in deren Nähe es noch keine größeren Ansiedlungen gegeben hatte?

Wer bestimmte den Bauplatz, wer waren die Erbauer dieser Kirche?

Auch der Katzenkopf im Tympanon des Südportals gibt Rätsel auf.

Die Holztüren zur Kirche (Abbildung links) sind im 19. Jahrhundert erneuert worden.

Das gewölbte Mittelschiff, mächtige Pfeiler mit Gewölbevorlagen, die an die Lippoldsberger Kirche erinnern, Säulen mit verzierten Würfelkapitellen sowie Last und Schub widerstehende Mauern bestimmen den Raumeindruck dieser Basilika. Ihr Querhaus und der Chor liegen jeweils um einige Stufen höher als das Schiff und folgen damit dem ansteigenden Gelände. Wohl die meisten Kirchen dieser Zeit waren figürlich oder ornamental ausgemalt, so

Heute betritt man das Kirchenschiff durch den Turmeingang.

auch die Kilianskirche. Ihre restlichen Malereien stammen vorwiegend aus dem frühen 13. Jahrhundert. Die Apsiskalotte zeigte den thronenden Christus in der Mandorla, umgeben von Evangelistensymbolen und vier stehenden Figuren. Im 19. Jahrhundert ist diese aufgedeckte Malerei »schönend« übermalt worden. Im 20. Jahrhundert hat man vergeblich versucht, die erneuerte Übermalung wieder abzunehmen. Verbliebene Fragmente der ursprünglichen Wandmalerei wurden mit Hilfe von Grisaillemalerei stellenweise ergänzt. So sind von den sieben großformatig dargestellten Aposteln zwei wieder in einem annähernden ursprünglichen Zustand zu sehen. Die Architekturmalerei über dem Apostelfries stellte das himmlische Jerusalem dar.

Zwei gemalte Teppiche an den Chorwänden lassen wiederkehrende Muster erkennen. Begleitende und gliedernde Gratbänder, ochsenblutrot oder schwarz, farbig abgesetzte Gurt- oder Scheidbögen – sie sind wie die Pfeiler

Das Deckengewölbe des Schiffs schmücken linear gemalte Paradiesbäume

Das basikale Mittelschiff trennt sich im Stützenwechsel von den Seitenschiffen.

Reste einer Malerei am Gewölbe des Mittelschiffs mit Eva vor der Schlange am stilisierten Paradiesbaum

Zwei gemalte Bildteppiche an den Chorwänden. Die obere Teppichmalerei ist heute kaum noch zu erkennen.

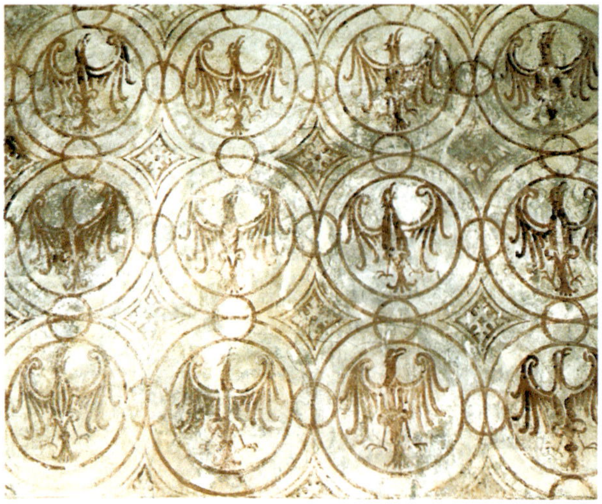

durch weiß aufgemalte Fugen gequadert. Stilisierte Lebensbäume gehörten ebenfalls zur alten Ausmalung der Kirche.

Der Ort Lügde entstand etwa ein Jahrhundert später als die Kilianskirche. Die Grafen von Pyrmont gründeten ihn um 1250 in der Nähe eines ihrer Burgsitze. Doch die Kilianskirche, inzwischen Grablege der gräflichen Familie, wurde nicht in die Ortsplanung einbezogen. Der heutige Straßenverlauf des Ortskerns von Lügde entspricht noch heute der ursprünglichen Ortsanlage: Drei parallel angelegte Hauptstraßen führten und führen vom Niederen bis zum Oberen Tor der Stadtbefestigung, durch kurze Nebenstraßen miteinander verbunden. Ein umfassendes und beispielhaftes Stadterneuerungsprogramm der 80er Jahre machte Lügde wieder sehenswert. Manche zweifelhaften Modernisierungen konnten rückgängig gemacht, viele Fachwerkhäuser saniert oder restauriert und eine Verkehrsberuhigung zumindest eingeleitet werden. Das abwechslungsreiche Straßenbild lädt zum Stadtrundgang ein. Es zeigt sich, daß hier zwischen Richtlinien der Denkmalpflege und eigenen Vorstellungen der sich engagierenden Bürger ein annehmbarer Kompromiß zustande gekommen ist. Er bestätigt sich in der Atmosphäre, die der Gast vorfindet, in der Freundlichkeit, mit der man ihm begegnet und die ihn spüren läßt, daß sich die Einwohner in ihrer Umgebung wohlfühlen. Daß man sich in Lügde der Tradition verbunden fühlt, zeigt die Bewahrung eines alten westfälischen Brauchs: In der Nacht zum Ostersonntag lassen die Bürger vom Osterberg brennende Räder ins Tal hinunterrollen. Die in östliche Richtung weiterführende Route überrascht mit neuen Bildern dieser vielgestaltigen Mittelgebirgslandschaft. Von einer weiten Hochfläche aus öffnet sich der Blick hinunter ins Wesertal und hinüber zum Solling.

Die Wandmalerei im Chor wurde im 19. Jahrhundert aufgedeckt und schönend übermalt. Es mißlang, die Übermalung im 20. Jahrhundert wieder zu entfernen.

Die niedrigen Seitenschiffe zeigen den Verzug des Mauerwerkes …

und die Gefährdung durch eindringende Feuchtigkeit.

Niedrige, schlanke Säulen und mächtige Pfeiler tragen die Last der Gewölbe.

Jedes der typischen romanischen Kapitelle ist anders gestaltet.

Mitten im Ort steht ein ehemaliges Franziskanerkloster. Es wurde 1736 gegründet.

1812 wurde es aufgelöst und wird seitdem in anderer Weise genutzt.

An der gelungenen Dorferneuerung haben die Einwohner mitgewirkt.

Seitdem lohnt es sich noch mehr, Lügde zu besuchen.

Mit der Spitze des Dachreiters kündigt sich die Kapelle auf der weiten Hochfläche an. Von dort aus hat man einen weiten Rundblick über die Weserlandschaft.

Zu unseren wiederholt aufgesuchten Rastplätzen gehört die Ottensteiner Hochebene mit einer kleinen Kirche. Zunächst taucht nur die Spitze des Dachreiters auf, dann das einzige Gebäude weit und breit: Vom Dorf Hattensen ist nur das romanische Kirchlein übrig geblieben. Der Überlieferung nach sollen die Dorfbewohner schon in der ersten Hälfte des 14. Jahrhunderts nach Ottenstein übersiedelt sein, wo die Grafen von Everstein eine Burg errichtet hatten. In deren Schutz haben sich wahrscheinlich auch Bewohner anderer Ansiedlungen der Ottensteiner Hochebene neu angesiedelt, aus eigenem Willen oder auf Anordnung.

Die Hattenser Kirche, ein schlichter, einschiffiger Gewölbebau aus Bruchsandstein, mit Sandsteinplatten gedeckt und einem Dachreiter aus unserer Zeit, ist nun schon seit Jahrhunderten Friedhofskapelle der Gemeinde Ottenstein.

Vom einstigen Dorf Hattensen ist nur die kleine Kirche erhalten geblieben.

Sie ist heute die Friedhofskapelle des Nachbarortes Ottenstein.

Ein schlichter Triumphbogen vor dem Altar. Wände und Wölbungen sind verschoben und verzogen – aber der Bau ist weiterhin standfest.

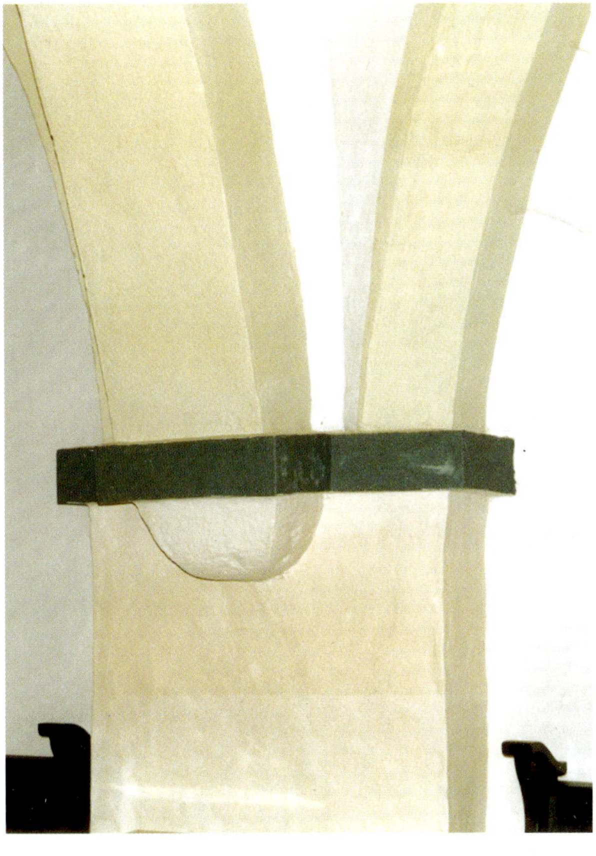

Zwei rechteckige Joche bilden das Schiff. Etwas groß geratene, farbig noch betonte Kämpferplatten zwischen Gewölbe und Gewölbevorlagen wirken wie hineingeschoben, die Gewölbe gehen direkt in Eckvorlagen über. Vor dem Altarraum ist ein schlichter Triumphbogen errichtet. Die Schildbögen haben sich unter dem steten Druck des Mauerwerks verschoben und verzogen, die dem Druck ausweichenden Wände werden innen von Eisenstangen zusammengehalten, außen durch Strebepfeiler gestützt.

Der Kirchplatz bietet einen herrlichen Blick über Felder und Ackerflächen hinweg bis hinüber zum anderen Weserufer mit den Höhenzügen des Naturparks Solling-Vogler. Die Farben sind – wie überall im Weserraum – verhalten, Wälder und Hügelketten im diffusen Licht weich gezeichnet. Mit dem Wechsel der Jahreszeit verändern sich die Strukturen der Felder und Ackerflächen, ebenso die Bilder und Farben der charakteristischen Baumreihen entlang der Wege. Der Wind, zu Hause auf dieser Hochfläche, bläst schärfer, und man zieht die Mütze über die Ohren. Hier würde auch der Dichter Gottfried Benn zugeben, daß nicht nur die Ebene und das Hochgebirge Landschaften sind, die den Menschen beeindrucken.

Schloß Hehlen grenzt mit seinem Park an das östliche Ufer der Weser. Seit frühbarocker Zeit stehen Sandstein-Putti auf der Ummauerung des Schloßgartens

Das um 1580 dicht an der Weser erbaute Schloß Hehlen imponiert schon durch seine Größe. Die Art der Anlage erinnert an phantasievolle Märchenbuchillustrationen. Vier gleich große Flügel, die den quadratischen Innenhof umschließen, boten großzügig bemessenen Raum für Wohnung und Repräsentation, Gäste und Festlichkeiten sowie für all jene Verrichtungen, die zu dem am höfischen Leben orientierten Haushalt des Landadels gehörten. Auch die runden Türme, hier mit Welschen Hauben versehen, gehörten in dieses Bild. Den einzigen Schmuck der Außenfassade bilden die Reihungen der Fenster, die von Quadern eingefaßt oder als Zwillingsfenster mit Mittelpfosten und profiliertem Gewände ausgestattet sind. Das jetzt unverputzte Mauerwerk aus quer geschichtetem Bruchsandstein zeigt die gemauerten Entlastungsbögen über den Maueröffnungen der Fenster wie ein Ornament. Die hohen Satteldächer, mit Sollingplatten gedeckt, haben noch keine Schaugiebel wie die späteren Bauten der Weserrenaissance. Nur eine Zugbrücke führte über den umgebenden Wassergraben zur Toreinfahrt und hindurch zum Innenhof. Stellten sich die Fassaden nach außen auch karg dar – hier wurde nun der standes- und zeitgemäßen Lust an Schmuckformen und Selbstdarstellung nachgegeben. Hier zeigen sich neben achteckigen Treppentürmen, Sitznischen mit Muschelbekrönungen, Wandreliefs und

Trutzig und wehrhaft wirkt das Mauerwerk der Vierflügelanlage, das inmitten der breiten umgebenden Gräfte steht. Derartige Wassergräben umgaben die Schlösser zur Zeit der Weserrenaissance.

Das Mauerwerk des Schlosses besteht aus Buntsandstein; vermutlich ist es in früherer Zeit einmal verputzt gewesen.

Epitaphien auch die umrahmten Allianzwappen der Grafen von der Schulenburg. Heute führt eine kleine Allee auf den Eingangsbereich zu, von allegorischen Figuren auf hohen Sockeln gesäumt. Eine der Skulpturen im Eingangsbereich stellt Venus als Göttin des Gedeihens in der Natur dar. Alle Gartenskulpturen, darunter zahlreiche Sandsteinputten, gehörten bereits zur frühbarocken Anlage des Schloßparks.

Seit mehr als zwei Jahrzehnten ist das Schloß in bürgerlichem Besitz. Vielleicht hat der unbezähmbare Wunsch nach seiner Erhaltung einen jungen Hehlener zu seinem bewundernswerten beruflichen Erfolg angespornt, der schließlich den Kauf und die dringend gewordene Sanierung ermöglichte. Vorbei die Zeit rauher Spiele im Rittersaal, nun stehen Pflege und Erhalt vornean.

Mit der Immanuelskirche (ab Seite 263) in Hehlen lernten wir eine in der Region seltene Bauform kennen. Um 1700 als protestantische Predigtkirche entstanden, zählt sie zu den frühen Zentralraumkirchen in Deutschland. Bei aller Bescheidenheit einer dörflichen Anlage vermittelt sie aber auch etwas vom Lebensstil der gräflichen Stifter und ihrer

Unten: Mythologische Figuren aus frühbarocker Zeit stehen am Weg zum Schloßportal. Der Blick aus dem Park hinüber zur Weser

Im Sandsteinrelief über einem Portal im Innenhof sind die Erbauer des Schlosses dargestellt.

Insgesamt sind die Portale, Fenster und Fassaden schmuckreicher gestaltet als die Außenfronten.

Farbige Bleiglasfenster im Innenhof. Ihre Entstehungszeit war leider nicht zu ermitteln. Auch hier sieht man einen Entlastungsbogen über den Zwillingsfenstern.

Das Ortsbild von Hehlen mit der Immanuelskirche (in der rechten Bildhälfte) zeigt sich in der schönen Mittelgebirgslandschaft dicht an der Weser.

Zeit. Der leicht gestreckte achteckige Bau ist von zwei niedrigen Treppentürmen mit Welschen Hauben eingefaßt. Im Giebeldreieck sieht man das Wappen der Grafen von der Schulenburg.

Die Gestaltungsidee der Kirche erschließt sich im Innenraum (Abb. siehe nächste Seite): Doppelgeschossige Emporen öffnen sich wie Logen zur Raummitte hin, ihre Rahmen bilden pilasterartig geformte Stützen und Emporenbrüstungen, sie sind durch Leistenwerk und Gesims gegliedert. Die oberen Öffnungen schließen mit Korbbögen ab, darüber setzt das hölzerne, mit Stuckteilungen versehene Spiegelgewölbe an. Es ist ein heller festlicher Raum! In schöner Bewegung schwingen zweiläufige Aufgänge zu den Emporen und in die Treppentürme hinauf.

Die Immanuelskirche ist nur für Gottesdienste geöffnet – zumeist muß man sich mit diesem Anblick begnügen.

Die 1697-99 erbaute ev. Immanuelskirche ist eine der frühesten protestantischen Zentralraumkirchen Deutschlands.

Die rundumliegenden doppelgeschossigen Emporen der Kirche öffnen sich wie festliche Logen zur Raummitte hin, gerahmt von Emporenbrüstungen und Gesims.

Fast zweihundert Jahre genoß das Reichsstift Kemnade kaiserlichen Schutz, 1147 wurde es der Aufsicht des Klosters Corvey unterstellt.

Von der Hehlener Kirche aus sind es nur wenige Kilometer bis zur ehemaligen Klosterkirche Kemnade. So kann man Bauten verschiedener Epochen anschaulich miteinander vergleichen.

Zwei Nichten des Sachsenherzogs Hermann Billung hatten um 950 die Kanonissenabtei Kemnade nach den Regeln des Benediktinerordens gegründet. Fast zweihundert Jahre genoß sie als Reichsstift kaiserlichen Schutz und besondere Freiheiten. Das weitere Schicksal des reformbedürftig gewordenen Klosters entschied 1147 die höchste weltliche Instanz: Der Kaiser selbst unterstellte Kemnade der Aufsicht des Klosters Corvey. Damit wurden das Reichsstift aufgehoben und der Konvent aufgelöst. Sollten tatsächlich die »unbotmäßige« Lebensweise und die Haushaltsführung einer jungen Äbtissin schuld daran gewesen sein? Spannende Geschichten sind darüber überliefert.

Zunächst siedelten sich im Kloster Kemnade Benediktinermönche aus Corvey an, später wurde es nochmals mit Nonnen belegt. Im ausgehenden Mittelalter war das Kloster endgültig verarmt und wurde 1542 mit einem protestantischen Konvent belegt. Das Kloster Kemnade existierte noch bis in die Zeit nach dem Dreißigjährigen Krieg. Heute ist die Klosterkirche Gemeindekirche.

Den schönen Blick auf Chor und Querschiff der Kirche hat man vom Gemüsegarten der Gemeinde aus.

Die Kirche hat vermutlich im 30-jährigen Krieg ein Drittel ihres Langhauses verloren.

Die ehemalige Klosterkirche ist wahrscheinlich 1046 geweiht worden. Als flachgedeckte Pfeilerbasilika mit breiten Seitenschiffen und ausladendem Querhaus, mit der durch hohe Arkaden ausgeschiedenen Vierung, dem Vorchor und der Apsis ist sie ein Bautyp aus salischer Zeit. Der schlichte Innenraum überrascht in seiner Größe und Weitläufigkeit – obwohl von ehemals sieben Jochen des Langhauses nur vier erhalten geblieben sind! Grabungen konnten über die Anlage des verschwundenen westlichen Teils der Kirche, dem ein quadratischer Turm eingebaut war, genaue Auskunft geben. Vermutlich ist er nach Zerstörungen im Dreißigjährigen Krieg abgerissen worden. Vergeblich versucht man sich das großartige Bauwerk in seiner ursprünglichen Dimension vorzustellen. Vielleicht bedeckten Malereien die Wände? Im 19. Jahrhundert sind in der Apsis Wandmalereien freigelegt und erneuernd

Heute liegt das Bruchsandsteinmauerwerk der Basilika frei.

Auch die gotische Zeit hat etwas zum Kirchengebäude beigetragen.

Das streng und erhaben wirkende Schiff der Klosterkirche macht ihre einstige Bedeutung noch immer anschaulich. Zu den schlichten Schmuckformen der Basilika gehören durch Wulst und Kehle profilierte Pfeilerbasen und die Kämpfer mit frühromanischem Karniesprofil.

Im 19. Jahrhundert wurden die byzantinisch beeinflußten Wandgemälde in der Apsis aufgedeckt und »schönend« übermalt.

übermalt worden. Inhaltlich und formal entsprach diese Apsismalerei den byzantinisch beeinflußten Wandgemälden und Mosaiken frühchristlicher Kirchen.

Der fast schmucklose Bau wirkt durch klare Formen und Gliederungen. Noch immer ist zu erspüren, was er zu vermitteln hat. Es bedarf keiner Anpassung an eine neue Zeit und deren Art des Erlebens. Doch wer könnte der Aussagekraft solcher Architektur etwa die gleichrangige Kraft

Die monumentalen Wandgemälde vor dem hohen Mittelschiff der Basilika.

Klein und zart wirkt der Klappaltar vor der hohen Chorwand.

der Rede entgegensetzen? Man lasse also die »Predigt in Stein«, wie Hans-Jürgen Kutzner sein Buch über romanische Kirchen in der Region genannt hat, ihre Wirkung ausüben, man öffne alle Kirchen und biete das großartige Vermächtnis ohne Vorbehalt an. Und man übernehme ruhig die Verantwortung für einen längst überfälligen Schritt, der vielerorts ja bereits getan ist: die Kirche als einen Raum der Besinnung anzubieten, ohne Vorgabe und Erwartung, ganz auf die ihr innewohnende Kraft vertrauend.

Christi Geburt und Verkündigung an die Hirten

Strenge Pfeilertraufen trennen die Schiffe. Unten rechts: An der Konsole einer Muttergottesstation ein Paar in der Kleidung des 16. Jahrhunderts.

Grabsteine und Epitaphe des 17. Jahrhundert in den Seitenschiffen

Das spätgotische Sakramentshäuschen mit stehenden Relieffiguren ist aus rotem Sandstein gearbeitet.

Romanischer Taufstein

Schon Historie: Die Spinnerei Bodenwerder (unten rechts) ist abgerissen, die Villa daneben steht noch.

Jenseits der Weser lag die große Fabrikanlage der Bodenwerderer Spinnerei. Hier fanden die Einwohner schon im 19. Jahrhundert nahe liegende Arbeitsplätze.

Ganz in der Nähe des Stifts Kemnade entstand auf einer Weserinsel eine hochmittelalterliche Marktsiedlung. Die günstige Lage förderte ihre Entwicklung zu einem Handelsort, der 1287 die Stadtrechte erhielt. Reste der Stadtmauern und die Straßenverläufe lassen noch erkennen, wie sich der Grundriß der alten Anlage topographisch an die schmale Insel angepaßt hatte. Nach 1938 wurde schließlich der Weserarm zugeschüttet und die Insellage aufgegeben.

Frühe Fabrikbauten sind bereits historische bzw. museale Anlagen.

Wer etwas über die wechselvolle Geschichte der Stadt erfahren möchte, findet Informationen im Rathaus, einem ehemaligen Herrenhaus. Es wurde 1603 für Statius von Münchhausen erbaut. Im nachfolgenden Jahrhundert wurde Bodenwerder als der Geburts- und Sterbeort des Lügenbarons C. F. H. von Münchhausen bekannt und wird seitdem gerne aufgesucht.

Im 19. Jahrhundert bereitete sich auch in Bodenwerder eine Ablösung des Handwerks durch manufakturelle und industrielle Fabrikation vor. Als wir den Ort kennenlernten, erlebten wir noch das Nebeneinander des historischen Stadtbildes und der großen Industrieanlage einer Spinnerei, deren schöne Backsteinfassaden noch ganz der traditionellen Bauweise entsprachen. Ein interessanter Vergleich bot sich mit dem nur einige Jahrzehnte jüngeren Fabrikbau der Holzfabrik im nahen Kirchbrak an, der die rasch fortschreitende Industrialisierung bereits in seiner Architektur anschaulich macht. Noch bevor wir einige Wochen später den Hauptbau der Spinnerei fotografieren konnten, war die Fabrik bereits abgerissen. Veraltet und unrentabel geworden, ist sie aus dem beschaulichen Gesichtsfeld von Bodenwerder wieder verschwunden. Einen »Höllenlärm« soll sie gemacht haben, erinnert man sich im Ort.

Wir bedauerten, daß es den interessanten Industriebau des 19. Jahrhunderts nicht mehr gibt.

Hätte sich hinter dieser gut gestalteten Front vielleicht ein Industriemuseum einrichten lassen?

Diese Fabrikhalle war vergleichbar mit der Karlshafener Tabakfabrik, die ebenfalls kurz nach 1840 gebaut und nach der Aufgabe ein Museum geworden ist

Eine andere erfolgreiche industrielle Anlage wurde 1902 gegründet. Man findet in der Region zwar viele alte Ortschaften und liebevoll bewahrte Häuser – doch es war nur eine einzige Weserwerft zu finden. In der Werft wurden See- und Binnenschiffe gebaut, Schiffe repariert und außerdem neue Geräte für den Wasserausbau entwickelt werden.

Die Aminiuswerke lagen am linken Weserufer. Wer heute diese Werft sehen möchte, muß sie stromabwärts an der Unterweser suchen. Denn sogar eine Werft zieht um, wenn es die sich ändernden Bedingungen erfordern. Neue Aufträge bezogen sich zunehmend auf größere und schwerere Schiffsbauten, deren Abtransport durch den niedrigen Wasserstand der Oberweser nicht mehr gewährleistet war. Zwar hatte dann und wann schon einmal abgelassenes Stauwasser des Edersees dafür gesorgt, daß mit einer »großen Welle«, die über die Fulda in die Weser gelangte, der Wasserstand kurzzeitig erhöht wurde. Eine solche Maßnahme war jedoch keine Hilfe auf Dauer. Und so gehören heute die Werft und Spinnfabrik bereits zur Geschichte Bodenwerders.

Abbildungen auf folgender Seite: Die Weserwerft bei Bodenwerder vor ihrem Umzug stromabwärts an die Unterweser.

Auf der ehemaligen Bodenwerderschen Werft wird keine Schiffstaufe mehr stattfinden. Sie ist umgezogen!

Hier ist man bereits die Hälfte des Wegs zum Kloster Buchhagen hinaufgestiegen, und man sieht, daß der Bau des orthodoxen Klosters beendet ist.

Oberhalb von Buchhagen, am Nordrand des Voglers, haben sich in jüngster Zeit orthodoxe Mönche angesiedelt. 1990 begannen sie mit dem Bau einer kleinen Klosteranlage, den wir mit Interesse verfolgten - welche Gestalt würde ein Kloster annehmen, das in heutiger Zeit erbaut wird?

Auch ein sakraler Bau hat Aufgaben und Nutzungen zu entsprechen. Darüber hinaus birgt seine Architektur Zeichen, die auf Inhalte und Abläufe hinweisen. So sind die neu entstandenen Baukörper nur ihrer technischen Ausrüstung und Ausstattung nach »modern«. Ihr geistiger Gehalt läßt sich in überkommener Weise durch Maß und Form erkennen, denn die Formensprache, deren Ursprung sich auf Texte des Alten und Neuen Testaments bezieht, hat sich in Symbolen und Zeichen festgeschrieben. Sie

Von der Fahrstraße durch Buchhagen aus geht man zu Fuß den Berg hinauf. Auf halber Strecke steht ein ehemaliges Gutshaus.

Dort hatten sich die Mönche zunächst einquartiert – und von hier aus erbauten sie in mühevoller Arbeit ihr Kloster.

beginnen bei der Bestimmung des Grundrisses und des Moduls, das den Bau in allen Dimensionen als Maß begleitet und dazu dient, ein bescheidenes Abbild der Gottesstadt zu schaffen. Die Hoffnung auf Frieden und Ruhe an einem solchen Ort drückt sich auch hier in der Klosterumfriedung aus, wie wir sie in allen Klöstern oder ehemaligen Klosteranlagen in der Region gefunden haben.

Wer sich nicht scheut, den Berg zum Dreifaltigkeitskloster hinaufzusteigen und den richtigen Zeitpunkt gewählt hat, kann an einer Andacht oder einer Gesprächsrunde teilnehmen.

Herrlich ist der Blick von der Höhe des Voglers hinunter zur Weser und auf die Wälder am gegenüberliegenden Weserufer.

Der Bau schreitet stetig voran, die Mönche sind täglich im Einsatz. Wir freuen uns bei jedem Besuch über die weiteren Fortschritte.

Wer zum Dreifaltigkeitskloster hinaufsteigt, kann an einer Andacht oder an einer Gesprächsrunde teilnehmen.

Das sogenannte Engelstor war der nördliche Eingang zum Landschaftspark der versteckt liegenden Gutsanlage Westerbrak. Putten halten das gekrönte Adelswappen der Gutsherren und geben Auskunft über die Erbauungszeit.

Das Engelstor, an dem heute die Autostraße vorbeiführt, war der nördliche Eingang zum Englischen Landschaftspark des ehemaligen Ritterguts. Pfeiler aus roten Sandsteinquadern, mit Fruchtkörben geschmückt, begrenzen einen flachen Torbogen mit Flügelputten. Von der versteckt liegenden Gutsanlage sind nur Teile des alten Torhauses mit dem Uhrenturm und der Gutsanlage sowie die umgebende Landschaft zu sehen.

Jenseits der Straße steht ein kleines Forsthaus. Dach, Wand, Fenster – wieviele entwerferische Möglichkeiten bieten sich dem Erbauer damit an! Indem er diese Grundelemente des Bauens nutzt, bemißt, verbindet und mit konstruktiven und funktionalen Bedingungen in Einklang bringt, schafft er das dem zugedachten Zweck entsprechende Haus und – je nach Begabung – die Besonderheit seiner Gestaltung (Abbildung übernächste Seite).

Fruchtkörbe – ebenfalls aus Sandstein gearbeitet – schmücken die Torpfosten.

Eine Bruchsteinmauer umgibt das gesamte Anwesen.

Wie mag es hier zur Erbauungszeit der Anlage ausgesehen haben? So fragt man sich, wenn der heutige Durchgangsverkehr vor dem Engelstor vorbeirauscht.

Bevor die umgebenden Bäume und Büsche wieder voll belaubt sind, ist die seitlich liegende Eingangstür zur Gutsanlage zu sehen.

Das Torhaus und sich anschließende kleine Gutshäuser …

führen von der Durchgangsstraße ab und hinaus in die Felder.

Auch das kleine Forsthaus auf der anderen Seite der Durchgangsstraße gehörte zum Anwesen. In all seiner Bescheidenheit ist es jedoch bis heute das Musterbeispiel eines gelungenen Entwurfs.

Die kleine Kirche aus Bruchsandstein ist im 12. Jahrhundert erbaut worden. Außentreppen an der Süd- und Nordwand des Schiffs entstanden in barocker Zeit als direkte Zugänge zu den Herrschaftsemporen.

Publikationen über die Geschichte von Ortschaften sind in der Regel sorgfältig recherchiert. Der Anlaß für ihr Entstehen ist ein wachsendes Bedürfnis, der Vergangenheit in der eigenen Lebensumgebung nachzugehen und seinen Wohnort von der Entstehung an dargestellt zu finden. Allerdings geben die vielen Namen und Jahreszahlen, wie sie sich in den Ortschroniken aneinanderreihen, oft nur über Besitzverhältnisse der Grundherren und die Veränderungen durch Verkauf oder Pfändung, kriegerische Auseinandersetzung oder Erbfolge Auskunft. Dagegen sagen sie wenig über die Lebensumstände in früheren Jahrhunderten aus, über das Alltagsleben, von dem wir kaum eine Vorstellung haben. Hier gäbe es manche Lücke zu füllen, zumal in den letzten Jahrzehnten viele Forschungsergebnisse zu diesem Themenkreis veröffentlicht worden sind. Im Zusammenhang ergeben die einzelnen Recherchen überraschend viele Gemeinsamkeiten und damit ein allgemeineres Bild über die Entwicklung in der Region, jeweils geprägt von den Bedingungen der jeweiligen Zeit. Was Ortschroniken vergleichbar aufzeigen, sind Mitteilungen über das Entstehen der Siedlungen. Doch Ortsgeschichte im Weserraum beginnt oftmals vor den eigentlichen Ortsgründungen, sie weist bis zur Eroberung durch das fränkische Heer und die nachfolgende Christianisierung zurück und – früher oder später – auf kaiserliche Landvergaben an weltliche und kirchliche Gefolgsleute. Häufig war es ein Herrensitz, in dessen Schutz gesiedelt wurde und für dessen Gedeihen man zu dienen hatte.

So etwa kann man sich auch die Kirchbraker Geschichte vorstellen. Kaiser Konrad II. machte 1029 dem Bischof von Minden einen Wildbann zum Geschenk, der sich auf Teile des Voglers und das angrenzende Lennetal erstreckte. Der Ort nahm mit einem Meierhof seinen Anfang, der die bischöfliche Tafel in Minden belieferte. Die Lage nahe der Weser sicherte den raschen und billigen Transport der landwirtschaftlichen Erzeugnisse. Die Siedlung um den Meierhof wuchs. Im 13. und 14. Jahrhundert ging der begehrte Besitz durch viele Hände. Doch erst als Lehen des inzwischen ortsansässig gewordenen Adelshauses entwickelte sich die Siedlung in fünfhundert Jahren zu dem Dorf, wie wir es uns heute noch vorstellen können. Die Lehen wurden erst im 19. Jahrhundert aufgelöst.

Die Kirche ist ein Bau aus dem 12. Jahrhundert, also noch aus Mindener Zeit. Dicke Mauern aus Bruchsandstein und ein gedrungener Westturm in der Breite des Langhauses lassen darauf schließen, daß sie in unruhigen Zeiten den Einwohnern Schutz bieten sollte. Die Schallarkaden des Turms sind durch spätromanische Säulchen geteilt,

Das ursprünglich flach gedeckte Kirchenschiff ist bereits im 13. Jahrhundert eingewölbt worden. Westempore, Herrschaftsempore und der Orgeleinbau auf einer hochgestellten Empore erfolgten in Verbindung mit den seitlichen Eingängen in barocker Zeit.

Hinter dem üppig geschmückten barocken Kanzelaltar mit der Darstellung des Abendmahls sind Reste früher Wandmalereien freigelegt worden, die seit der Einwölbung im 13. Jahrhundert verdeckt gewesen sind.

Der schmuckreiche Kanzelaltar zeigt neben dem Abendmahl und der Kreuzigung auch Adelswappen.

Unten rechts: Hinter dem Altar führen Holzstiegen (angeschnitten) zur Kanzel hinauf.

Die hochliegende Kanzel liegt in der Front des Kirchenschiffs.

Die Sandsteinuhr neben der Kanzel war hilfreich bei der Gottesdienstgestaltung.

die Außentreppen an der Süd- und Nordwand des Schiffs entstanden erst in barocker Zeit als direkte Zugänge zu den Herrschaftsemporen. Das Kirchenschiff war ursprünglich flach gedeckt, wurde jedoch bereits im 13. Jahrhundert eingewölbt. Dem älteren Kreuzgratgewölbe des Turmjochs schließen sich zwei Schiffsjoche mit spitzbogigen Gurten an.

Die Wandmalereien des als Chor dienenden Ostjochs wurden mit der Einwölbung abgeschnitten, die Reste überputzt. Sollte es auch im Schiff Malereien gegeben haben, so sind sie bei der Einwölbung, spätestens mit dem Einbau der Emporen, zerstört worden. Es ist kaum anzunehmen, daß sich unter dem heutigen Putz noch Reste von Malereien befinden.

Betritt man die Kirche, so fängt zunächst ein üppiger kleiner Kanzelaltar den Blick ein. Das Retabel über dem gemauerten Tisch ist ein hölzerner, reich gegliederter Renaissanceaufbau von 1634, die Kanzel mit einer Darstellung des Abendmahls ist erst 1728 entstanden und eingefügt worden. Geschnitzte Wappen, Heiligenfiguren, Akanthusrankenwerk, allegorische Darstellungen, das Relief mit einer Kreuigungsszene – man braucht Zeit, die-

Bei der Einwölbung des Schiffs sind Malereien des frühen 13. Jahrhunderts zerstört und übertüncht worden.

Im 20. Jahrhundert fand man verbliebene Reste der Malerei und legte sie frei.

ser Vielfalt von Darstellungen und schmückendem Beiwerk nachzugehen. Einen völlig anderen Eindruck vermitteln die freigelegten Passionsszenen in der Ostwand des Chors, die zu Beginn des 13. Jahrhunderts entstanden sind. Der Kontrast zwischen den heiteren und farbenfrohen Formen der barocken Ausstattung und dem alten Gemäuer mit der ernst wirkenden figürlichen Wandmalerei ist groß, doch jede Gestaltung steht für sich und überzeugt in ihrer zeittypischen Eigenart. An der Ostwand

Die auch heute noch beeindruckenden Reste der freigelegten Passionsszene an der Ostwand des Chors

links hinter dem Kanzelaltar ist in allen Einzelheiten die Kreuzabnahme dargestellt. Die Medaillons darüber zeigen allegorische Bildnisse von Sonne und Mond. Fragmente rechts vom Altar lassen die drei Frauen am Grab und einen Engel erkennen; es ist eine Illustration jenes Ostermorgens, an dem die Auferstehung Christi verkündet wurde. Das dazugehörige Wandbild mit der Himmelfahrt ist beim Einwölben der Kirche abgeschnitten worden. Die großen, sich kraftvoll nach oben bewegenden Figuren werden begleitende Engel gewesen sein, mehr ist von dieser Szene nicht erhalten.

Die drei Frauen am Grab gehörten zur Darstellung des Ostermorgens, an dem die Auferstehung Christi verkündet worden ist (Malerei des frühen 13. Jahrhunderts).

Das Kirchbraker Werk wurde bereits 1937 von Walter Gropius entworfen und gebaut.

Ein schönes und stattliches Haus, das 1798 erbaut worden ist, bezeugt den großen wirtschaftlichen Erfolg der Kirchbraker Leinhändler. In neuerer Zeit hat man in Kirchbrak bewiesen, daß sich auch eine industrielle Anlage örtlichen Bedingungen anpassen und in das Landschaftsbild einfügen läßt: Ein im 19. Jahrhundert gegründetes Holzwerk erhielt in den 20er Jahren eine neue Fabrikanlage, deren Fabrikationsgebäude von Walter Gropius erbaut worden ist. Zu dieser Zeit war Gropius mit dem Bauhaus, das er 1919 gegründet hatte, von Weimar nach Dessau übergesiedelt. Als 1937 das Kirchbraker Werk unter Beibehaltung seiner Entwurfsidee erweitert wurde, erhielt Gropius gerade den Ruf an die Harvard-Universität in Cambridge, Massachusetts (USA).

Route 8

Diese Route beschreibt nun das erste Gebiet rechts der Weser. In weit ausholendem Bogen führt sie hinein und hinauf in den Solling, sie führt durch seine Wälder und über weite Höhenflächen. Im März oder im April kann man nach dem Erleben des Frühlings in der Flußniederung mit zunehmender Höhe und sich verändernder Landschaft nochmals in den Winter eintauchen und mit roter Nase einen verschneiten Märchenwald erleben.

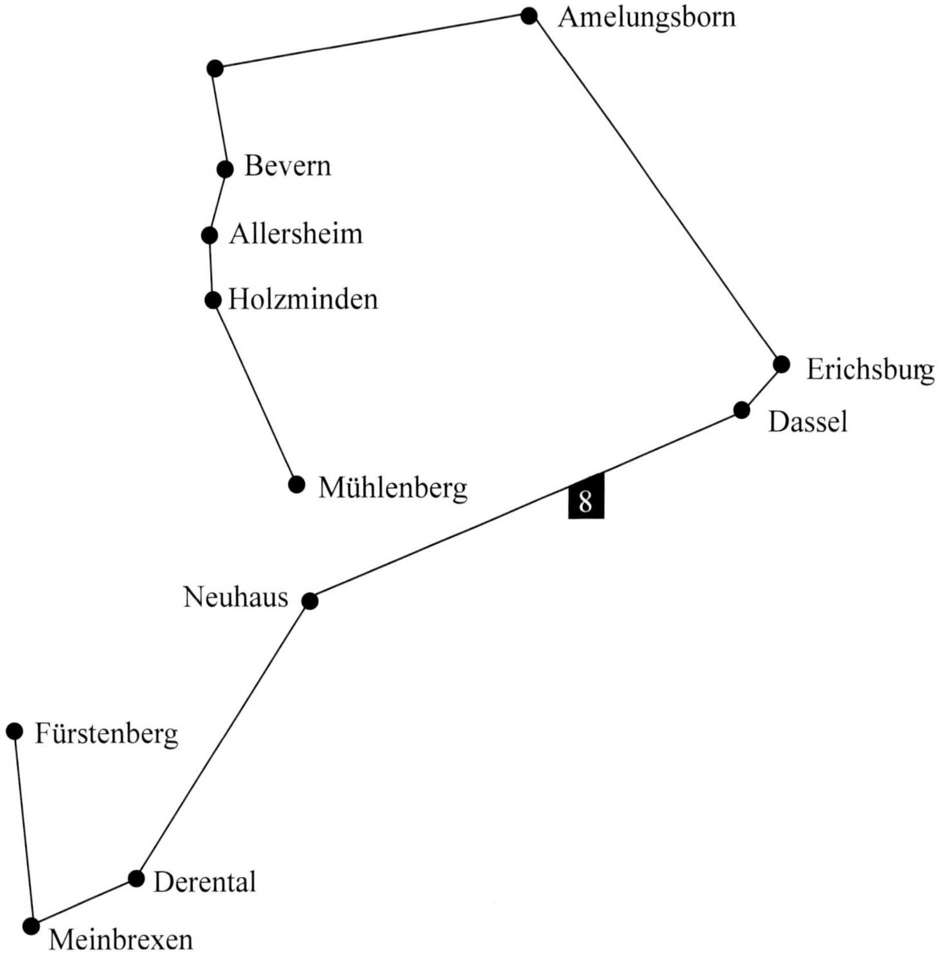

»Das rauchende Schloß« – so nannte Annette von Droste-Hülshoff die beginnende Fabrikation drüben in Fürstenberg, als sie ihre Verwandten im Wehrdener Herrenhaus besuchte (siehe Route 5.1).

Wo der Solling steil zur Weser abfällt, sicherte im Mittelalter eine Grenzfeste braunschweigisches Gebiet gegen Höxter und Corvey. Nach deren Belagerung und Zerstörung durch hessische Söldner im 16. Jahrhundert wurde die Burg unter Verwendung der alten Anlage im Stil der Weserrenaissance wieder aufgebaut und nun als Jagdschloß eingerichtet. Die alte Ringmauer, die den Kern der Anlage umschließt und dem Felsvorsprung angepaßt ist, hat ihre eigenartige Form erhalten. Um 1747 gründete Carl I. von Braunschweig in Fürstenberg die bekannt gewordene Porzellanmanufaktur.

Wo der Solling steil zur Weser abfällt, stand im Mittelalter eine Grenzfeste. Nach ihrer Zerstörung wurde Fürstenberg erbaut.

»Das rauchende Schloß« – so nannte Annette von Droste-Hülshoff die beginnende Fabrikation drüben im Solling, die vom Wehrdener Herrenhaus aus gut zu sehen war. Der Eindruck ist noch heute nachvollziehbar. In zunehmender Entfernung, etwa von »Haus Brunnen« aus (siehe Route 5), wachsen Schloß und Produktionsstätten zu einem Gebäudekomplex zusammen. Das weithin leuchtende Weiß der Fassaden läßt sich leicht mit Porzellan assoziieren, das dort produziert wurde und noch immer produziert und ausgestellt wird. Heute befindet sich im Schloß das Fürstenberger Porzellanmuseum. Das hölzerne Treppenhaus mit einer interessanten Sprengwerkkonstruktion führt in die Museumsetagen hinauf. Die Ausstellungsräume zeigen zahlreiche Beispiele Fürstenberger Porzellans, wie es seit dem 18. Jahrhundert bis heute hergestellt worden ist. Der äußere Schloßhof ist mit Betriebsgebäuden und Wohnhäusern umbaut. Anläßlich umfangreicher Restaurierungen von 1975 bis 1977 konnten einige störende bauliche Veränderungen rückgängig gemacht werden; seitdem kommt auch der schwungvoll geformte Volutengiebel wieder zur Geltung.

Im Schloß sind heute die Produkte der bekannten Porzellanfabrikation ausgestellt.

Wer das Schloß Fürstenberg besucht, sollte sich auch den herrlichen Blick hinunter ins Wesertal nicht entgehen lassen.

Dem Äußeren der kleinen Kirche in Meinbrexen sieht man nicht an, welche Schätze sie birgt.

Die reizvollen Wandbilder des 16. Jahrhunderts wurden Mitte der 90er Jahre freigelegt.

Sie wurden gereinigt und vorsichtig restauriert, aber nicht ergänzt.

Die kleine Kirche in der Ortsmitte steht dem Straßenverlauf quer entgegen, läßt ihn kurvig ausweichen, stoppt allzu eilige Durchfahrer und verschafft sich so die Aufmerksamkeit, die sie verdient. Der breite, untersetzte, einem Dachreiter ähnliche Westturm ist eng mit dem Kirchenschiff zu einem Baukörper verbunden. Im Rechtecksaal sind gerade qualitätvolle Wandmalereien freigelegt worden; sie sind 1589 wohl mit dem Neuaufbau der Kirche entstanden. Anläßlich der jüngsten Renovierung wurden nun die Malereien aus der Erbauungszeit wieder freigelegt.

Wir waren nicht nur auf den Zustand der freigelegten Wandmalereien neugierig, sondern auch auf die Art und Weise ihrer Restaurierung. Im Sommer 1995 waren alle Arbeiten abgeschlossen. Den neuen Erkenntnissen gemäß waren die Wandbilder weder übermalt noch ergänzt worden – wie es leider häufig geschehen ist – sondern lediglich gereinigt und vor weiterem Verfall gesichert. Obwohl zerstörte Stellen leer blieben, sind die Inhalte und Bildkompositionen der dargestellten Ereignisse doch weitgehend erkennbar.

Grisaillemalerei mit floralen Motiven und aus der Bauornamentik der Weserrenaissance entliehene Schmuckformen wie Roll- und Beschlagwerk rahmen die Wandbilder ein. Jedes der einzelnen Bilder hat jeweils die Form des Ostfensters mit seinem nach oben abschließenden Korbbogen aufgenommen. In regelmäßiger Reihung geben die Wandbilder dem bescheidenen Raum einen festlichen Rahmen.

Hinter der Kirche stößt man auf die Grundstücksmauer des kleinen Parks des Herrenhauses und der davorliegenden Gutsanlage

Wir folgten der Mauer bis zum Ende der Straße und biegen in den Gutshof ein.

Vom Gutshof aus nochmals ein Blick zurück zum Turm der ehemaligen Patronatskirche des Adelshauses.

Über den weiten Gutshof hinweg fällt der Blick auf das 1699 erbaute Herrenhaus. Das Dach ist mit Sandsteinplatten gedeckt, an Vorder- und Rückfront sind seitliche Fensterachsen vorgestellt.

Die Kirche grenzt an die weitläufige Einfriedung des alten Ritterguts, die bis zum nördlichen Ortsausgang führt und dort, über den Gutshof hinweg, den Blick auf das 1699 erbaute, von einem Wassergraben umgebene Herrenhaus freigibt. Seine baulichen Merkmale sind das hohe Sockelgeschoß, das sandsteingedeckte Mansarddach sowie risalitartig vorgestellte seitliche Fensterachsen an Vorder- und Rückfront.

Ein alter Springbrunnen vor dem Haus und der kleine Englische Garten dahinter ergänzen die Anlage.

Ein geglücktes Beispiel für die Restaurierung eines ehemaligen Bauernhauses, bei dem auf modische Veränderungen bewußt verzichtet wurde.

Die ehemalige Dorfschmiede mit Bauerngarten und Kopfsteinpflaster gehört zu den beispielhaft restaurierten Fachwerkhäusern im Ort, wenn auch der neue Innenausbau heutigen Wohnvorstellungen entspricht. Fachwerkhäuser des 17. Jahrhunderts und solche aus späterer Zeit, »Einhäuser« – hier sind es zumeist Ackerbürgerhäuser des mitteldeutschen Haustyps – mischen sich in lockerer Anordnung. Und wie überall, so gibt es auch in Meinbrexen die Beispiele mißglückter Modernisierungsversuche aus den ersten Nachkriegsjahrzehnten.

Fachwerk und ländliche Idylle findet man noch am Ausgang der Ortschaft.

Hier haben wir auch die ersten Bauerngärten wiedergefunden, wie sie den alten Häusern gemäß sind.

An der Stelle einer alten Wüstung, von der ruinöse Reste verblieben waren, sind im 16. Jahrhundert das Straßendorf Derental und seine Kirche erbaut worden.

Es lohnt sich, die bescheidenen Schätze der kleinen Dorfkirche anzusehen, die liebevoll erhalten und gepflegt werden.

Das Dorf und die Kirche Derental sind im 16. Jahrhundert an der Stelle einer alten Wüstung entstanden, von der nur verfallene Mauern einer Kirche übrig geblieben waren.

Rechts und links der sich lang dahinziehenden Ortsdurchfahrt reihen sich Häuser und Höfe. Zur Ortsmitte hin öffnet sich die Reihung, um dem ummauerten Kirchhof weitläufig Raum zu geben, der zur Grünfläche umgewandelt worden ist. In diesem Ortsbild verbinden sich Kirchplatz, Kirche und Häuser nicht zum Ensemble, sondern sie wahren Distanz zueinander. So steht die nur wenige Jahrzehnte nach der Ortsgründung erbaute Dorfkirche ganz für sich, wirkt ein wenig isoliert. Ihr hoher, schlanker Turm mit dem spitzen Helm unterscheidet sich eigenwillig von den anderen Dorfkirchen der Region.

Die große gemalte Spruchtafel an der Ostwand der Kirche …

stammt vermutlich aus der Erbauungszeit.

Ist die Darstellung der Kreuzigung nur der Rest einstiger Wandmalereien?

Ein Taufstein mit der Jahreszahl 1589 ruht auf vier urtümlich anmutenden Tierkörpern (siehe unten).

Im 17. Jahrhundert ist die zweiseitige Empore eingebaut worden, geschmückt mit Schnitzereien, Bemalung und Spruchband.

An der Orgel ist noch der Tretbalken zu sehen, wie er vor der Elektrifizierung zum Orgelspiel gehörte (siehe unten).

Noch im frühen 20. Jahrhundert mußte für das Orgelspiel der Blasebalg getreten werden.

Es lohnt sich, die bescheidenen Schätze der kleinen Dorfkirche anzusehen: Mittelstützen tragen die flache Holzdecke des rechteckigen Saalbaus. Ein schwerer Taufstein, der 1581 entstanden ist, zeigt Relieffelder mit biblischen Motiven, die von Blendarkaden eingefaßt sind. Der Taufstein ruht auf vier urtümlich anmutenden Tierkörpern.

An der östlichen Saalwand wurden restliche Wandmalereien aufgedeckt und, wie die Kirche insgesamt, sorgfältig restauriert. Als Entstehungszeit ist das beginnende 17. Jahrhundert anzunehmen.

Die große gemalte Spruchtafel an der Chorwand ist mit Renaissanceornamenten eingerahmt.

Eine dreifigurige Kreuzigungsdarstellung, ebenfalls auf der Ostwand, entspricht der spätmittelalterlichen Darstellungstradition, wie sie die vielfigurigen Kreuzigungsbilder des 13. und 14. Jahrhunderts abgelöst hatten. Die mit Schnitzereien und Spruchband geschmückte L-förmige Empore wurde im 17. Jahrhundert eingebaut.

Der 1786 erbaute Amtshof des Gestüts Neuhaus ist heute ausgebaut und als Warenhaus für Feriengäste eingerichtet.

Um 1609 erbauten braunschweigische Herzöge ein Jagdschloß im Solling, genannt das »Neue Haus«. Bereits im Dreißigjährigen Krieg wurde es zerstört. Einige seiner Grundmauern sind noch im Keller des später entstandenen Forsthauses zu finden.

Gleich gegenüber, auf der hannoverschen Seite der Holzminde, entstand die Anlage des landesfürstlichen Gestüts Neuhaus, wohin Mitte des 18. Jahrhunderts auch das Gestüt Nienover verlegt wurde. Ein 1786 als bescheidene Dreiflügelanlage erbauter Amtshof ist heute aufwendig ausgebaut und als touristisches Warenhaus eingerichtet. Von der Gestütsanlage, deren Bruchsteinhäuser ebenfalls neuen Nutzungen dienen, hat sich als Besonderheit die Einfassung der zahlreichen Weideplätze durch Trockenmauern erhalten.

Überall im Oberwesergebiet sind sie zu finden, Mauern aus Bruchsteinen, die ohne Mörtel errichtet wurden und äußerst dauerhaft sind. Auch Klostermauern und Kirchhofummauerungen zeugen davon. Die Technik ist alt. Aufgrund ihres Eigengewichts lasten die Steine aufeinander, sie sind unverrückbar, wenn die Steinflächen gut aufeinander passen oder einander angepaßt sind. Solche Mauern sind kleine statische Meisterwerke. Manche von ihnen entzücken den Botaniker durch die Ansiedlung anspruchsloser Pflanzen, die verbliebene Ritzen und Zwischenräume ausfüllen und oft blühende Teppiche bilden. Visuelle Ästheten bewundern das Mauerwerk an sich, seine neu entstandene Textur, seine Muster, wie sie die Farbigkeit des Gesteins und die vielfache Wiederholung ähnlicher Formen entstehen lassen.

Nicht alle Trockenmauern sind massiv ausgeführt. Die kilometerweit reichenden Mäuerchen um den Erholungsort Neuhaus sind sogenannte Füllmauern und als solche nahezu unverwüstlich: Zwei Blendmauern geringer Wandstärke sind im Abstand voneinander errichtet, der belassene Zwischenraum ist mit kleineren Steinen und Geröll ausgefüllt worden. Diese Technik wendete man schon seit langer Zeit auch im Hausbau oder bei der Errichtung von Festungsanlagen an. Die verhältnismäßig niedrigen Mauern bei Neuhaus lassen die Konstruktion gut erkennen. Ihre Höhe reicht zwar zur Einfriedung der Weideflächen aus, sie läßt aber freie Sicht und Überblick zu. Auf ihre Nutzungsdauer bezogen, lohnte sich die aufwendige Bauweise gegenüber hölzernen Zäunen, brauchten sie doch keine regelmäßige Wartung – und Steine waren ohnehin eine Art heimischen Abfallprodukts der nahen Steinbrüche an der Weser. Außerdem war das Steinhauen noch

Auch in Neuhaus sind die älteren Häuser noch mit Bruchsandsteinplatten gedeckt, dem Material aus den nahen Steinbrüchen rechts und links der Weser.

ein ausgeübtes Handwerk.

Die Steinzäune im hügeligen Gelände fügen sich gut in die Landschaft ein. Obwohl sie seit kurzem unter Denkmalschutz stehen, haben sie nicht nur Denkmalwert, sondern dienen auch weiterhin ihrem Zweck. Die Wiesen um Neuhaus sind heute Sommerweiden von Pferdezuchten aus dem hannoverschen Raum.

Statt der Zäune begrenzen Mäuerchen aus Bruchsandstein die Grundstücke.

Im Gelände begrenzen niedrige Füllmauern aus Bruchsandsteinen die großen Weideflächen um Neuhaus.

Ein Brand hatte die erste Dasseler Kirche zerstört, die aus dem 10. Jahrhundert stammte. Die heutige spätgotische Hallenkirche ist 1447 geweiht worden.

Die großen Bilder an den Wänden der Sakristei zeigen die Schöpfungsgeschichte (rechts an der Ostwand des Seitenschiffes) und die Darstellung vom Ende der Welt (links).

Reinhard von Dassel ist als Kanzler Friedrich Barbarossas wie auch als Erzbischof von Köln bekannt geworden. Als Stammsitz der Grafen von Dassel wird der Ort bereits im 9. Jahrhundert erwähnt. Nach 1300 erwarb ihn der Bischof von Hildesheim. Im Jahr 1315 wurde Dassel das Stadtrecht verliehen.

Ein Brand zerstörte die erste Dasseler Kirche, die vermutlich aus dem 10. Jahrhundert stammte. Die heutige spätgotische Hallenkirche ist 1447 geweiht worden. Im flachgedeckten, durch Achteckpfeiler dreigeteilten Schiff lassen sich noch die Ansätze der vorgesehenen Einwölbung erkennen. Das Ostjoch des südlichen Seitenschiffs ist ausgegliedert und dient als Sakristei. 1939 bis 1948 konnten umfangreiche Zyklen von Wandmalereien der Renaissance freigelegt und restauriert werden. Stark beschädigte Darstellungen wurden nur konturiert mit dem Bildprogramm in Beziehung gebracht.

Unsere Abbildungen zeigen zunächst die beiden großen Bilder an den Wänden zur Sakristei. Die Wand zum Seitenschiff zeigt die Schöpfungsgeschichte, wie sie – in einem einzigen Bild von unten nach oben angeordnet – in einzelnen Szenen zu verfolgen ist. Das Motiv bezieht sich auf einen Holzschnitt von Lukas Cranach d. J., wie er auch in einer Bibelausgabe von Nikolaus Wolrab zu finden ist (Leipzig 1581). Bis in die Zeit des Barock war es durchaus üblich, sich künstlerischer Vorbilder zu bedienen. So entstanden beispielsweise auch Wandmalereien mit Passionsszenen in Anlehnung an die bekannte »Kleine Holzschnittpassion« von Albrecht Dürer (1511). Es kam weniger auf die Originalität der Arbeiten an als auf eine den Gläubigen verständliche Bildersprache. Die Wandmalereien sollten ein Abbild der Welt sein, ein theologisches zwar, in dem aber auch profane Themen ihren Platz hatten. So bezogen sie alles ein, was der Mensch kannte – und er erkannte sich sogar selbst darin als Ebenbild Gottes wieder. Ähnlich wurde auch das große Wandbild des Weltgerichts gesehen und verstanden, jene Darstellung vom Ende der Welt, wie es die Apokalypse voraussagt und deren Visionen viele mittelalterliche Bilder in drastischer Weise veranschaulicht haben. Neben der Beschreibung des Geschehens informieren sie auch ganz allgemein über Zustände und Tendenzen aus der Zeit ihres Entstehens. Alle Wände des Mittelschiffs und der Seitenschiffe zeigen Szenen aus dem Leben Christi. Einzelfiguren an der Westwand der Kirche sind als »protestantische Heilige« bezeichnet. Jede Szene ist von Grisaillemalerei (Malerei in Grautönen) mit Pflanzenmotiven umrahmt.

Die Darstellung zeigt die Schöpfungsgeschichte und bezieht sich auf einen Holzschnitt von Lukas Cranach d.J., wie er in einer Bibelausgabe von N. Wohlrab zu finden ist.

Die Wandmalereien der Renaissance sind 1939 bis 1948 restauriert worden.

Eine vegetabile Grisaillemalerei rahmt alle dargestellten Szenen ein.

Die Wandmalereien setzen sich an der Westwand links und rechts der Orgel fort.

Epitaphien erinnern an die Geschichte des alten Ortes.

Wenn die umgebenden Bäume ihr Laub verloren haben, entdeckt man den letzten Bau der im ausgehenden Mittelalter erbauten und bald zerstörten Erichsburg.

Die Erichsburg bei Dassel gehörte zu den Schlössern des spätmittelalterlichen Fürstentums Calenberg-Göttingen. Sie entstand um 1530 anstelle der zerstörten Burg Hunnesrück, die der Hildesheimer Stiftsfehde zum Opfer gefallen war. Noch als Festung erbaut, wurde die Erichsburg um 1600 zur Residenz und für die Hofhaltung umgestaltet und unter Verwendung von Steinen der Ruine Hunnesrück ein »Neues Hohes Haus« errichtet. Der Dreißigjährige Krieg verschonte von der Schloßanlage gerade nur dieses neue Haus mit seinem mächtigen achteckigen Treppenturm.

Später wurde die restliche Erichsburg der Sitz von Gerichts- und Verwaltungsinstanzen. Ein im 19. Jahrhundert darin eingerichtetes Predigerseminar ist 1945 nach Hildesheim verlegt worden. Die gegen Ende des 19. Jahrhunderts im Stil der Zeit eingebaute Schloßkapelle, von außen über den Treppenturm zugängig, diente den Bewohnern der Umgebung noch bis ins vergangene Jahrzehnt als Gemeindekirche. Heute verwahrlost sie.

Obwohl die Burg schon vielfach umgebaut worden ist, blieb nur einer ihrer alten Ziergiebel erhalten. Die Portale weisen nur noch Reste dekorativer Bauplastik auf. Obwohl die Zwerchhäuser vom Dach abgetragen sind, ist

Die Parkseite der heutigen Erichsburg mit den Rundbogenfenstern der gegen Ende des 19. Jahrhunderts eingebauten Schloßkapelle.

Der Zugang zur Kapelle erfolgt über den Turmeingang an der Eingangsseite des Schlosses (unten).

Hohe Farbglasfenster hinter dem bescheidenen Altar schmücken den Kapellenraum (unten).

Die Gartenfront des um 1600 zuletzt entstandenen Bauflügels der Erichsburg.

Der Turm des um 1600 erbauten Neuen Hauses weist deutlich auf die erforderlichen Maßnahmen für eine Bauerhaltung hin.

Die Eingänge zur Erichsburg liegen auf der Seite des sechseckigen Treppenturms.

Eine Restaurierung und der Einbau elektrischer Anlagen sind nur begonnen worden.

Heute kann man die Kellerräume – auch das ganze Schloß – nicht mehr betreten.

Auch hier sind die Schäden im Mauerwerk und an den Decken nicht zu übersehen.

die Erichsburg noch immer eindrucksvoll. Sie ist ein interessantes Beispiel für den sich wandelnden Baustil der ausgehenden Weserrenaissance, der bereits frühbarocke Stilelemente zeigt. Vor einigen Jahren, als das Land Niedersachsen eines der vorgelegten Nutzungskonzepte billigte und den Besitz privater Initiative überließ, wurden umfangreiche Instandsetzungs- und Umbaumaßnahmen eingeleitet und – mit wachsender Erkenntnis der Kosten – nach einiger Zeit, auch wegen baulicher Schwierigkeiten, wieder eingestellt. Der Bau ist inzwischen in so desolatem Zustand, daß er nicht mehr betreten werden darf. Damit geht eines der seltenen Beispiele vorbarocker Architektur in diesem Gebiet verloren. Es ist ein Jammer.

Trotzdem lagern hier die zahlreichen Bauplastiken ...

die von der Schloßfassade entfernt worden sind – um sie zu erhalten?

Heute muß man sich fragen, ob die Plastiken eines Tages wiederzusehen sind – vielmehr, ob sie hier überhaupt gerettet und erhalten werden konnten.

Selbst die Veränderungen des Springbrunnens vor dem Schloßeingang begleiten den rasch fortschreitenden Verfall der Erichsburg.

Die ehemalige Zisterzienser-Klosterkirche wurde um 1150 als flachgedeckte Basilika erbaut. Mitte des 14. Jahrhunderts entstand der basikale Umgangschor. Gleichzeitig wurde das Querhaus erhöht und eingewölbt.

Schenkungen der Adelshäuser sicherten dem Kloster Amelungsborn jahrhundertelangen Wohlstand.

Darstellung eines Abtes an der Klostermauer

Amelungsborn war eines der ältesten deutschen Zisterzienserklöster. 1135 von Mönchen besiedelt, sicherten ihm Schenkungen über Jahrhunderte seinen Wohlstand. Die Reformation verursachte die Loslösung vom Ordensverband. Zwar blieben der Abt und die Konventualen in Amelungsborn und behielten ihre monastische Lebensform bei, aber sie unterstanden nun dem lutherischen Landesherrn als oberstem Bischof. Ihre neuen Aufgaben bezogen sich auf die Neuordung von Kirche und Bildungswesen durch den regierenden Herzog Julius von Braunschweig-Wolfenbüttel. Die 1586 in Amelungsborn gegründete Klosterschule wurde im 18. Jahrhundert nach Holzminden verlegt. Mit Einsetzung eines evangelischen Konvents setzte sich ab 1960 die Tradition des evangelischen Klosters fort (Siehe den Text »Klöster in der Region«).

Für die Ummauerung des Klostergeländes und die Begrenzung der Anlagen diente der Wesersandstein.

Ebenfalls mit Sandstein ist die Straße durch den Gutshof bis hin zur Klosterkirche gepflastert.

Der barocke Dachreiter über der Vierung zeigte die Weiternutzung des Klosters auch in seiner reformierten Zeit an.

Die Klosterkirche wurde um 1150 als flachgedeckte Basilika mit Querhaus und dreiapsidialem Chor errichtet. Der hohe gotische Umgangschor mit geradem Ostabschluß ist ein Erweiterungsbau von 1350, gleichzeitig wurde das Querhaus erhöht und eingewölbt. Der barocke Dachreiter über der Vierung zeigt die Weiternutzung der Klosterbauten nach der Reformation an.

Wie andere Kirchen wurde auch Amelungsborn an- und umgebaut, beschädigt und instand gesetzt, nach Zerstörungen wieder aufgebaut – zuletzt nach 1945. Heute sind das Kloster und die zur Domäne gewordene Gutsanlage in gutem Zustand.

Zwei der erhaltenen spätromanischen, reich verzierten Piscinen sind an die Ostwand des neuen Chors gerückt. Sie dienten als Ausgußbecken für liturgische Waschungen. Wunderbar gearbeitet ist der dreisitzige Levitenstuhl aus rotem Sandstein, der Platz für am feierlichen Hochamt beteiligte Kleriker. Er ist mit Baldachinen, Wimpergen und Fialen geschmückt und trägt eine Statue des Ordensgründers Bernhard von Clairvaux. Die Rückseite des Levitenstuhles zeigt sehr flache figürliche und ornamentale Reliefs. Über der großen, prachtvollen Rosette verkörpern ein bärtiger Kopf mit Judenhut und ein Frauenkopf mit Krone, Synagoge und Ecclesia, Judentum und Christentum.

Bereits von außen weisen die unterschiedlichen Baukörper der Kirche auf zwei Entstehungszeiten hin. Den Eintretenden fasziniert ihr Kontrast: das dreischiffige romanische Langhaus, flachgedeckt und mit Scheidarkaden im einfachen Stützenwechsel zeigt eine für dieses Gebiet typische Bauweise des 12. Jahrhunderts. Dagegen stellt der hohe, lichtdurchflutete basikale Umgangschor mit einem Kreuzrippengewölbe die nachfolgende gotische Baukunst vor. Mit achteckigen Säulen, floral und figürlich geschmückten Kämpferkapitellen, hohen Maßwerkfenstern, Glasmalerei und verbliebenen Kostbarkeiten der einst reichen Ausstattung steht der Chor der feierlichen Strenge des romanischen Baus gegenüber.

Aus dem 14. Jahrhundert stammt das Grabmal des Grafen von Everstein und seiner Gemahlin. Die lebensgroßen Skulpturen geben, wie es in dieser Zeit üblich war, ein idealisiertes Bild und nicht die individuellen Züge der Verstorbenen wieder. Sie wurden gisant dargestellt. Der Gisant war keine Darstellung des hingestreckten Toten, sondern der aufrecht stehenden Gestalt, die in dieser

Dem romanischen Schiff schließt sich der hohe frühgotische Chor an. Unten: Piscinen dienten als Ausgußbecken für liturgische Waschungen.

Der feierlichen Strenge des dunklen romanischen Kirchenschiffs stehen die hohen achteckigen Säulen des hellen gotischen Chors gegenüber.

Ihre Kämpferkapitelle tragen floralen oder ornamentalen Schmuck.

Das reichgeschmückte Taufbecken stammt aus der Zeit der Renaissance.

Der reich mit Schnitzereien geschmückte, dreisitzige Levitenstuhl aus rotem Sandstein war für die am Hochamt teilnehmenden Kleriker bestimmt.

Die Rückfront des dreisitzigen Levitenstuhls zeigt flache figürliche und ornamentale Reliefs.

Im Mittelfeld sind die jüdische und die christliche Kirche dargestellt: Synagoge und Ecclesia.

Haltung zur Ruhe gelegt wurde, mit offenen oder geschlossenen Augen, den Kopf auf das steinerne Kissen gelegt. Gesten und Standeszeichen gaben Auskunft über Rang und Herkunft: eine Bekrönung, wachende Tiere zu Füßen, das vom Ritter umfaßte Schwert, der wappengeschmückte Schild. Eine der charakteristischen Gesten des Gisant sind die gefalteten Hände. Wie der Griff zum Schwert drückten auch sie verhaltene Aktivität aus, die der Ruhe nicht entgegenstand, aber auch nicht an den Tod denken ließ. Ein derartiges Bild des friedvoll ruhenden Körpers prägte die Grabmäler hoher Persönlichkeiten bis ins ausgehende Mittelalter. (Siehe auch Fredelsloh und Wiebrechtshausen, Route 9)

Die weitläufige Umfassungsmauer der gesamten Klosteranlage wurde um 1300 errichtet. Eingefallene Mauerabschnitte und das zu Kriegsende 1945 beschädigte Torhaus wurden in den sechziger Jahren wieder aufgebaut.

Abb. links: Die Glasmalerei aus dem 14. Jahrhundert zeigt Propheten und Apostel in Medaillons.

Einsam liegt der alte Weserhof am Fluß. Er hat eine interessante Geschichte.

Der alte Weserhof ist wieder mit Leben erfüllt. Junge Familien, freiberuflich Tätige oder der Großstadt überdrüssig gewordene Menschen haben sich hier angesiedelt.

Das Anwesen und die Ländereien des Alten Weserhofs, in Urkunden als Billunger Besitz genannt, sollen im 10. Jahrhundert zur Ausstattung des Stifts Kemnade (siehe Route 7) gehört haben. Die Besitzung ging in immer neue Hände und Zuständigkeiten über. Im 16. Jahrhundert wurde sie, noch immer ein stattliches Anwesen, als Kammergut und im Zusammenhang mit der Einrichtung eines Amtshofs, später als Domäne erwähnt.

Man muß das Anwesen von allen Seiten her in Augenschein nehmen, über den Hof zum ehemaligen Brauhaus gehen – dort kann man zwischen Antiquitäten und Trödel kleine Schätze entdecken – und zwischen Pfauen, Gänsen und Pferden einen Weg zum Weserufer suchen, um den malerischen Ort und seine Einbettung in die Flußlandschaft wahrnehmen und bewundern zu können.

Es war und ist wohl noch immer viel zu tun, um die Anlage bewohnbar –

und schließlich auch wohnlich zu machen. Man sieht, daß es gelungen ist.

Man hat sich eingerichtet und nutzt den zur Verfügung stehenden Platz gut aus.

Die drei aus dem 16. Jahrhundert stammenden Hauptgebäude bilden einen rechten Winkel zum Hof. Ihre Fachwerkobergeschosse, teilweise mit Schnitzereien versehen und zur Hofseite hin überkragend, sind auf massive Bruchsteinsockel gebaut. Das längste, aus zwei Bauabschnitten bestehende Gebäude, ist einst das schon genannte Amtshaus gewesen. Ihm schließt sich, um Hausbreite in Richtung Fluß hinausgeschoben, das sogenannte Alte Schloß an, ein äußerst bescheidener Bau. In seiner Hofstube im Kellergeschoß ist beim Erntebier getanzt worden. Quer zu Amtshaus und Schloß steht das einstige Brauhaus, der stattlichste Bau der Anlage.

Der Alte Weserhof ist seit einigen Jahren wieder mit Leben erfüllt. Junge Familien, freiberuflich tätige, der Großstadt überdrüssig gewordene Menschen haben eine andere Lebensumgebung gesucht und diese in Forst gefunden. Verloren geglaubte Gemeinsamkeit machten sie zu einem Maßstab nachbarlichen Zusammenlebens. So fügt sich der weit zurückreichenden Geschichte des alten Ortes ein neues Kapitel an. Kein »Aussteigen« aus der Gesellschaft wird hier praktiziert, sondern ein Konzept erprobt, das der Besinnung auf wesentliche Lebensinhalte Raum gibt und kreative Kräfte anregt.

Die um 1600 begonnene Vierflügelanlage des Schlosses in Bevern zeigt an den Außen- wie Innenfronten die reichen Schmuckformen der Weserrenaissance.

Ornamentale, florale und figürlich gestaltete farbige Schmuckformen – umrahmen das Portal der Schloßanlage. Selbst der Bruchsteinsockel ist geschmückt (links unten).

Schloß Bevern, eine mit Ornamentik und Bauplastik reich ausgestattete Vierflügelanlage, gehört zu den Renaissanceschlössern im Weserraum. Erinnert auch die geschlossene Bauform mit dem einst umgebenden Wassergraben noch an Schutz und Verteidigung, so entsprachen Vielfalt und Feinheit der Ausführung bereits einem noch hohen Repräsentationsanspruch.

Statius von Münchhausen ließ das Schloß 1603 bis 1621 auf dem ehemaligen Burgsitz der Herren von Bevern erbauen. Bereits wenige Jahre später wurde es, finanzieller Nöte wegen, Herzog Friedrich Ulrich von Braunschweig übertragen. Schloß Bevern blieb zwar noch bis 1733 herrschaftlicher Wohnsitz, es wurde jedoch immer seltener aufgesucht und schließlich von der braunschweigischen Regierung übernommen.

Nach seiner vollständigen Räumung diente der Bau unterschiedlichen Nutzungen. Die Einrichtung einer Correctionsanstalt (Besserungsanstalt), später einer Erziehungsanstalt für Kinder, machten jeweils entsprechende bauliche Veränderung notwendig.

Im Jahr 1957 wurde das Schloß zum Verkauf ausgeschrieben. Der Flecken Bevern selbst erwarb es und übernahm

Die Neugestaltung des Innenhofs, der künftig auch als Bühne dienen wird, zeigt, daß sich auch moderne Formen – hier als Springbrunnen – in ein altes Umfeld einbeziehen lassen. Vielfältig gestaltet sind die Portalgiebel.

Man muß sich genügend Zeit nehmen, um die Vielfalt der Schmuckformen wahrzunehmen.

Alle Vielfalt ist geordnet und kontrastiert mit den schmuckfreien Flächen der Fassaden.

die Verantwortung für den historischen Bau – ein schwieriges und mutiges Unterfangen. 1964 begannen in Zusammenarbeit mit Ämtern der Denkmalpflege die dringendsten Renovierungsarbeiten. Gleichzeitig entstand die Planung der gesamten fachgerechten Instandsetzung und eines künftigen Nutzungskonzepts.

Mittlerweile sind die Pläne realisiert worden. Die Ansätze zur Rekonstruktion orginaler Zustände und begleitende Forschungsarbeit haben mitbewirkt, daß dem Schloß wieder der kunst- und kulturgeschichtliche Stellenwert eingeräumt werden konnte, der ihm zusteht. Die Neugestaltung des Innenhofs, der künftig als Bühne dienen kann, ist ein überzeugendes Beispiel dafür, wie sich auch moderne Formen auf bereits vorhandene beziehen lassen. Auch die Einrichtung des Schloßrestaurants zeigt ein harmonisches Neben- und Miteinander von alt und neu ohne die historisierende Anbiederung.

Wir lernten Schloß Bevern kennen, als die langwierige Instandsetzung noch nicht abgeschlossen war. Es ist ein besonderes Erlebnis, alte Häuser und Bauwerke gerade dann durchstreifen zu können, wenn ihre Sanierung ansteht und die Spuren zerstörerischer Nutzungen zu sehen sind. Leergeräumt, zeigen Flure und Treppenaufgänge, Wohn-

Die Unterseiten der Stufen im südöstlichen Treppenturm sind mit leicht erhabenen Mustern verziert, die sich deutlich von der farbigen Grundfläche absetzen.

Man muß die Hand auflegen und der weichen und doch sicheren Form nachspüren, die jede Unterseite der Stufen begleitet. Sandsteinquader bilden den Sockel des Treppenaufgangs .

Der Blick aus einem der Dachfenster hinunter in den Innenhof der Vierflügelanlage und hinüber auf einen der Treppentürme. Die Dächer sind mit Sandsteinplatten gedeckt.

Während der Restaurierungsarbeiten konnte man auch in das Turmdach hinaufsteigen.

Dort war eine vierhundert Jahre alte Holzkonstruktion zu bewundern.

und Wirtschaftsgebäude, Keller und Böden wieder etwas von ihrer originalen Beschaffenheit und lassen darüber nachdenken, wie der historische Bestand und Neues – auch neue Nutzungen – auf verträgliche Weise miteinander in Einklang zu bringen sind.

Inzwischen ist wieder Leben in das Schloß eingezogen. Zuerst konnte sich das Beverner Museum darin einrichten. Auch für öffentliche Veranstaltungen stehen Räume zur Verfügung. So ist nach und nach ein kulturelles Zentrum entstanden in dem Ausstellungen, Konzerte und andere Aufführungen stattfinden.

Vorder- und Rückfront des Haupthauses der Domäne Allersheim.

Rechts neben der Torausfahrt steht das sogenannte Schlößchen. Es ist 1621 als erstes Haupthaus der Domäne erbaut worden.

Die ehemalige Domäne Allersheim grenzt mit dem großen Wirtschaftshof, den umgebenden Gebäuden und einem kleinen Englischen Park an die Ortsdurchfahrt. Zu ihrer Geschichte sind nur bruchstückhafte Informationen bekannt, die ältesten beziehen sich auf eine Güterbestätigung des Klosters Amelungsborn von 1197. Danach ging Allersheim in anderen Besitz über.

Erst ein Vermerk aus dem 17. Jahrhundert gibt weitere Auskunft. Merian schreibt über den Hof Allersheim, *er sei mit kostbaren Vorwercks- und Scheuren-Gebäuden, von Sollinger Steinen aufgeführet.* Er erwähnt sogar stattliche, hochgewachsene Eichen, die den Hof umgeben haben. Die auf Anlage und Architektur bezogene Schilderung könnte man heute mit denselben Worten wiederholen, obwohl in der Zwischenzeit Umbauten erfolgt und neue Bauten ent-

Der Turm des »Schlößchens« mit dem Zugang zum Dachgeschoß ist etwas später gebaut worden.

Von hier aus unternahm Jérôme als König von Westfalen seine Jagdausflüge in den Solling.

Die Seitenwand des Schlößchens, der Zugang zum Garten und ein Blick in den Wirtschaftshof.

standen sind. Entscheidend verändert haben sich allerdings die Lebens- und Arbeitsweisen.

Immerhin bezeugt Merians Aufzeichnung, daß die Gutsanlage in dieser Anordnung schon bestanden hat. Eine andere Information läßt nochmals um einige Jahre weiter zurückblicken. 1621 wurde das Haus mit dem Treppenturm erbaut, das linkerhand der Toreinfahrt zum Gutshof steht. Es wird als Schlößchen bezeichnet und war zunächst das Haupthaus der neu entstehenden Domäne, die verdienstvollen Landsleuten in Pacht gegeben wurde. Das Fachwerkobergeschoß und die Aufstockung des Treppenturms mit der Welschen Haube, mit einem Zugang zum Dachgeschoß des Hauses, stammen aus etwas späterer Zeit. Der bescheidene Bau wurde einige Male zum Mittelpunkt der Ereignisse. So bewohnte Jérôme als König von Westfalen das »Schlößchen« während seiner Jagdausflüge im Solling. Eigens für Jérôme waren die Räume mit Stuckdecken und Mobiliar hergerichtet worden. In anderer Zeit diente das Schlößchen als Gerichtsgebäude.

Das spätere, weitaus größere Haupthaus der Domäne an der Stirnseite des weitläufigen Hofs trägt die Jahreszahl 1804. Wahrscheinlich bezeichnet sie die Erneuerung und Aufstockung eines alten Bruchsteingeschosses.

Alle Gebäude der Hofanlage sind mit Sandsteinplatten gedeckt und in bemerkenswert gutem Zustand. Der umwachsene Ententeich mit Nistkästen, eine Tränke mit Frischwasser und ausgewachsene Graugänse davor – wir erfahren, daß sie durchaus einen Hofhund ersetzen können. Es ist ein angenehmer und ruhiger Ort, und erst jenseits der Parkmauer ist die Hektik des Alltags wieder zu spüren. Seit den zwanziger Jahren ist Gut Allersheim nicht mehr Domäne, sondern Stiftungsgut des ehemaligen Herzogtums Braunschweig.

Auf der anderen Straßenseite, dem Gut Allersheim gegenüber, wurde 1854 »im Zuge des industriellen Fortschritts« die Allersheimer Brauerei gegründet. Sie hatte Erfolg, vergrößerte sich und bewahrte trotz erforderlicher Neubauten auch die imposanten, alten Fabrikgebäude.

Die alten Gebäude der Brauerei Allersheim

Das weithin sichtbare Holzmindener Speicherhaus ist zu einem Wahrzeichen des wirtschaftlichen Aufschwungs im Industriezeitalter geworden.

Der um 1200 planmäßig angelegte Ort einer alten Markt- und Zollstätte an der Weser ist im Dreißigjährigen Krieg fast völlig zerstört worden. Danach entwickelte sich Holzminden zunächst zu einer bescheidenen Ackerbürgerstadt.

Heute prägen Kontraste das Ortsbild von Holzminden, und man ist darum bemüht, die durchaus interessante Vielfalt zeitbedingter Veränderungen wieder in ein städtebauliches Gesamtkonzept einzubinden. Die Voraussetzung dafür war allerdings die Beruhigung des unerträglich gewordenen Durchgangsverkehrs. Mit einer Nordumgehung Holzmindens als Teil der überregionalen Straßenplanung scheinen nun endlich die Weichen dafür gestellt zu sein.

Fachwerkidyllen und Ackerbürgerhäuser, stattliche spätklassizistische Bauten, beispielhafte Siedlungsarchitektur des 20. Jahrhunderts und eine Orientierung an historischen Vorbildern für die ideale Gartenstadt sind Beispiele eines reichen Programms, in das sich auch industrielles Bauen und der Industriebau selbst eingefügt haben. In den Nachkriegsjahrzehnten hat auch in Holzminden manche falsch verstandene »Modernisierung« zu Fehlentscheidungen geführt, die sich erst nach und nach wieder korri-

Viele der Holzmindener Häuser zeigen noch etwas von den bäuerlichen Tätigkeiten ihrer Erbauer und Bewohner.

gieren lassen werden. Die mit denkmalpflegerischen Maßnahmen eingeleitete Sanierung und Wahrung des Baubestands weist aber auf ein gutes städtebauliches Konzept hin.

Der Johannismarkt nahe der Weser, der leider als Großparkplatz mit Autos verstellt ist, zeigt Häuser aus drei Erbauungszeiten.

Das stattlich-behäbige Eckhaus mit der großen Durchgangsdiele und einem angebauten Wirtschaftsgebäude wurde in der zweiten Hälfte des 18. Jahrhunderts errichtet. Die Giebelfront zum Johannisplatz hin ist mit Sollingplatten behängt, das Halbwalmdach mit Sandsteinplatten gedeckt. An der Traufseite zur Hinteren Straße zeigt sich der Fachwerkbau ohne Plattenbehang (oberes Foto).

Das sogenannte Tillyhaus wurde 1609 erbaut und hat sogar den 30-jährigen Krieg überstanden..

Sandsteinplatten der nahen Sandsteinbrüche bedecken, schützend und schmükkend, ganze Häuserfronten.

Vorige Seite links unten:
Das sogenannte Tillyhaus, ein Fachwerkbau von 1609, gehört zu den wenigen Holzmindener Häusern, die den Dreißigjährigen Krieg überstanden haben. Nach vielerlei Umbauten und in schlechtem Zustand wurde es vor wenigen Jahren von Grund auf saniert und für Wohnungen ausgebaut. Das hohe Kellergeschoß dient, wie auch die Sockel der umliegenden Gebäude, als Schutz vor Überschwemmungen der Weser.
Vorige Seite rechts unten:
Der zweigeschossige Bau von 1820 mit einem leicht vorspringenden Mittelrisalit zum Johannismarkt hin hat städtische Prägung. Die schöne Fenstergliederung der Fassade ist weniger Ausdruck des funktionalen Ablaufs im Haus als einer ästhetischen Entscheidung. (Die Sollingplatten des allseitigen Behangs sind teilweise durch Eternitplatten ersetzt.) Der eigentümliche rotbraune bis braunviolette Farbton des Rotsandsteins bestimmt durch Behang und Dachdeckung mit sogenannten Sollingplatten die Farbe ganzer Dörfer und Ortschaften.

Das Landschulheim am Solling ist als eine frühe deutsche Reformschule und durch seine Anlage und Bauten bemerkenswert. Als es von dem Pädagogen Hermann Lietz gegründet wurde, hatte er sich bereits als pädagogischer Re-

Das erste Haus der Heimschule dient für Besuche, Gespräche und Anmeldungen.

Die Gebäude des Landschulheims verbinden Merkmale des Jugendstils mit der bodenständigen Bauweise aus vorhandenen Baustoffen.

Der Turm aus rotbraunem Buntstandstein kontrastiert zu einer hell getünchten Hausfassade.

Aula, Musiksaal, Bühne für Aufführungen und ein Blick hinaus in die Landschaft …

es ist wie ein Stück heiler Welt.

former einen Namen gemacht. Die um 1900 entstandenen Heimschulen boten ein Bildungskonzept an, das den Unterricht mit körperlicher Arbeit, musischen Fächern und Sport verband. (Eine ähnliche Ausbildungsidee lag zwei Jahrzehnte später auch der Bauhauslehre zugrunde.) Doch was heute als selbstverständlich gilt, bedeutete um die Jahrhundertwende eine Provokation des herkömmlichen Schulwesens. Die neuen Erkenntnisse fanden nur ganz allmählich und in kleinen Schritten Eingang in die öffentlichen Schulen. Dieser pädagogischen Idee entsprach auch der Entwurf für die großzügige, in die Landschaft eingebettete Anlage des Schulheims. Auch die später errichteten Häuser sind trotz moderner Grundhaltung so integriert worden, daß der Gesamtcharakter gewahrt blieb. Verbindend wirkte dabei die Verwendung heimischer Baustoffe.

Für jede Begabung stehen Einrichtungen zur Verfügung, in denen gelehrt oder frei gearbeitet wird.

Die ersten Häuser des Landschulheimes – das »Unterhaus« und das »Oberhaus« wurden zwischen 1909 und 1912 von Stadtbaumeister Leopold Scherman entworfen und gebaut. Leopold Scherman war vor allem durch hervorragende Entwürfe für neue Siedlungsarchitektur bekannt geworden. Die Entwürfe für das Landschulheim verbanden zunächst Merkmale des Jugendstils mit bodenständiger Bauweise, die später auch die Moderne in Schermanns Ideal einbeziehen konnte.

Jahrzehnte später haben sich die Gebäude der Zeit entsprechend geändert – sie drücken dennoch die Zugehörigkeit zur Anlage aus.

Die ersten Häuser des Landschulheims wurden zwischen 1909 und 1912 von Leopold Schermann entworfen und gebaut.

Ältere und neuere Gebäude des Landschulheims atmen den gleichen Geist durch die Verwendung heimischer Materialien – Wesersandsteinplatten und Holz.

Sandsteinbehang mit Sollingplatten, mit Sandsteinplatten gedeckte Dächer und Sockel aus Bruchsandstein bestimmen die Farbigkeit der Mühlenberger Häuser.

Kapelle, Gemeideraum und Schule entstanden unter einem Dach.

Heute hat darauf sogar eine Sirene Platz gefunden.

Der jüngste und vielleicht auch der kleinste Ort in der Region ist 1783 entstanden, als die Herstellung von Medizingläsern und weißem Tafelglas aus der »weißen Hütte« in Schorborn an den Mühlenberg verlegt wurde. Teufelsküche hieß diese Stelle im Volksmund. Daß gerade im Solling viele Glashütten betrieben wurden, lag an der ausreichenden Zufuhr von Brennholz für die Glashäfen. Die Mühlenberger Glashütte brannte 1841 ab, die heimisch gewordene Gemeinde blieb aber bestehen. Sie baute eine eigene Kapelle und eine kleine Schule unter ein gemeinsames Dach. In der Kapelle wird heute noch Gottesdienst gehalten, und werktags dient das stubengroße »Schiff« als Versammlungsraum. Doch zum Schulbesuch müssen die Mühlenberger Kinder heute nach Holzminden fahren.

Im ehemaligen Schulhaus wohnt heute ein Lehrerehepaar, zur Schule fährt man hinunter nach Holzminden.

Der Eingang zur Kapelle, die auch heute noch zu Gottesdiensten einlädt. Der Dachreiter trägt die kleine Glocke.

Auf kleinstem Raum findet sich in der Mühlenberger Kapelle alles, um einen Gottesdienst zu gestalten.

Informationen über alle Veranstaltungen findet man an der Kapellentür.

Das winzige »Schiff« kann werktags als Gemeinderaum vielfältig genutzt werden.

Für den Gottesdienst werden die Flügeltüren zum Altarraum hin geöffnet.

Wesersandstein - Material mit Möglichkeiten

Jürgen Bunk

Wesersandstein in Übersee? »Wenn Du es nicht glaubst, dann fahr doch hin!«

Die Zeiten, zu denen Segelschiffe den Nordatlantik mit Menschen nach Westen und Waren nach Osten kreuzten, sind lange vorbei. Dass Pflastersteine den Weg von der Oberweser z.B. bis nach Bremen gefunden hatten, davon kann sich der aufmerksame Stadtbummler noch heute in so mancher Nebenstraße des Ostertors überzeugen. Historische Grabsteine aus Wesersandstein auf den Nordseeinseln Norderney und Amrum zeigen, dass sogar der Sprung bis auf die ostfriesischen Inseln gelungen ist. Aber Pflastersteine in den Straßen von New York und Sollingplatten im alten Schlachthof von Chicago, diese Behauptungen waren dann doch ganz schön starker Tobak.

Aber ein wenig Nachdenken rückte das Ganze schon wieder in den Bereich des Möglichen. War es nicht sinnvoll, für den Kielballast der Großsegler eine unverderbliche Handelsware als Fracht zu wählen? Wenn die mit den Auswanderern beladenen Kähne die Weser herabkamen, warum sollte deren Zuladung nicht aus Pflastersteinen und Platten bestanden haben? Menschen und den Steinballast an Bord nehmen, und schon konnte die Reise über den »großen Teich« beginnen.

Eindrucksvolle profane und klerikale Bauwerke zeugen von den jahrhundertelangen Bemühungen, das natürlich vorkommende Gestein in vielfältiger Form zu nutzen und handwerklich zu bearbeiten. Die vielen Kuhlen, vornehmlich an den Steilhängen der zahlreichen Geländeeinschnitte, zeugen vom intensiven Schaffen vieler Generationen von »Steinbrüchern«.

Wer heute einen Steinbruch besucht und dort die vielfach immer noch körperlich anstrengende Arbeit sieht, kann erahnen, welche immensen Anstrengungen ehedem notwendig waren, um die Steine für Bauten wie die Schlösser Corvey und Bevern, die Klöster Bursfelde, Herstelle, Amelungsborn oder für Befestigungsanlagen wie der Krukenburg und Trendelburg zu gewinnen und zu bearbeiten. Die beeindruckenden Objekte der Weserrenaissance sind Zeugen der Epochen baulicher Meisterleistungen.

Wenn man das Handwerk beherrscht, liefert ein Sandsteinabbau nahezu alles, was man zum Bauen braucht. Findet man eine offensichtlich geeignete Geländestelle für einen Steinbruch, wird der erste Schurf neben Hangschutt häufig auch Lößlehm einbringen, der lange ein begehrtes Baumaterial war. Waren erfahrene Männer am Werk, suchten sie im Gelände gezielt nach bestimmten Gesteinsvarietäten. Das Sandsteinvorkommen der Region kann bildlich mit einem Gebäude verglichen werden. Die ca. 220 Mio. Jahre alten Sandsteine der Trias sind im Raum Bad Karlshafen bis zur Basis der Solling-Folge aufgeschlossen. Im Bereich der Hannoverschen Klippen findet man von deren Basis bis zu den hochgelegenen Aussichtsplateaus die weiß-grauen Sandsteine der Trendelburg Schichten. Diese sehr festen, mittel- bis grobkörnigen Sandsteine sind wegen ihrer sehr guten Verwitterungsbeständigkeit besonders für eine Verwendung bei hoher Beanspruchung geeignet. Beim Hausbau sind dies z.B. die Fundamente. So wundert es nicht, dass vornehmlich im Keller- und Sockelbereich die weißgrauen Sandsteine der Trendelburg Schichten zu finden sind. Die Spaltbarkeit dieses Gesteins ist meist weniger gut, so dass daraus vorwiegend massive Werksteine gefertigt wurden. Starke Uferbefestigungen, wie die Verladestelle in Bad Karlshafen und die Schleusenmauern des historischen Hafenbeckens, wurden daher bevorzugt aus diesen harten Sandsteinen gebaut.

Mit dem Fundament war aber erst die Grundlage für ein Gebäude geschaffen. Je nach Zweck und statischen Erfordernissen waren nun die geeigneten Materialien für die folgenden Bauabschnitte zu wählen. Schwere Grundmauern wurden mit möglichst geringem Mörteleinsatz aufgemauert und das Zwischenmauerwerk wurde sorgfältig ausgezwickelt. Eine kombinierte Bauweise der folgenden Stockwerke aus Fachwerk mit ausgemauerten Gefachen verlangte Steine, die lagenweise versetzt und nötigenfalls an der Baustelle nachgearbeitet werden konnten. Diese Voraussetzungen bieten die wegen ihrer roten Farbe gut zu unterscheidenden Sandsteine der Karlshafen Schichten. Im Gelände findet man sie über den Trendelburg Schichten. Sie sind feinkörniger, spalten meist plattig bis dünnbankig und sind nicht ganz so hart wie die Trendelburger. Aus Ihnen ließen sich Steine in handliche Formate spalten und zurichten, die der Maurer gut aufsetzen konnte. Nach Wänden und Decken folgte die Dachkonstruktion mit der entsprechenden Eindeckung. Im bildlichen Vergleich wandert auch der Steinbrücher weiter nach oben und kommt in die oberen Plattenschichten der Karlshafen Schichten. Dort findet er die begehrten Sollingplatten. Mit viel Geschick und Erfahrung spaltet er etwa 1 bis 2 cm starke Platten auf, formatisiert und bekantet sie zu den überregional bekannten Dach- und Fassadenplatten.

Die Steinmetzen hatten in der Zwischenzeit aus vorgerichteten und bildsamen Rohblöcken die Blockstufen, Fensterbänke, Leibungen und Stürze für die Treppen, Fenster und Türen gefertigt. Nach der Dacheindeckung mit Solling-Platten mußten nun noch die Innen- und Außenbereiche gestaltet werden.

Die Kellerböden und Eingangsdielen belegte man meist mit bis zu 2,00 qm großen und entsprechend schweren Platten. Wege wurden mit Bordsteinen eingefaßt, in den Straßen handgeschlagenes Großpflaster gesetzt, und die Bürgersteige oft mit großen Rechteckplatten belegt, wie sie heute noch um das historische Hafenbecken in Bad Karlshafen zu finden sind. Diese knappe Beschreibung zeigt, dass der Wesersandstein ein breites Verwendungsspektrum bietet.

Bauen war und ist oft eine rein zweckdienliche Sache. Dass dies quasi nebenbei positive Effekte haben kann, erweist sich beim Wesersandstein als glücklicher Umstand. Wer ein altes mit Sandstein gebautes Gebäude betritt, wird im Sommer die angenehme Kühle empfinden und im Winter einen positiven Temperaturunterschied bemerken. Natürliche bauphysikalische Eigenschaften erreichen hier, was unsere moderne Bauweise vielfach nur durch hohen Einsatz an Energie und Technik schafft. Alte Sandsteinkeller dienten noch bis über die Mitte des 20. Jahrhunderts hinaus vielen Getränkehändlern im Frühjahr und Sommer als Lagerräume für Natureis, das zuvor während des Winters aus den zugefrorenen Gewässern geschnitten worden war. Bis Mitte des Jahres konnte es so für alle möglichen Kühlzwecke ausgeliefert werden. Doch wie heute niemand mehr auf den Gedanken käme, einen Eismann anzurufen, um Kühlkisten mit Natureis füllen zu lassen, so haben sich viele andere Dinge in den letzten Jahrzehnten grundlegend geändert.

Die Anfänge regulärer Steinbrüche liegen im Dunkeln. Damit ist der Fantasie reichlich Spielraum gelassen. Wie wird es wohl zugegangen sein, als vor etwa tausend Jahren mit den Arbeiten zur Errichtung des Klosters Helmarshausen und anschließend der Krukenburg begonnen wurde?

Der beste Helfer aller Steinbrücher war und ist noch heute die Schwerkraft, denn gelöste Rohblöcke lassen sich mit ihrer Hilfe aus der Wand schaffen. Also galt es, die morphologischen Gegebenheiten, meist in Form von Klippen, zum Anlegen von Steinbrüchen zu nutzen. Zudem bestehen Felsvorsprünge in der Regel aus gut verwitterungsbeständigem und damit hochwertigem Gestein. Dort wurden die Steine gebrochen und beispielsweise über Rutschen ins Tal befördert. Im frühen Mittelalter war das Schmiedehandwerk bereits hoch entwickelt. Man kann also davon ausgehen, dass Handwerkzeuge in ähnlicher Qualität und Vielfalt wie heute vorhanden waren. Auch Hebewerkzeuge zum Bewegen und Aufladen von Blöcken standen zur Verfügung, so dass die Manipulation der Blöcke zwar mühsam, aber grundsätzlich ohne weiteres möglich war.

An vielen Gebäuden aus jener Zeit fallen die großen Mauerflächen aus einfachen Bruchsteinen auf, die kaum nachgerichtet sind. Den Kontrast bilden aufwendig gearbeitete Werkstücke wie Portale, Säulen oder Baluster, die eindrucksvoll von der hochentwickelten Handwerkskunst der alten Steinmetzen zeugen. Hier sind besonders steinbildhauerische Verzierungen und Skulpturen aus schlecht bildsamen (harten) Sandsteinen hervorzuheben.

Steinmetze waren lange Zeit gleichzeitig auch Baumeister, die handwerkliche Fähigkeiten mit Kenntnissen über Statik und Architektur zu einer bedeutenden Gesamtleistung für ihren jeweiligen Bauherrn verknüpften. Die Leistung der Baumeister war aber, je nach Größe des Objekts, nur durch den Einsatz einer entsprechenden Zahl unterschiedlich qualifizierter Steinwerker möglich. Steinbrucharbeit war schon immer «Knochenarbeit». Daher teilten sich viele Werker die komplexen Aufgaben vom Lösen und Abtransportieren des Abraums, vom Brechen der Rohblöcke und Vorrichten der Quader bis hin zum Bearbeiten durch die Steinhauer und Steinmetzen. Dazwischen gab es viele Möglichkeiten der Spezialisierung, die sich unter anderem am vorgesehenen Verwendungszweck des Gesteins orientierten. So findet man zahlreiche Berufsbezeichnungen, die noch heute die damit verbundenen Tätigkeiten erkennen lassen: Steinkanter, Steinkipper, Steinklopfer, Steinlosbrecher, Steinloshauer, Steinplattenmacher, Steinpolierer, Steinrichter, Steinschläger, Steinschrotter, Steinsortierer, Steinspalter, Steinablader, Steinabrichter, Steinbehauer, Steinbohrer, Steinhauer, Pflastersteinvorschläger, Pflastersteinschläger und viele andere.

Alle diese Tätigkeiten waren mit hohem körperlichem Einsatz verbunden, und das Risiko von Unfällen und gesundheitlichen Langzeitschäden war zu allen Zeiten sehr hoch. Stets bemühte man sich, die harte Arbeit im Steinbruch etwas zu erleichtern. Lange waren die Mechanisierungsmöglichkeiten sehr begrenzt. Zuerst verbesserte man den Transport und baute Rutschen aus Holz, die es erlaubten, die Steine talwärts gleiten zu lassen.

Eine weitere Verbesserung waren später die Bremsbahnen, die, ähnlich wie die bekannten Straßenbahnen von San Francisco, mit dem Gewicht abwärts fahrender Wagen umgekehrt andere bergauf zogen.

Im Steinbruch wurde nahezu alles mit Muskelkraft erledigt. Kreuzhacke, Schaufel, Brechstange, Vorschlag- und Steinspalthammer, Feldbahnen mit Kipplohren waren die Hilfsmittel der Männer, die den Abraum wegschaffen mußten. War das verwertbare Gestein freigeräumt, wurde es abgebaut und je nach Verwendbarkeit sortiert. Die Steine wurden im Schweiße des Angesichts bei Wind und Wetter aus dem Verband gelöst. Damit besaß jeder Stein einen besonderen Wert. Nur die absolut unbrauchbaren landeten auf der »Kummerhalde«.

Die Weiterverarbeitung richtete sich nach den Verwendungsmöglichkeiten des abgebauten Gesteins, die ein sehr breites Spektrum von der Dachplatte bis zum steinbildhauerisch aufwendig gestalteten Hausportal umfassen konnten und alle Formen grober und feiner Handwerksarbeit erforderten.

Die stetig zunehmenden bautechnischen Anforderungen an den Sandstein und sozio-kulturelle Entwicklungen führten zwangsläufig zur Selektion. Steinbrüche, die zwar hochwertiges Material hergaben, aber keinen wirtschaftlichen Betrieb zuließen, wurden ebenso stillgelegt wie solche, deren Gestein den gestiegenen Qualitätsanforderungen nicht mehr entsprachen. Bevor industriell hergestellte Kunststeine und der Beton für die Bauwirtschaft zunehmend Bedeutung erlangten, wurde Wesersandstein auch zur Errichtung von Industriebauten genutzt. Davon zeugen u.a. die historischen Bahnhöfe in Höxter, Holzminden, Stadtoldendorf, die Brauerei Allersheim, die alte Autobahnbrücke an der A 2 bei Bad Eilsen, die Weserbrücke bei Wehrden oder der Eisenbahntunnel bei Wahmbeck.

Der enorme Bauschub nach dem 2. Weltkrieg hatte auch für die Wesersandsteinbrüche der Region einschneidende Folgen. Viele Betriebe waren nicht in der Lage, den stetig steigenden Bedarf an hochwertigen Steinen in immer kürzeren Lieferzeiten zu decken. Dann folgte in den 60er Jahren bei vielen Planern die Trendwende zum Beton in allen möglichen Anwendungsvarianten. Beton galt plötzlich als der Baustoff schlechthin, weshalb viele kleine Steinbrüche wegen des immer stärker werdenden Konkurrenzdrucks ihren Betrieb einstellen mussten. Daneben kam es zu einer schleichenden «Vergreisung» des Personals, weil immer weniger junge Menschen bereit waren, die körperlich harte Arbeit in den Brüchen auf sich zu nehmen.

Das eigene Auto ermöglichte die Fahrt zu den großen Industriestandorten, wo die Löhne oft niedriger, die Arbeitsplätze aber sauber und witterungsunabhängig waren. So fanden zwangsläufig bereits um 1965 die ersten Facharbeiter aus südeuropäischen Ländern den Weg in die Natursteinbetriebe der Region. Sie kamen vorwiegend aus Staaten, wie z.B. Portugal, mit einer eigenen Natursteinindustrie. Heute sind die ausländischen Mitarbeiter aus den hiesigen Natursteinbetrieben nicht mehr wegzudenken, und sie sichern vielerorts bereits in der zweiten Generation den Bestand der heimischen Natursteinwerke.

Neben dem wichtigen Faktor der menschlichen Arbeitskraft ist die Technisierung in Gewinnung und Weiterbearbeitung ein entscheidender Aspekt. Wettbewerbsdruck, steigende Lohn- und Lohnnebenkosten, Humanisierung der Arbeitswelt und technische Normen sind nur einige Stichworte, die hinter den Bemühungen der Natursteinbetriebe stehen, manuelle Arbeitsgänge durch den Einsatz von Technik zu ersetzen oder zu optimieren.

Erdbewegungsmaschinen und Transportmittel konnten aus anderen Industriezweigen übernommen werden. Schon relativ früh wurden Pferdefuhrwerke durch Feldbahnen und LKW ersetzt. Für Kreuzhacke, Schaufel und Loren kamen allmählich Bagger, Laderaupen und Radlader. Auch die Sprengtechnik unter Verwendung von Schwarzpulver und Plastiksprengstoffen fanden Einzug in die Sandsteingewinnung. Die Technisierung der Werksteinfertigung war dagegen schwieriger. Sondermaschinen zur Steinbearbeitung sind sehr teuer, und Bearbeitungsmaschinen für Granite oder Marmore können selten unverändert im Sandstein eingesetzt werden. Der Sondermaschinenbau hat sich, wie z.B. in Italien, immer dort entwickelt, wo Bedarf an derartigen Maschinen bestand. Die Natursteinbetriebe der Region hatten diesen Bedarf bei den hiesigen Maschinenbauern nicht geweckt, weshalb lange Zeit auf technisch niedrigem Niveau gefertigt wurde. Erste Fortschritte machten die Betriebe im Raum Holzminden, weil dort relativ weiche Sandsteine in großen Blockformaten gewonnen wurden. Die Vorteile einer maschinellen Fertigung lagen auf der Hand. Große Blöcke wurden aus den Steinbrüchen zwecks Weiterverarbeitung zu witterungsunabhängigen Werkplätzen transportiert. Die weichen Sandsteine ermöglichten auch zu Zeiten hoher Maschinen- und Werkzeugkosten eine wirtschaftliche Produktion. Waren es in der ersten Hälfte des letzten Jahrhunderts Sägegatter, mit denen die Blöcke in Tranchen geschnitten wurden, so folgten ihnen in der zweiten die Block- und Brückensägen mit diamantbestückten Trennscheiben, und an dessen Ende findet man die ersten großen Diamantseilsägen.

Nachdem lange Zeit die »Betonköpfe« unter den Planern den Naturstein fast gänzlich verbannt hatten, begann Mitte der 70er Jahre des letzen Jahrhunderts eine Trendwende. Zurück zur Natur war der Slogan, von dem die seinerzeit vielerorts dahinsiechende Natursteinindustrie bis heute profitiert. Die Stadt- und Dorfsanierungen mit der Besinnung auf bauhistorische Zusammenhänge unter Berücksichtigung der regionaltypischen Natursteine sind heute richtungsweisende Gesichtspunke planerischer Arbeit. Diese stellt wiederum an die Natursteinunternehmen Forderungen, die nur zu erfüllen sind, wenn sie über die entsprechenden Möglichkeiten beim Personal und den technischen Betriebsmitteln, d.h. moderne Steinbearbeitungsmaschinen, verfügen. Vergleicht man einen modernen Betrieb in Bezug auf Personalbestand und erbrachte Leistung mit einem Betrieb zu Beginn des letzten Jahrhunderts, so kommt Erstaunliches heraus. Der Winter war traditionell die Jahreszeit, in der die Natursteingewinnung und -verarbeitung ruhte. Wenn es die Witterung ermöglichte, wurde abgeräumt, d.h. die nicht verwertbaren Deckschichten über den hochwertigen Sandsteinbänken wurden abgetragen und aufgehaldet. Mit Hacke und

Schaufel wurde der Abraum gelöst und zum Abtransport in Schiebekarren und Loren geladen. Was 20 bis 30 Arbeiter an einem 12-Stunden-Arbeitstag leisteten, schafft ein moderner Hydraulikbagger im Zusammenspiel mit einem LKW heute in weit weniger als einer Arbeitsstunde.

Blöcke wurden mit Brecheisen und Winden aus der Wand gelöst. Oft mußten sie abgebohrt werden. Das bedeutete, Löcher manuell zu bohren, Treibkeile in die Bohrlöcher zu setzen und anschließend die Keile zu treiben, um die Blöcke abzuspalten. Löcher zu bohren war reine Handarbeit, denn der Steinbohrer mußte von einem Mann gehalten und gedreht werden, während der zweite Mann mit einem schweren Vorschlaghammer auf das Ende der Stange schlug. Eine zeit- und kräfteraubende Maloche. Waren ausreichend Löcher gedrillt, setzte man Treibkeilkombinationen aus Keilen und Federn ein. Die Keile wurden sorgsam eingeschlagen, sie zogen an und die Arbeiter verfolgten aufmerksam die sich langsam im Block abzeichnende Rißspur. Die Erfahrung sagte ihnen, wann vorsichtig nachgeschlagen werden konnte, um so kontinuierlich die Spannung im Block zu erhöhen, bis dieser schließlich mit einem markanten Knacken und Knirschen riß.

Heute ist dies eine Arbeit für große Bagger, die mit speziellen Eindringzähnen an den Felsschaufeln ausgerüstet sind und damit die Blöcke aus dem Verband lösen. Nur ausgesprochen große Bänke werden mit Pressluftgeräten abgebohrt, die im Bruchteil der Zeit einer manuellen Bohrung die Löcher einbringen. Abraum entfernen und Blöcke lösen ist heute eine Aufgabe, die ein oder zwei Arbeiter mit großen Erdbewegungs- und Transportgeräten erledigen. Ältere Arbeiter wissen noch, dass vor nicht allzu langer Zeit dafür das ganze Personal eines Steinbruchs tage- und wochenlang eingesetzt werden mußte.

Waren die Blöcke endlich gelöst und aus der Wand heruntergeschafft, mussten sie aus dem Steinbruch verbracht oder an Ort und Stelle endverarbeitet werden; ehedem eine mühevolle Arbeit. Schwere Radlader oder Gabelstapler nehmen heute Blöcke bis zu 15,00 Tonnen Gewicht auf und transportieren sie zu den entsprechenden Weiterverarbeitungsstellen. Kleinere Blöcke werden mit Radladern oder per Bagger vorsortiert und ebenfalls der Weiterverarbeitung zugeführt.

Die Bearbeitungsschritte sind materialgebunden traditionell, doch haben sich einzelne Phasen geändert oder sind weggefallen. Massive Blöcke zu unterschiedlich dimensionierten Werksteinen weiter zu bearbeiten, war früher mit entsprechend vielen Einzelarbeitgängen wie Spalten, Zurichten, Glätten und der gegebenenfalls gewünschten steinmetzmässigen Bearbeitung verbunden. Moderne Block- und Brückensägen übernehmen die Formatisierungsarbeiten und erledigen sie voll- oder teilautomatisch. Die Arbeitsgänge sind so exakt, daß die Maßabweichungen nur 1-2 Millimeter betragen. Oberflächenbearbeitungen wie Stocken, Scharrieren, Riffeln, Spitzen usw. werden heute unterstützt von Preßluftwerkzeugen oder vollautomatisch ausgeführt. Mit modernen EDV-gesteuerten Steinbearbeitungsmaschinen ist es möglich, auch komplizierte Werkstücke wie Baluster, Kugeln, Poller, Kapitelle usw. anzufertigen.

Während also die Gewinnung und Verarbeitung des heimischen Sandsteins über Jahrhunderte eine ausschließlich manuelle Tätigkeit war, die nur sehr begrenzt durch einfache technische Hilfsmittel unterstützt wurde, hat sich in weniger als einem Jahrhundert eine grundlegende Wandlung vollzogen. Wenn sich die industrielle Revolution in dieser Region auch erst mit erheblicher Verzögerung bemerkbar machte, hat sie dennoch bis heute zum Wegfall vieler alter Berufsbilder geführt. Die traditionelle Handarbeit ist und bleibt aber weiterhin dort unersetzlich, wo der Maschineneinsatz nicht möglich, nicht sinnvoll oder unwirtschaftlich ist. Die Berufsbilder der Steinbearbeiter werden sich auch zukünftig weiterentwickeln und damit verändern.

9. Route

Die neunte Route verläßt den Solling von Uslar aus in Richtung Osten. Schemenhaft beginnen sich die Vorberge des Harzes abzuzeichnen. Mit der Klosteranlage Wiebrechtshausen, nördlich von Northeim gelegen, ist der östlichste Punkt der Erkundungen im Dreiländereck erreicht. Von Fredelsloh aus suchen wir einen Weg zur ehemaligen Klosteranlage Wiebrechtshausen über abseits gelegene Dörfer und Landstraßen. Wir überqueren dabei zwei kleine Leinebrücken, schlängeln uns auf dem Weißen Budenweg durch ein ausgedehntes Kiesgebiet bis zur Bundesstraße 3 in Richtung Bad Gandersheim und biegen dann in Edelheim ab nach Wiebrechtshausen.

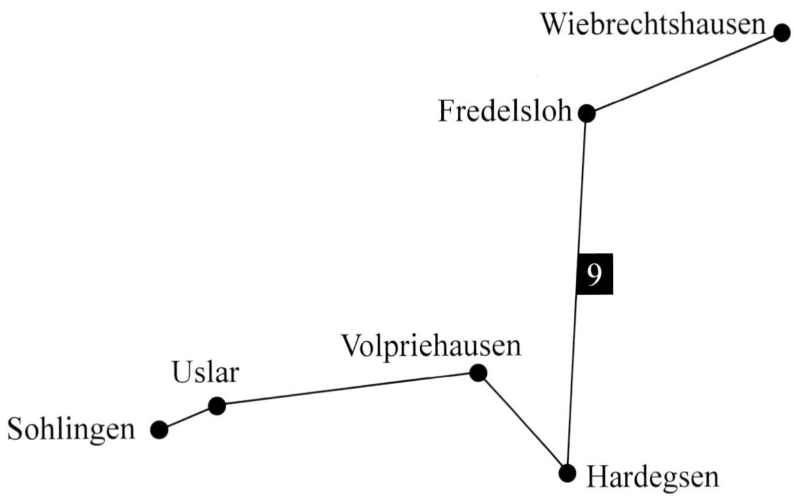

Gehörte diese bescheidene Anlage an der Hauptstraße in Sohlingen zu einer Werkstatt oder zu einem Bauernhof?

Im hohen Mittelalter stand hier in Sohlingen ein kaiserliches Jagdschloß, von dem nicht einmal ein Mauerrest übrig geblieben ist. Zog einstmals der Kaisertroß durchs Land, vielleicht in Regierungsgeschäften von Pfalz zu Pfalz, so könnte er durchaus auch in Sohlingen sein Lager aufgeschlagen, der Kaiser im Solling gejagt haben.

Zurück in die Gegenwart: Auch hier halten wir wieder

Der Treppenaufgang zur Haustür und Säulen, die den Balkon tragen, sind eine Besonderheit in der dörflichen Umgebung.

Die Nutzungen solcher Häuser haben sich geändert, der fortschreitende Ruin durch die Lage an der heutigen Ortsdurchfahrt ist nicht mehr aufzuhalten.

Ein Blick auf die Seiten- und Rückfront der Anlage

Ausschau nach Häusern, deren Bauweise Besonderheiten aufweist, also nicht dem gängigen Muster entspricht. Die Abbildungen zeigen zwei Beispiele aus Sohlingen und Uslar. Völlig unterschiedlich in Art und Zweck, gleichen sie sich doch im Wunsch, dem bescheidenen Bau eine unverwechselbare Note zu geben. Die Zutat, ein wenig an die Gestaltung von Herrenhäusern oder an ferne Vorbilder erinnernd, besteht in Sohlingen aus zwei, in Uslar aus vier Säulen. Hier tragen sie einen Balkon, betonen den Wohnbereich und heben ihn vom sonst ländlichen Gebäudekomplex ab, in Uslar bilden sie mit dem Giebeldreieck eine Art Portikus für das kleine Haus.

Das äußerst bescheidene Sohlinger »Herrenhaus« ist vermutlich um 1900 entstanden; am Treppenaufgang repräsentieren zwei Säulen, die einen Balkon tragen.

Auch hier ist nichts von der ehemaligen Nutzung des Hauses zu erkennen. Doch gleich dahinter liegen Gärten und beginnen die umgebenden Felder.

Markttag in Uslar. Geradeaus, am Ende des Marktes und im Bild unten sieht man das Rathaus, das 1476 erbaut und im 17. Jahrhundert erweitert wurde.

Am Hotel Menzhausen begegnen Historie und Moderne einander.

Reizvoll ist das Zusammentreffen von Hausfronten verschiedener Entstehungszeiten. Die Abbildung unten zeigt den kleinen Hof des Hotels.

Zum Hotel gehören alte und neue Gebäude, verbunden durch eine Brücke über die Straße.

So gelangen die Gäste ungefährdet aus dem Restaurant in ihre Hotelzimmer.

Erste Erwähnungen des Orts beziehen sich auf eine Schenkung an das Kloster Corvey um 1106 und den schon erwähnten kaiserlichen Jagdsitz in Sohlingen. Im 15. und 16. Jahrhundert residierten, zumindest zeitweilig, Herzöge von Braunschweig-Göttingen in der Stadt. Einer von ihnen ließ ab 1559 das Schloß Freudenthal erbauen, eine große Vierflügelanlage im Stil der Weserrenaissance. Bauherr war jener Herzog Erich II., zu dessen Geburt die gerade neu entstandene Erichsburg (siehe Route 8.6) ihren Namen erhalten hatte. Bereits 1612 wurde Schloß Freudenthal durch einen Brand bis auf das heute noch sichtbare Sockelgeschoß zerstört.

Es gab viele Brände in den eng bebauten mittelalterlichen Städten. Das Uslarer Rathaus – in wesentlichen Teilen ein Bau von 1476 – und etliche Bürgerhäuser im Ort überstanden sogar die Zeit des Dreißigjährigen Kriegs. Schwere Schäden verursachte erst ein Brand im frühen 19. Jahrhundert, dem ein Drittel der Stadt zum Opfer fiel. Der in Uslar geborene hannoversche Hofbaudirektor Laves sorgte sich um den Wiederaufbau. Er lieferte auch die Erneuerungspläne für die spätgotische Johanniskirche, deren Umbau gegen Mitte des 19. Jahrhunderts erfolgte.

Moderne Architektur ist in das alte Städtchen eingezogen, und sie steht nicht irgendwo am Stadtrand.

Die Abbildungen zeigen nicht nur das reizvolle Fachwerkstädtchen, sondern auch Beispiele einer vom Handwerk geprägten Vergangenheit, wie sie sich mit in Wohnbereiche integrierten Werkstatthäusern noch nachvollziehen läßt. Sie dienten, direkt oder als Zulieferbetriebe, vor allem der Holzverarbeitung, die dann mit der einsetzenden Industrialisierung nach und nach in fabrikative Fertigung überging.

Die Uslarer Möbelfabrik Ilse machte sich in den fünfziger Jahren weit über die Landesgrenzen hinaus einen Namen mit der Herstellung von Kleinmöbeln, wie sie zu dieser Zeit begehrt waren. Durch Auftragsrückgang oder Rationalisierung der Betriebe gingen in den folgenden Jahrzehnten viele Uslarer Arbeitsplätze verloren – und neue Arbeitsmöglichkeiten waren oftmals nur außerhalb und durch lange Anfahrten zu erreichen. Die längst fällig gewordenen Instandsetzungen von Häusern und Straßen, das Herrichten und Nutzen der alten Stadt auch für den Fremdenverkehr kosteten zwar Opfer, führten aber schließlich zum Erfolg. Die Krönung der Initiativen war schließlich die Wiedereinführung der einstigen Markttage. Nun füllt sich jeden Freitagvormittag das Stadtzentrum mit Einheimischen und Gästen. Die auf das alte Rathaus zuführende Lange Straße wird dann zum Markt, dem ein vernünftiges Konzept zugrunde liegt – ein ausgewogenes, qualitätvolles Warenangebot macht seinen besonderen Erfolg aus. Gute und preiswerte, vorwiegend einheimische Produkte statt reißerisch aufgemachter Mas-

Die Uslarer Werkstatthäuser erinnern noch an die Zeit vielfacher handwerklicher Tätigkeiten.

senware und Ramsch laden zum Wiederkommen ein. Wer kann schon selbst hergestellten Marmeladen widerstehen, guten Kartoffeln, köstlichen Brot- und Käsesorten, wie man sie sonst an entfernteren Plätzen einkauft. Der wachsende Zulauf wirkte sich auch belebend auf die Läden und die Gastronomie aus. Im Sommer werden nun Tische und Stühle vor die Häuser gerückt, Sonnenschirme aufgestellt und leckere Kleinigkeiten angeboten. Sogar das distinguierte Restaurant des Hotels Menzhausen macht mit und bewirtet auf der Straße mit einer vorzüglichen Suppe.

Wohn- und Arbeitsbereich waren noch miteinander verbunden –

Vielen Werkstatthäusern kann man die einstige Nutzung noch ansehen.

Der Strukturwandel zwingt viele Orte zu neuen Konzepten. In Uslar hat man die Kenntnis der eigenen Vergangenheit kreativ in die Praxis der Gegenwart umgesetzt.

die Werkstätten dienten vorwiegend der Holzverarbeitung.

Ein Portikus verleiht diesem bescheidenen Haus einen großartigen Auftritt.

Wie schon in Sohlingen beschrieben, sind auch hier in Uslar einem bescheidenen und besonders kleinen Haus Säulen und Erker vor den Eingang gesetzt worden. Leider sind die neuen Fenster ungeteilt, also »modern« – aber wo findet man Sehenswertes noch im wünschenswerten Zustand?

Auch in der waldreichen Gegend um Uslar gab es eine der einheimischen Werkstätten zur Herstellung von Produkten aus Gußeisen (siehe auch Route 11.1 Veckerhagen). An und in einer um 1900 entstandenen Villa (siehe alle Abbildungen dieser Seite) sind derartige Beispiele noch zu sehen. Sie sind inzwischen eine zeitgeschichtliche Dokumentation und man freut sich über ihren guten Zustand.

Erst durch den Glockenturm erkennt man den streng gegliederten Fachwerkbau in der Ortsmitte als Kirche. Sein klassizistischer Innenraum lohnt einen Besuch.

Der um 1840 entstandene rechteckige Fachwerkbau der Volpriehausener Kirche steht – etwas erhöht – in der Ortsmitte. Die Kirche überrascht mit einer klassizistischen Ausgestaltung des großzügig bemessenen Innenraums. Weiß und hellgrau sind die Raumfarben, goldene Betonungen geben die festliche Note. Das kühle Grün des Kastengestühls fügt sich kontrastierend ein. Überhaupt verbinden sich Formen und Farben auf interessante Weise miteinander und tragen zur Besonderheit des Kirchenraums bei. In ihrer verhaltenen Eleganz zeigen sich klassizistische Elemente neben biedermeierlichem Mobiliar der Emporen und Stühlen aus dem 19. Jahrhundert, mit denen sich links und rechts der kleinen Orgel Logenplätze einrichten lassen. Der Kollekte dienen typische Kleinmöbel und Gegenstände der Biedermeierzeit. Hereinfallendes Sonnenlicht läßt die Schatten der Fensterformen über das Gestühl fallen und macht den Raum licht und heiter.

Freilich hat diese harmonische Ausgestaltung in jüngster Zeit einen unbegreiflichen Verlust erlitten. Der gut auf die Raumwirkung abgestimmte Orgelprospekt aus der Erbauungszeit mußte einer neuen Orgel weichen, deren neubarocken Schmuckformen sich äußerst fremd in diesem Raum ausnehmen. Wir bedauern diese Veränderung und sehen sie als einen mißlungenen Eingriff in die

Die Kanzel steht in der Mitte der Ostwand hoch über dem Altar und dem Orgelprospekt gegenüber. Alles im Kirchenraum stand im Einklang mit der Erbauungszeit.

bescheidene, aber gut gelungene Raumkomposition.

Ende des 19. Jahrhunderts erlebte das Dorf Volpriehausen mit dem Einzug des Kalibergbaus einschneidende Veränderungen, die zu einer relativ frühen Technisierung führten. Zwei Schächte gaben über einige Jahrzehnte achthundert Menschen Arbeitsplätze. Heute zeugt noch ein kleines Museum im Ort vom Kalibergbau.

Auch die Gestaltung der Aufgänge zur Empore gehört zur Raumkomposition …

wie auch die weitläufigen Emporen. Nichts ist dem Zufall überlassen, jedes Baudetail ist gestaltet.

Reizvoll wirken die frei hineingestellten Stühle des 19. Jahrhunderts, die nach Bedarf Verwendung finden …

und die den Kontrast zur strengen klassizistischen Gestaltung zum Ausdruck bringen.

Logenplätzen gleich stehen Stühle an der Emporenbrüstung, und bescheidene …

Bankreihen füllen die Emporen, den Platz bis zu den Fenstern nutzend. Ein Biedermeierschemel dient der Kollekte (Abbildungen unten).

Ist es zu glauben, daß man die klassizistische Orgel der Erbauungszeit durch einen historisierenden barocken Prospekt ersetzt hat?

Mit ihrem Einbau wurde der sorgsam gestaltete Kirchenraum der Erbauungszeit zerstört.

Auf der Höhe des Ortes Hardegsen sieht man die Reste der mittelalterlichen Stadtbefestigung und der einstigen Burgmannshöfe liegen.

Nur der Palas mit dem Mus- oder Muthaus ist von der Burganlage erhalten geblieben.

Der Palas ist 1324 errichtet worden und diente als Wohnturm und Vorratshaus.

Die Burganlage des 14. Jahrhunderts ist zerstört und verfallen. Nur der Wohnturm mit dem Vorratshaus – Palas und Muthaus – ist erhalten geblieben. Der mächtige Bau aus rotem Sandstein liegt an der höchsten Stelle des ansteigenden Ortes Hardegsen und ist weit ins Land hinein zu sehen. Ihn umgeben die einstigen Burgmannshöfe, die auf Grundmauern von Gebäuden aus dem 12. und 13. Jahrhundert erbaut worden sind. Auch die Reste einer mittelalterlichen Stadtbefestigung sind noch zu finden und ehemalige Wirtschaftsgebäude einer Domäne aus dem 18. Jahrhundert.

Die jahrhunderte alten Gemäuer bildeten und bilden noch immer den oberen Abschluß der kleinen Stadt. Deren giebelständige Fachwerkhäuser sind nach dem großen Stadtbrand von 1678 neu erbaut oder erneuert worden. Die

Der Palas gehört heute zum Fremdenverkehrszentrum Hardegsens, hier der hochliegende Westeingang.

Ein mittelalterlicher Rittersaal reicht über zwei Geschossse des Haupthauses der Burg.

Straßen führen vom Burgberg aus hinunter in den Ort – und ringsum liegt wieder die schöne und abwechslungsreiche Mittelgebirgslandschft des Dreiländerecks.

Die um 1132 gegründete Stiftskirche für Augustinerchorherren in Fredelsloh ist bereits 1144 zum Doppelkloster erweitert worden. Um 1675 wurde sie evangelische Pfarrkirche mit dem Namen St. Blasii.

Wie nähern uns dem mächtigen, erhaben wirkenden Bauwerk aus Rotsandstein in der Mitte der Ortschaft.

Zur zurückhaltenden Bauornamentik der Kirche gehören die Rundbogenfriese an Chor- und Querhaustraufen.

Nach außen macht der trutzige, weithin dominierende Bau in Fredelsloh noch nachvollziehbar, daß die ehemalige Klosteranlage auch einem territorialen Anspruch Ausdruck verleihen sollte. Die Bezeichnung Gottesburg ist für keinen anderen Kirchenbau in der Region in gleichem Maße anwendbar. 1137 als Stift für Augustinerchorherren gegründet, wurde es schon wenige Jahre später zum Doppelkloster erweitert. Südlich der Kirche, wo üblicherweise die Konventsgebäude errichtet waren, lag der Mönchskonvent, im Westen das Konventsgebäude der Nonnen. Über die Spindeltreppe zwischen den Westtürmen, die noch in dem apsisartigen Anbau vorhanden ist, gelangten die Nonnen zur Nonnenempore, die sich mit Arkaden zum Schiff hin öffnete. Ab 1239 war Fredelsloh nur noch Frauenkloster. Die Spindeltreppe zur Nonnenempore zeigt zwischen dem eigentlichen Lauf und der Unterseite der Stu-

Die ehemalige Klosterkirche Fredelsloh ist ein großartiges Beispiel romanischer Baukunst. Erst im Innern sieht man, welche baulichen Opfer es gekostet hat, sie in dieser Form zu erhalten.

Wenige Jahre nach der Gründung entstand der Treppenaufgang zwischen den Westtürmen. Er führte auf die östliche Empore, die sich mit Arkaden zum Schiff öffnete.

Dicht vor der Westfassade der Kirche steht das 1749 erbaute ehemalige Klosteramtshaus.

fen ungewöhnlich viel Raum – ist er ein Versteck der Kirchenschätze in Kriegszeiten gewesen? Oder war die Treppe zweiläufig geplant, und nur ein Lauf wurde begehbar gemacht? Die kreuzförmige, flachgedeckte Basilika mit einem Westriegel und drei Apsiden wurde aus großen Rotsandsteinquadern erbaut. Rundbogenfriese mit Masken umlaufen in Traufhöhe den Chor und das Querhaus. Eine sparsame Bauornamentik zeigt auch das Nordportal mit dem umlaufenden Sockel und Maskenkonsolen.

Wer die Kirche zum ersten Mal betritt, ist enttäuscht darüber, daß sich nicht mehr der gesamte Raum erschließt. Ein verheerender Brand hatte bereits 1290 Teile der Kirche zerstört. Ihr Wiederaufbau, der durch Ablässe finanziert wurde, ist nicht sorgfältig erfolgt. Um nach weiteren Bränden den Bau vor dem Einsturz zu bewahren, wurde das Langhaus durch Vermauerungen zwar gerettet, jedoch auch verstümmelt. So sind noch heute die Seitenschiffe zugemauert. Der westliche Teil der Kirche mit der Nonnenempore ist abgetrennt und profaniert worden. Es fällt schwer, sich damit abzufinden und auf die Gesamtwirkung des Bauwerks verzichten zu müssen.

Aufwendige Restaurierungen im 19. und 20. Jahrhundert

Um den Bau vor seinem Einsturz zu bewahren, wurden die Seitenschiffe des Langhauses vermauert; der westliche Teil der Kirche mit der Nonnenempore wurde abgetrennt und ebenfalls vermauert.

Die 1970 freigelegten Pfeilerdienste und Säulchenvorlagen geben Auskunft darüber, …

daß die Kirche in gotischer Zeit eingewölbt werden sollte.

Doch das aufwendige Bauvorhaben wurde wieder eingestellt – weshalb?

An den Chorwänden findet man Kalksteinreliefs der zwölf Apostel.

In dieser Fredelsloher Töpferei kann man beim Bestücken des Brennofens zusehen, keramische Erzeugnisse ansehen und kaufen und gemütlich vespern.

rekonstruierten auch schadhafte oder fehlende Bauteile und ermöglichten zumindest andeutungsweise die Vorstellung des originalen großartigen Innenraums. Auch in dieser Beschränkung, der man sich nur ungern beugt, ist seine Wirkung noch beeindruckend. Um so ärmlicher wirkt vieles, was unsere Zeit einzubringen wußte. Überdimensionale Lautsprecherboxen an der begrenzenden Westwand drängen sich auf, ein zur Festzeit gebasteltes Buntpapiermosaik hat einen festen Platz eingenommen.

Im 17. Jahrhundert, nach der Reformation und der Auflösung des Konvents, wurde die Klosterkirche zur Pfarrkirche. Wir fragen uns, ob und wie der profanierte westliche Teil der Kirche heute genutzt wird, oder wie er in ein zusammenhängendes Nutzungskonzept einzubeziehen wäre, um den Bau trotz seiner Teilung wieder im ganzen erlebbar zu machen. Oder bleiben die Bus-Touristen und die daran verdienenden Einwohner von derartigen Bauschätzen unberührt? In den letzten Jahren ist die handwerkliche Vergangenheit des Ortes neu belebt worden. Unsere Besuche endeten jedesmal bei Kaffee und selbstgebackenem Kuchen in der örtlichen Töpferei. Wer Glück hat, kann sogar die Bestückung des großen Brennofens miterleben.

Vom Geist romanischer Baukunst

Hans-Jürgen Kutzner

Sie haben sich Zeit genommen, mit mir eine typische romanische Basilika unserer Gegend zu besichtigen? Darüber freue ich mich, denn die romanische Baukunst ist mit einer ganzen Reihe von bemerkenswerten Beispielen in dieser Region vertreten. Sie werden staunen, wie viele es noch gibt und wie groß die Bandbreite des Formenkanons ist.

Nun gibt es Leute, die meinen, im Vergleich zur rheinischen oder gar zur französischen Romanik habe unser Raum nichts so Spektakuläres zu bieten. Das mag stimmen. Hier ist in der Tat alles ein wenig einfacher, bodenständiger, erdiger geraten. Freilich sucht der Betrachter den Reichtum bauplastischer Zier, wie er aus den genannten Gebieten geläufig ist, bei uns meist vergebens. Es verlohnt jedoch, sich auf das Vokabular dieser Bauten einzulassen. Es lesen, deuten und schließlich verstehen zu lernen. Ja, es handelt sich tatsächlich um eine eigene Sprache. Sie erschließt sich erst demjenigen, der bereit ist, sie sich anzueignen.

Romanik: Wenn überhaupt, dann wissen die meisten Zeitgenossen von dieser Baukunst bestenfalls, daß sie irgendetwas mit runden Bögen zu tun hat. Damit ist immerhin ein architektonisches Merkmal getroffen. Ich will versuchen, mit Ihnen gemeinsam noch mehr Details zusammenzutragen. Erschöpfend kann und will dieses Unternehmen nicht sein. Wenn es mir gelingt, Sie auf mehr und anderes neugierig zu machen, dann wäre ich vollauf zufrieden. Denn die Freude des Selbst-Entdeckens ist durch nichts zu ersetzen. Wer erst einmal begonnen hat, in einer bestimmten Weise zu schauen, nach Anhaltspunkten zu spähen, der befindet sich auf dem rechten Pfad.

Einige Klärungen vorab. Wir haben es für die hier interessierende Epoche – grob umrissen also für den Zeitraum etwa zwischen den Jahren 1000 und 1200 – so gut wie ausschließlich mit Sakralbauten zu tun. Nicht, daß es neben diesen nicht auch andere steinerne Bauwerke gegeben hätte. Im Bereich des Burgen- und Pfalzenbaus ist einiges erhalten geblieben. Andere nichtsakrale Bauten freilich haben aufgrund ihres leicht verderblichen Materials die Zeiten nicht überdauert. Was im besonderen wirklich zählt, sind die »ad maiorem gloriam Dei« errichteten Bauwerke. Denn in der Epoche des hohen Mittelalters sind - wie kaum in einer zweiten – nahezu alle Lebensbereiche vom Evangelium durchdrungen gewesen. Weiteste Bevölkerungskreise waren von dem Gedanken beseelt, ein Leben »in Nachfolge« zu führen. So kann es nicht Wunder nehmen, daß auf dem Gebiet der Baukunst der Kirchenbau eine herausragende Position einnimmt.

Wie gesagt, diese Zeit war eine Zeit der Kirche, mit allem, was eine solche Aussage an Erfreulichem wie Fragwürdigem implizieren mag. An diesem Gedanken kommen wir nicht vorbei, darauf gilt es sich einzulassen. Gerade in der Vollständigkeit und Bedingungslosigkeit, mit der sich jene Jahrhunderte auf Gott als den Grund ihrer Existenz bezogen sahen, kann eine fruchtbare Herausforderung an unsere Zeit liegen.

Betrachten wir als erstes den Grundriß! Die Regel – es gibt auch Ausnahmen - ist für die altsächsische Romanik die Form eines lateinischen Kreuzes. Ein Bauwerk, errichtet über der Form eines Kreuzes und mit der Bezeichnung »Basilika« – liegt nicht schon in dieser Andeutung ein Hinweis auf das »totaliter aliter« des Königs (Basileux), um dessentwillen und zu dessen Ehre unsere Altvorderen die Mühen des Bauens auf sich nahmen? Im Unterschied zur römischen Basilika der Spätantike, die ungegliedert mit langen Säulenreihen die Horizontale betonte, entwickelte das Mittelalter Schritt für Schritt die gebundene Form, d. h. alle Kompartimente des Grundrisses wurden als aufeinander bezogen verstanden. Das Grundmodul lieferte dabei jener Raumteil, den die Kunstwissenschaft »Vierung« nennt und der von den Alten als »Chorus« (er hat seinen Vorläufer in den »Cancelli« der spätantiken Basiliken, die den Raum für die Sänger, die Schola, umgrenzte) bezeichnet wurde: der Raum, in welchem Längs- und Querarm des Grundrißkreuzes einander schneiden. Möglich wurde ein solcher Raum durch die Hinzufügung und endliche Integration des Querhauses in den longitudinalen Baukörper der Basilika, ein Prozeß, der erst im von uns bedachten Zeitabschnitt seinen Abschluß fand. Im Äußeren des basilikalen Baukörpers wächst die Vierung häufig gewissermaßen aus dem Innenraum hinaus und bildet in Gestalt des Vierungsturms eine Art Baldachin über dem Ort der Anbetung.

Vom Chorus, also dem Vierungsquadrat aus gliedert man den Raumkörper des Langhauses. Nach Westen zu setzt sich in der vollendeten gebundenen Form das Mittelschiff in – meist drei – quadratischen Kompartimenten fort, die durch Einwölbung, Hervorhebung ihrer Eckstützen usw. dem Chorus nachgebildet sind. »Joche« nennt man diese Kompartimente. Im Osten schließt sich ein weiteres Joch an zur Aufnahme des Altars, das »Sanctuarium«. Es findet seinen Abschluß in der Apsis, einem halbrunden Annexbau, dessen Grundrißform auf die Spätantike zurückgeht. Die Ostpartie finden wir vielfach bereichert durch analoge Durchbildung der Querhaus-Ostwände. Auch hier wurden – entsprechend kleinere – Apsiden angefügt. Die Hirsauer Reformbewegung gab als Variante den Staffelchor hinzu, eine Verlängerung der Seitenschiffe über die Querhausarme hinaus. So wurde die Einrichtung mehrerer Altarstellen möglich, der priesterlichen »Arbeitsplätze«. Die Apsiden rücken in diesem Fall fast auf eine gemeinsame Fluchtlinie. Eine weitere Variante des Ostabschlusses stellt die zisterziensische Lösung dar, die auf den apsidialen Chorschluß zugunsten einer geraden Ostmauer verzichtet.

Dem Mittelschiff zugeordnet sind die Seitenschiffe, auch sie zumeist im harmonischen Maßverhältnis auf die Größenordnungen des Mittelschiffs bezogen. Ihre Höhe und Breite machen oftmals etwa die Hälfte der entsprechenden Abmessungen des Mittelschiffs aus. Mit ein wenig Phantasie lassen sich die Seitenschiffe als die »Bürgersteige« der Prozessionsstraße verstehen, die das Mittelschiff darstellt. Der Obergaden, die obere Fensterzone, um welche das Mittelschiff die Dachlinie der Seitenschiffe überragt, bildet die Hauptlichtquelle der Basilika.

Im Westen finden wir den Eingangsbereich: mächtige Türme, Querriegel oder – im vorromanischen Formenkanon des karolingischen Zeitalters – noch das über quadratischem Grundriß errichtete Westwerk. Sie alle erfüllen neben ihrer Funktion als Campanile (der in Italien auch im Mittelalter stets neben der eigentlichen Basilika errichtet wurde) auch noch die Aufgabe, Abwehr und Schutzschild zu bilden gegen die andrängenden dämonischen Kräfte, die man stets aus dem Westen, der Himmelsrichtung des Sonnenuntergangs, erwartete. Nicht von ungefähr nimmt das Obergeschoß der Westemporen vieler Basiliken einen eigenen Michaelsaltar auf. Michael, der Engelfürst, galt als der mächtigste Verbündete im Kampf gegen die widergöttlichen Mächte. Übrigens: Die Beobachtung, daß der Zugang vieler Basiliken eben nicht, wie es eigentlich folgerichtig und logisch wäre, im Westen liegt, sondern gleichsam »auf Schleichwegen« von der Seite her erfolgt, hängt mit der Urangst der Menschen vor der Gefährlichkeit der »Schwelle« zusammen. Denn an dieser prallten in der Vorstellung der Menschen himmlische und dämonische Mächte mit ganzer Wucht aufeinander.

Als das heimliche Herzstück der Basilika blieb der Chorus frei. Der Altar fand im östlich sich anschließenden Raumteil, dem Sanctuarium, seinen Platz. Dieser Umstand erklärt sich daraus, daß der monastische Gottesdienst in erster Linie Psalmgebet war, die Stunden des Tagesablaufs gliedernd. Die Feier der Messe – sie allein erforderte den Altar – stand nach den Vorstellungen des hl. Benedikt nicht im Hauptinteresse des mönchischen Gottesdienstes. Zudem war dem mittelalterlichen Beter der Chorus so etwas wie eine geheimnisvolle Vergegenwärtigung der Vision von der Stadt Gottes, wie sie der Seher von Patmos im letzten Buch der Bibel (OffbJoh 21) schildert. Dort gab es keinen Altar, denn »Gott wird sein alles in allem«. Der Teilnehmer am monastischen Stundengebet trat in gläubiger Vorwegnahme in die vollendete Schar der Gott Schauenden des neuen Äons ein; er benötigt nicht mehr den Altar als einen die Gegenwart Gottes begrenzenden Ort. Oftmals finden wir – neben dem auffällig ausgewogenen Verhältnis horizontaler und vertikaler Linien – eine (mitunter kaum merkliche) Trennlinie angedeutet zwischen dem »Oben« und dem »Unten« des basilikalen Innenraums. Mit den Augen des Glaubens gelesen und gedeutet: Die Teilnahme am gottesdienstlichen Geschehen gewährt einen Gleichklang, eine Harmonie zwischen himmlischer und irdischer Feier. Die Betenden nehmen teil am Gottesdienst der Engel. Und wie der Zug der Gläubigen in feierlicher Prozession dem Altar zuschreitet, so wußten sie sich hineingenommen in den Zug der Engel zum Altar Gottes. Beim Durchmessen des basilikalen Langhauses – mit Blick zur Obergadenzone – und ebenso beim Stehen im Chorus klingt dieser Gedanke an.

Ich denke, dies mag für den Anfang genügen. Ich will nicht mit zu vielen Details verwirren. Hinsichtlich der Fachausdrücke kann man in einschlägigen Fachbüchern nachschlagen. Für die verschiedenen Gestaltungsmöglichkeiten beispielsweise der Mittelschiffarkatur – Säulen-, Pfeiler- und Stützenwechsel-Anordnung in ihren einzelnen Abschattungen, mit oder ohne Deckeneinwölbung – wird sich Ihr Auge schulen, wenn Sie sich die nötige Zeit nehmen.

Wichtig ist dreierlei: Erstens erfordert die Annäherung an die romanische Basilika Muße. Setzen Sie sich einmal zehn Minuten lang in eine Kirchenbank und nehmen Sie den Raum in sich auf! Zweitens gilt es, eine Sensibilität des Sehens zu entwickeln, die es erlaubt, in anderen romanischen Räumen Gesehenes mit dem zu vergleichen, was man vor Augen hat: Welche Arkatur wurde dort verwendet, welche Lösung hat man hier gefunden? Zum Dritten: Eine Komponente des romanischen Bauens besteht im mystischen Gehalt dieser Architektur. Sowohl ihr Bau als auch ihr kultisch-liturgisches »Benutzen« waren Glaubensakte, deren Geist und Intention es nachzuspüren gilt.

Die Kirche des ehemaligen Zisterzienserinnenklosters steht mitten im bewirtschafteten Gutshof der Klosteranlage.

In den achtziger Jahren hatte man gerade damit begonnen, den »zugewachsenen« Eingang zum Westportal (siehe oben) wieder freizulegen und das Portal zu restaurieren.

Vom Gutshof aus zeigt die Kirche ihre bau- und zeitgeschichtlichen Besonderheiten: An der Westseite (rechts im Bild) den riegelartigen Querbau mit der Vorhalle, das niedrige Seitenschiff mit dem gotischen Querschiff…

Schon in alter Zeit gabelte sich in Wiebrechtshausen die Straße des Leinetals, um nach Gandersheim und Hildesheim oder über Seesen nach Braunschweig weiterzuführen. An dieser Wegmarke wurde um 1230 ein Zisterzienserinnenkloster gegründet und die kleine dreischiffige Basilika erbaut. Eine Bruchsteinmauer umgibt die ehemalige Klosterkirche und das noch bewirtschaftete Klostergut mit dem Herrenhaus, den Wirtschaftsgebäuden aus dem 18. Jahrhundert und dem großräumigen Wirtschaftshof. Im Osten begrenzen Fachwerkhäuser die Anlage. Die Westfront der Kirche bildet ein riegelartiger Querbau mit Vorhalle und beidseitigen geschlossenen Treppenspindeln. Das breite, in einen flachen Vorbau hineingesetzte, reich mit Säulen gegliederte Westportal ist erst vor wenigen Jahren restauriert worden, so daß die Säulenbasen wieder freiliegen. Die Vorhalle ist zum Schiff hin geöffnet.

…der Chor mit den drei romanischen Apsiden…

…und das niedrige Seitenschiff der Nordseite zum Garten.

Das Mauerwerk aus Buntsandsteinen ist heute unverputzt. Über dem Westportal sieht man hohe Rundbogenfenster der gerade endenden romanischen Stilepoche.

Das hohe Kirchenschiff zeigt ungewöhnlich niedrige, aber mächtige Pfeiler und Säulen.

Schmuckreiche Säulenkapitelle tragen die Kämpferplatten.

Neben Rundbogen zeigen sich auch bereits frühe Spitzbogenformen der Übergangszeit.

Im gotischen Seitenschiff liegt das um 1400 geschaffene Grabmal eines im Kirchenbann gestorbenen Herzogs von Braunschweig-Göttingen.

Gewölbe, Empore und Orgel »schweben« über dem niedrigen Kirchenraum. (siehe auch unten).

Das lebensgroße Kruzifix aus Holz auf dem Altar ist bereits Ende des 13. Jahrhunderts entstanden.

Ein Treppenaufgang (vermutlich im 16. Jh. eingebaut) führt über die …

tonnengewölbte Vorhalle des westlichen Säulenportals.

Es hat noch rundbogige Fenster aus spätromanischer Zeit, doch bereits spitzbogige, also frühgotische Langhausarkaden, die von hohen Rundbogenblenden paarweise zusammengefaßt sind. Ihre Teilungssäulen zwischen den rechteckigen Hauptpfeilern sind kurz, untersetzt, sie unterstreichen die ungewöhnlichen Maßverhältnisse. Plastisch herausgearbeitete und verschlungene Blüten, Blätter und Ranken schmücken die spätromanischen Kelchblockkapitelle. Die im Verhältnis zum Raum besonders hoch liegende Nonnenempore reicht vom westlichen Querriegel bis über das erste Langhausjoch. Im 16. Jahrhundert ist sie vergrößert worden. Steigt man zur Empore hinauf, so öffnet sich dem Blick ein veränderter Kirchenraum, denn man nimmt hier die baulichen Eigenarten auf andere Weise wahr. Das fast lebensgroße Kruzifix wurde im ausgehenden 13. Jahrhundert geschaffen. Das Grabmal eines Herzogs von Braunschweig-Göttingen im nördlichen Anbau entstand um 1400.

Rundbogig führen die Treppen in der Westfront hinauf auf den kleinen Bodenraum über dem Portal (siehe rechts oben).

Wohn- und Gutshäuser der ehemaligen Klosteranlage umgeben das seltene Beispiel einer Kirche der Übergangszeit.

Route 10

Aus Richtung Bad Karlshafen oder Beverungen kommend, führt die Route 10 zunächst weg von der Weser, bergauf und hinein in die südlichen Wälder des Sollings. Bei Amelith verläßt sie diese Straße und nimmt, im großen Bogen um das Jagdschloß Nienover, Kurs über Bodenfelde nach Lippoldsberg. Dort wieder am Fluß, holt sie nochmals zum weiten Bogen aus, begleitet nun den Südhang des Sollings bis nach Vernawahlshausen und von dort aus die Schwülme bis zu Schloß Adelebsen. Von dort aus führt sie durch das liebliche Niemetal im Bramwald zur Weser zurück. Dort endet die abwechslungsreiche Tour mit Stätten großer Weserkultur im Kloster Bursfelde.

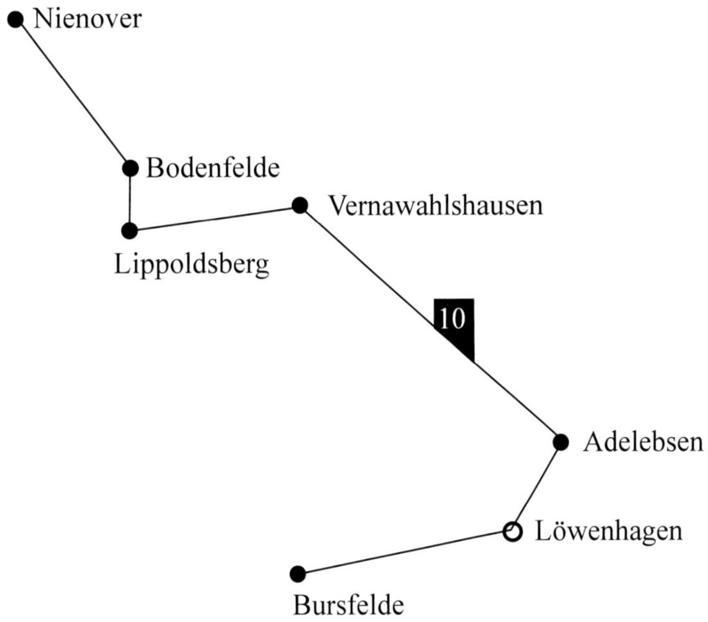

Das ehemalige Jagdschloß Nienover steht auf einem Sporn über dem Reiherbachtal, zur Talseite hin auf gewaltigen Böschungsmauern und Stützpfeilern gesichert.

Jahrhunderte regionaler Geschichte sind mit Nienovers Restaurieung bewahrt worden, die heute mit neuen Initiativen der Universität Göttingen fortgesetzt wird.

Nähert man sich Nienover von Bad Karlshafen oder Beverungen aus, so fallen neben der idyllischen Lage vor allem das Fachwerkobergeschoß des Schlosses und die Natursteinmauer auf, die den Schloßgarten zum Gelände hin abgrenzt.

Erst von der anderen Seite her erkennt man den »Kunstgriff«, mit dessen Hilfe der zum Burgbau ungeeignete Standort einst erfolgreich gesichert worden ist. Etwa Mitte des 12. Jahrhunderts, vielleicht auch früher, wurden hier mächtige Fundamentmauern mit Stützpfeilern aus Rotsandsteinquadern errichtet, vier bis fünf Meter hoch, die an der Südwestecke sogar mehr als die doppelte Höhe erreichend. Auf der so geschaffenen Basis entstand die Dreiflügelanlage der Burg. Im Dreißigjährigen Krieg wurde sie eingenommen, mehrmals geplündert und völlig zerstört –

Der Dank dafür gilt Sponsoren, Initiatoren und allen an der Sanierung Beteiligten.

Die hervorragende Instandsetzung bietet viele Möglichkeiten der sinnvollen Nutzung von Nienover.

Die handwerkliche Qualität der Restaurierung ist beeindruckend, sei es innen oder außen.

doch bereits 1640 bis 1656 als »Berg- und Jagdhaus« eines neuen Landesherrn wieder aufgebaut.

Was die Burg wie das Jagdschloß gleichermaßen betraf, war der häufige Wechsel der Besitzer und Zuständigkeiten. Etliche näher oder auch weiter entfernt liegende Adelshäuser oder kleinere Fürstentümer verfügten für einige Zeit über den Landsitz, der sich für Jagden und Feste besonders gut eignete. Seit dem 19. Jahrhundert wechselten auch seine Nutzungen.

Heute ist das Schloß in den Besitz des Landes Niedersachsen übergegangen. Nach einer beispielhaften Sanierung und Restaurierung dient es als Außenstelle der Forstwirtschaftlichen Fakultät der Georg-August-Universität Göttingen für Forschung und Lehre wie auch für Öffentlichkeitsarbeit. Einige Räume werden bei der Vorstellung von Forschungsvorhaben oder Ausstellungen zu Themen in den Fachbereichen Geschichte, Kunst und Kultur der Öffentlichkeit zugänglich gemacht. Die alljährlich stattfindenden Sommerkonzerte bilden einen neuen Anziehungspunkt in der Region.

Im Jahr 2000 begannen in unmittelbarer Nähe des Schlosses Grabungsarbeiten der Universität Göttingen, die zu der überraschenden Entdeckung führten, daß sich neben der Vorgängerburg aus dem 11. Jahrhundert eine mittelalterliche Stadt befunden hat. Was zu ihrem Verschwinden geführt hat, ist eine Frage, auf die die Forscher Antwort zu finden hoffen.

Neben Nienovers Vorgängerburg des 11. Jahrhunderts gab es eine mittelalterliche Stadt.

Eine Projektgruppe der Universität Göttingen ist dabei, die Grundmauern der entdeckten Stadt freizulegen und ihre Geschichte zu erforschen.

In Bodenfelde wird Holz zu Holzkohle verarbeitet. Hier sehen wir eine der wenigen Fabriken in dieser Region.

Hier werden große Schälholzstapel zu Holzkohle verarbeitet.

»Es riecht gut nach Arbeit«, sagt man in Bodenfelde.

Dieses etwa zweihundert Jahre alte Haus in der Ortsmitte wurde als Wohn- und Handelshaus errichtet. Die schönen Schieferfassaden sind durch die einteiligen Fenster der Nachkriegszeit nicht verschönert worden.

Reizvoll ist die Lage der Ortschaften links und rechts der Weser zwischen Fluß, Feldern und bewaldeten Höhen. Wenn auch durch unbedachte »Modernisierungen« und modische Verschönerungen viele Häuser der Dörfer und Flecken ihre Ursprünglichkeit verloren haben, so fängt doch der Blick überall Lohnendes ein. In Bodenfelde sind es auch die riesigen Schälholzstapel aus den umliegenden Wäldern. Sie liegen für die Verarbeitung zu Holzkohle bereit – ihre Fronten bilden phantastische Muster und reizvolle Strukturen – oder es ist der mittelalterliche Kirchturm mit verschiefertem Aufsatz, Spitzhelm, Wichhäuschen und Zwerchgiebeln. Es finden sich auch hier noch liebevoll bewahrte historische Häuser und solche, die Altes und Neues einfühlsam miteinander verbinden – sie haben die Ortsbilder mitgeprägt und machen sie unverwechselbar.

Die wohl im 19. Jahrhundert erfolgte Belegung der Hausfronten mit Schieferplatten zeugt noch von der Wohlhabenheit der damaligen Besitzer.

Heute ist die Lage an der Durchgangsstraße kaum noch einladend. Der permanente Durchgangsverkehr hat die Situationen vieler Ortschaften verändert.

Das ländlich-bürgerliche Wohnhaus an der Weser stammt aus der Biedermeierzeit und gilt als das schönste Wohnhaus im Ort.

Zwei Bodenfelder Häuser weckten unsere besondere Aufmerksamkeit. Ein stattliches Eckhaus in der Ortsmitte (siehe Seite vorher), vielleicht zweihundert Jahre alt, läßt noch einige seiner ehemaligen Funktionen ablesen. Als Wohn- und Handelshaus war es so geräumig erbaut worden, daß ein beladener Wagen bis ins Kellergeschoß hineingeschoben werden konnte. Von dort gelangten die Waren per Aufzug in die oberen Etagen. Auch später wurde es als kombiniertes Wohn- und Geschäftshaus genutzt. Das schützende wie auch schmückende Behängen mit Schieferplatten an beiden Straßenfronten wird im Lauf des 19. Jahrhunderts erfolgt sein. Vielleicht war es ein Zeichen dafür, daß die Geschäfte gut gingen. In der Nachkriegszeit erfuhr der Bau als Mietshaus notwendige, aber auch zerstörende Veränderungen. Zuletzt bemühten sich neue Eigentümer um eine denkmalpflegende Instandsetzung, ein Unterfangen, das Fachkenntnis, Idealismus und Geduld voraussetzt – aber auch finanzierbar sein muß. Die Aufnahme zeigt noch einige der unpassenden einteiligen Fenster, die durch Sprossenfenster aus Holz ersetzt worden sind.

Einen besonderen Reiz bilden die eigenwilligen Fensterformen mit ihren ausgewogenen Teilungen.

Das zweite Beispiel ist ein ländlich-bürgerliches Wohnhaus aus der Biedermeierzeit, das nobel und bescheiden zugleich wirkt. Es gilt nicht zu Unrecht als das schönste Haus im Ort! Einen besonderen Reiz bilden die eigenwilligen Fensterformen mit ihren ausgewogenen Teilungen – es sind meisterhafte Arbeiten aus einer Zeit hohen handwerklichen Standards. Die Anbauten sind ohne Störung des Entwurfs integriert worden, sie strecken den Bau nochmals ein wenig. Das Haus liegt nah an der Weser, und so wird der Blick aus dem Fenster ebenso reizvoll sein wie der, den ein Betrachter vom vorbeiziehenden Dampfer aus haben mag.

Aus welcher Richtung man sich Lippoldsberg auch nähert – immer ist es der in späterer Zeit aufgesetzte Kirchturm, der den Ort weithin ankündigt.

An einer Weserfurt der Straße von Münster nach Northeim wurde um 1100 das Benediktinerinnenkloster Lippoldsberg gegründet. Seine Kirche, in der Mitte des 12. Jahrhunderts erbaut, wurde zum Vorbild für andere Kirchen dieser Zeit.

Die sehr gut erhaltene kreuzförmige, dreischiffige Pfeilerbasilika mit einem dreiapsidialem Chor gehört zu den frühesten eingewölbten Kirchenbauten im Umland. Durch das Westportal tritt man zunächst in die tiefe, kryptaähnliche Säulenvorhalle ein, die unter der Nonnenempore liegt. Man durchschreitet die Halle und erlebt einen sich öffnenden Kirchenraum, in dem sich die Vergangenheit ganz gegenwärtig ausnimmt. Tatsächlich beeindruckt diese Kirche in besonderer Weise. Heute ist sie außen und innen unverputzt, steinsichtig. Sie wirkt schlicht und kom-

Hier setzten wir mit der Fähre nach Lippoldsberg über, ein Vergnügen, das man sich nicht entgehen lassen sollte.

Man überquert den Fluß in aller Ruhe und lernt dabei etwas über die Tätigkeit des Fährmanns kennen.

Die ehemalige Klosterkirche Lippoldsberg wurde 1140-50 erbaut. Sie ist heute noch vorzüglich erhalten.

Die romanische Klosterkirche Lippoldsberg wurde zum prägenden Vorbild für andere Kirchen dieser Zeit und in dieser Region.

promißlos. Da sie durch die letzte Restaurierung von allem »befreit« worden ist, was die Zeiten an Ausstattung und Schmuck hinzugefügt hatten, konzentriert sich der Blick auf den Bau, wie er um 1150 entstanden ist. Konstruktion und Struktur, maßvoll und in allen Teilen sichtbar aufeinander bezogen, stehen im Mittelpunkt der Aufmerksamkeit. In dieser reinen Form entspricht der großartige Raum nicht nur unserer Vorstellung von romanischer Baukunst – er trifft gleichzeitig unser heutiges ästhetisches Empfinden.

Welche Aufgabe war einem solchen Bauwerk im hohen Mittelalter zugedacht? Kirche bedeutet zunächst die Gemeinschaft der Gläubigen mit Christus. Hier, im christlichen Kultgebäude, fand die abstrakte Vorstellung eines himmlischen Schauplatzes aber auch sinnbildhafte und materielle Entsprechung. Mit Hilfe der Architektur wurde sie anschaulich und real. Der Bau stellte ein Abbild des Himmels dar. In Grundriß, Stützen und Gewölben, in allen Details fanden sich entsprechende topographische und figürliche Metaphern. Der Gesamtplan, jedes Detail, aber auch der Gottesdienst selbst enthielten symbolischen Sinn. In einem Zeitalter, in dem Menschen nicht in Abstraktionen zu denken vermochten, boten derartige Symbole die Möglichkeit, die Welt auf sinnhafte Weise zu begreifen. Portale und Eingänge waren demnach mit Himmelstoren vergleichbar. Sie führten in das Haus Gottes, das sich mit starken Mauern, weithin sichtbaren Türmen, mit Querschiff und Apsiden als eine Stadt Gottes auf Erden darbot und die Menschen zu Gebet und Gottesdienst einließ. Dieser Kirchenraum beeindruckt auch heute noch – und nicht nur diejenigen, die zum Gebet eintreten.

Es gibt wenige verläßliche Hinweise darauf, wie alte Kirchen in ihrer Entstehungszeit ausgesehen haben, doch gilt es als sicher, daß sie farbig ausgemalt waren. Szenische Darstellungen und Bilderzyklen unterrichteten die Menschen von der Schöpfungsgeschichte an bis hin zum Jüngsten Gericht. Wie mag die Lippoldsberger Klosterkirche mit Wand- und Gewölbemalereien ausgesehen haben? Wann sind sie verlorengegangen?

Restaurierung, Neuausstattung und Neugestaltung der Innenräume vieler Kirchen bezogen sich in jüngster Nachkriegszeit vor allem auf die Hinterlassenschaften des 19. Jahrhunderts. Beim Vergleich alter und heutiger Abbildungen der Lippoldsberger Kirche glaubt man kaum, daß es sich um dieselben Räume handelt. Aber auch in früheren Jahrhunderten sind Veränderungen erfolgt,

Der Eingang zur Kirche an der Gartenfront des Südportals. Heute sind die Fronten steinsichtig und zeigen das alte Mauerwerk der Basilika.

Beim Verlassen des Kirchenraums führt der Weg nochmals durch die niedrige Säulenvorhalle.

entweder anläßlich der Renovierungen, die etwa im Abstand von hundert Jahren vorgenommen wurden, oder bei Wiederaufbau nach Zerstörungen durch Krieg oder Brand. Heute sind die Abstände der Erhaltungsmaßnahmen erheblich kürzer geworden und orientieren sich weniger an Moden der Zeit als an der Erhaltung der Originalität.

Die einfachen, doch kraftvollen Säulenbasen scheinen im Boden des Raums verwurzelt zu sein.

Einige Anmerkungen zur Geschichte: Lippoldsberg wurde um 1095 durch Erzbischof Ruthard von Mainz als Benediktinerinnenkloster gegründet. Die Klosterkirche wurde um 1140-50 erbaut. Das Kloster war einer der nördlichsten Vorposten des Mainzer Bistums im Weserraum. Es geriet 1462 unter hessische Oberhoheit. Das Kloster wurde 1569 nach dem Tod der letzten Äbtissin aufgehoben. Die ehemalige Klosterkirche ist heute evangelische Pfarrkirche.

Mit Vorschlägen für einen historischen Rundgang macht der Ort Lippoldsberg auf seine Besonderheiten aufmerksam. Es mag Zufall oder der Initiative einiger Lippoldsberger zu verdanken sein, daß man sich der bäuerlichen Herkunft entsann, in gemeinsamer Arbeit ein baufälliges Schäferhaus sanierte und es 1981 als Museum für den Ort einrichtete. Wo so viele einzeln oder gemeinschaftlich durchgeführte Projekte der eigenen Identität nachspüren, wird eine verordnete Dorferneuerung überflüssig sein.

Die Klosterkirche Lippoldsberg ist ein so wesentliches Beispiel romanischer Architektur, daß wir dem Leser noch mit einigen Detailfotos Lust zu einem Besuch machen möchten.

Der Haupteingang durch das Westportal führt zunächst in die tiefe, kryptaähnliche Säulenvorhalle, die unter der Nonnenempore liegt.

Die großartige Gestaltung des Kirchenraums zeigt sich auch im Detail.

Maßvoll und aufeinander abgestimmt sind alle Proportionen.

Das sind die berühmt gewordenen und oftmals wiederholten »Lippolsberger Vorlagen«, Merkmale der basikalen Kirchenbauten der Romanik im Weserraum.

Man muß wiederkommen, um nach dem Erleben des großartigen Gesamteindrucks dieses Kirchenraums sich auch allen Details widmen zu können, die die Baukunst des 12. Jahrhunderts mitgeprägt haben.

Die kleine Kirche in Vernawahlshausen soll bereits um 1100 erbaut worden sein. Erst im 18. Jahrhundert entstand der Westturm mit dem doppelgeschossigen Fachwerkaufbau und der »gebrochenen« Haube.

Die Ostfront mit dem später eingebauten Chorfenster zeigt Spuren des Alters, der Beschädigungen und versuchter Wiederherstellung.

Das Mauerwerk der kleinen Kirche zeigt deutliche Spuren des Alters, der Beschädigungen und versuchter Wiederherstellung. Die Kirche soll um 1100 erbaut worden sein. Umbauten sind im 16. Jahrhundert erfolgt, und im 18. Jahrhundert erhielt der Westturm den doppelgeschossigen Fachwerkaufbau und die »gebrochene« Haube.

Aus der Erbauungszeit ist der kreuzgratgewölbte Chor erhalten geblieben. 1955 wurden darin Reste romanischer und gotischer Wandmalereien freigelegt und teilweise überarbeitet. Bei guter Beleuchtung sind sie in ihren Zusammenhängen erkennbar: ein Apostelzyklus, die Kreuzabnahme und einzelne große Heiligenfiguren. Die aus verschiedenen Zeiten stammenden Malereien waren früher nie gleichzeitig und miteinander zu sehen.

Die Wandmalereien im Schiff entstanden erst im 16. Jahrhundert, vermutlich nach dem damaligen Umbau der Kirche. Die Wände zeigen drei biblische Darstellungen, die als gerahmte Tafelbilder angelegt sind. Die Wand links und rechts des Chorbogens zeigt Bilder der Kreuzigung und der Auferstehung, die Südwand eine Paradiesszene mit Adam und Eva. Wie der Triumphbogen sind sie von typischen Schmuckformen der Weserrenaissance eingefaßt.

Im Chor wurden Reste romanischer und gotischer Wandmalereien freigelegt. Mit der Freilegung ist wahrscheinlich auch ihr endgültiger Verfall eingeleitet.

Nur bei guter Beleuchtung sind die Malereien noch erkennbar. Aber wie lange noch?

Von der Empore aus sieht man durch den Triumphbogen mit Schmuckformen der Weserrenaissance in den Chor mit seiner romanischen und gotischen Malerei.

Die drei Bilder sind so plaziert, daß sie von der Empore aus gut zu sehen sind. Sie wirken etwas verloren auf der hohen Wandfläche. Es ist jedoch nicht bekannt, ob weitere Bilder oder Wandmalereien vorhanden waren und verloren gegangen sind. Immerhin zeigt die kleine Kirche Malereien aus drei Epochen und führt damit anschaulich in ihre Geschichte ein. Wie mit den verblassenden Chormalereien umzugehen ist, wird nicht leicht zu entscheiden sein.

Die Wandbilder mit den biblischen Darstellungen im Schiff entstanden nach den Umbauten im 16. Jahrhundert. Hier Kreuzigungsgruppe und Auferstehung

An der Südseite der Kirche ist die Verführungsszene im Paradies höchst eindrucksvoll dargestellt.

Hier sieht man, welche Aufgabe dem später angebauten Westturm zukam und noch heute zukommt – er nahm die Glocken auf, die zum Besuch des Gottesdienstes rufen.

Bereits in der Hauptstraße des Fleckens Adelebsen blickt man bereits auf Burg und Schloß, überragt vom mächtigen Wohnturm – einem Hochhaus des Mittelalters.

Mit dem Besuch in Vernawahlshausen hat man ein weiteres reizvolles Seitental und ein Seitenflüßchen der Weser kennengelernt. Hier ist es die Schwülme, und wir begleiten sie weiter bis nach Adelebsen.

Der tausendjährige Flecken Adelebsen ist von der Burg geprägt, die einst auf einem langen Bergsporn über dem Schwülmetal errichtet worden ist. Ihr ältester Bau ist seit 1295 bezeugt. Der etwa fünfzig Jahre jüngere mächtige Wohnturm, aus Sandstein erbaut, fünfeckig und neungeschossig, war ein Hochhaus des Mittelalters. Er beherrscht noch heute die Burganlage. Weitere Bauten entstanden mit der wachsenden Bedeutung und den damit einhergehenden territorialen Ansprüchen dieses Adelshauses. Ab Mitte des 14. Jahrhunderts, mit dem Erlangen der hohen Gerichtsbarkeit, vermochten die Burgherren einen geschlossenen Herrschaftsbereich aufzubauen, in dem Adelebsen bis zum ausgehenden Mittelalter die Bedeutung einer Residenz zukam. Die Umgestaltung der Burg zum schloßartigen Adelssitz erfolgte um 1740, und im 19. Jahrhundert wurde der Schloßbau um ein Mansardgeschoß erhöht. Baukunst des Mittelalters, der Renaissance und aus barocker Zeit sowie historistische Ergänzungen fügten sich zu einem prächtigen, kontrastreichen Zusammenspiel der Bauformen. Die Burg, seit Generationen im Besitz der Grafen von Metternich, gliedert sich in die Oberburg mit dem Kern der Anlage, die Vorburg mit dem Zugang zur Burganlage und in die Bauten der jüngeren Unterburg. Im Ort selbst steigerte die unmittelbare Nähe zur Burg über lange Zeit Kenntnisse und Leistungsfähigkeit in allen Tätigkeitsbereichen und führte zu einem im Vergleich mit anderen Dörfern höheren wirtschaftlichen Niveau. Unabhängig geworden, mußten auch die Bürger in Adelebsen neue Wege für ihre Erhaltung und Lebensführung suchen.

Blick von unten auf Schloß und Wohnturm und vom Turm aufs Schloß – jeder Blick auf die Anlage bezaubert.

Der um 1350 neungeschossig erbaute fünfseitige Wohnturm aus Sandstein war ein Hochhaus des Mittelalters. Noch heute beherrscht er die gesamte Burganlage.

Wer den Aufstieg über die altertümlichen Stiegen auf den Burgturm geschafft hat, genießt von dort einen weiten Blick ins Land und hinunter auf den Ort Adelebsen. In dessen Kirche St. Martini kann er noch Epitaphe der Herren von Adelebsen (1580-1701) und einen Taufengel aus dem frühen 18. Jahrhundert finden.

Unten, zu Füßen von Turm und Schloßbauten liegt der Ort Adelebsen.

In einem anderen Bau steht dieser alte Webstuhl.

Unten: Die mittelalterliche Spindeltreppe führt in die oberen Etagen.

Hier bieten sich Ausblicke an …

aber auch Einblicke, denen sogar ein Burgherr ausgesetzt war.

Diesen großartigen Blick auf das »moderne« Herrenhaus hat man im Winterhalbjahr, wenn die Bäume im Park ihre Blätter verloren haben.

Um 1900 kehrte die Löwenhagener Adelsfamilie auf ihre Besitzungen zurück. Als neuer, der Zeit entsprechender Wohnsitz entstand die historisierende Villa im Park.

Die burgähnliche Villa, Herrensitz des alten Ritterguts der Familie von Stockhausen, wirkt überraschend an diesem ländlichen Ort. Ihr kunstsinniger Bauherr, während seiner diplomatischen Dienste in London, Paris und Dresden auch mit der Architektur des Historismus vertraut geworden, ließ sie 1905 als neuen Familiensitz errichten. Der Entwurf war noch von jener Epoche geprägt, die keinem einheitlichen Stil folgte und stattdessen Anregungen verschiedener Herkunft und Zeiten miteinander verband, ohne jedoch auf die Errungenschaften der Gegenwart zu verzichten. Derartige Villen, geschmückt mit Stilelementen der Gotik oder der Renaissance, waren sichtbarer Ausdruck der Kenntnisse über die Vergangenheit sowie des raschen und erfolgreichen industriellen Wachstums in den letzten Jahrzehnten des 19. Jahrhunderts. Wir finden sie noch in vielen europäischen Städten.

Der Historismus verband Baustile vergangener Epochen …

mit zeitgenössischen Formen und zeitgenössischer Technik.

Die Farbglasfenster zeigen Wappen der hier ansässigen Adelsfamilien. Diese Fenster historisieren jedoch nicht mehr, sondern wirken modern im Sinn der Erbauungszeit.

Das Löwenhagener Mauerwerk ist aus Bruchsandstein errichtet, wie er hier in den Steinbrüchen links und rechts der Weser auch heute noch abgebaut wird.

Die Qualität solcher Bauten zeigte sich im Einklang des individuellen Entwurfs mit den zugedachten Funktionen. Die prächtigen Häuser, phantasievoll gestaltet und ausgestattet, boten zwar dem traditionellen Handwerk nochmals ein reiches Betätigungsfeld an. Sie zeigten aber auch bereits die Möglichkeiten der Serienfertigung auf, wie sie sich in Manufakturen oder Industrien gerade entwickelten. Bei aller Freude am Historisieren wiesen sie in der Regel auch auf die neuesten Kunstströmungen hin – in Löwenhagen sind es die bleiverglasten Turmfenster mit Jugendstilmotiven.

Schon die Vorfahren des Bauherrn von 1905 waren in diplomatischen Diensten gewesen, und so könnte schon ein Ahnherr Anregungen zur Gestaltung der sarkophagähnlichen Grabmale vor der ehemaligen Patronatskirche aus Paris mitgebracht haben (siehe Abb. nächste Seite). Ähnliche Nachahmungen antiker Formen findet man dort an Grabstätten auf dem berühmten Friedhof Père-Lachaise. Vom einstigen Patronat zeugt noch das Familienwappen über dem Portal der heutigen Gemeindekirche. Links hinter der Villa und jenseits des Parks sieht man die Rückseite der kleinen Gemeindekirche liegen, die von den Vorfahren der Adelsfamilien gebaut worden ist.

Vor der Dorfkirche, am Ende des Parks und mit der Vorderfront zur Straße liegend, stehen die ungewöhnlichen Grabmale der hier ansässigen Adelsfamilien.

Der Gründungsbau der Kirche entstand zu Beginn des 12. Jahrhunderts. Bereits 1140 wurde er mit einem großen, ebenfalls flach gedeckten, dreischiffigen Chor verlängert.

Auch die zweite große Klosterkirche dieser Route ist ein Bau aus dem 12. Jahrhundert, und doch ist er ganz anders gestaltet als die Kirche in Lippoldsberg. Das 1093 gegründete und mit Benediktinermönchen belegte Kloster Bursfelde war an der Einmündung des Flüßchens Nieme in die Weser entstanden, also im Grenzraum sächsischer, thüringischer, hessischer und mainzischer Machtbereiche. Mit der Stiftung dieses Klosters wollte Graf Heinrich von Northeim seinem Anspruch auf dieses Territorium Nachdruck verleihen.

Mit dem Errichten einer zweiten Wand zwischen West- und Ostkirche entstand im 19. Jahrhundert der schmale Querraum mit dem nördlichen Eingang.

Bekannt geworden ist Bursfelde durch die »Bursfelder Kongregation«, eine Klosterreform, der sich nach 1433 viele Benediktinerklöster anschlossen (siehe Fachtext »Klöster in der Region«).

Zu Beginn des 12. Jahrhunderts entstand der Gründungsbau der Bursfelder Kirche, wie er weitgehend im heutigen Langhaus der Westkirche erhalten ist: flachgedeckt, dreischiffig, mit sächsischem Stützenwechsel der Arkatur und grazilen Säulen mit länglichen Würfelkapitellen. Der ursprüngliche Ostabschluß ist unbekannt. Die Westfront erhielt etwa um 1250 einen Westriegel als Doppelturmfassade, von dessen Anlage noch die Westempore erhalten ist. Sie wird von einer Doppelarkade gestützt, ihre Mittelsäule trägt ein Schlingblattkapitell.

Bereits um 1140 ist das Langhaus der Westkirche durch den ungewöhnlich großen, ebenfalls flachgedeckten dreischiffigen Chor mit drei Apsiden verlängert worden – er wird seit späterer Zeit als Ostkirche bezeichnet. Seine Arkatur mit einfachem Stützenwechsel steht auf hohen Sockelmauern. Ihre schwer und gedrungen wirkenden Säu-

Vom Garten aus ein Blick auf die Südseite der Klosterkirche. Die im 15. Jahrhundert verloren gegangenen Apsiden der Ostkirche (in der Abbildung rechts) sind nur im Innenraum wieder eingeblendet worden.

len haben attische Basen, mächtige Kapitelle mit doppelt abgesetzten Schilden und Kämpferplatten mit Schachbrettmustern. Der apsidiale Chorabschluß wurde im 15. Jahrhundert durch einen geraden Abschluß mit gotischen Maßwerkfenstern ersetzt. Ebenfalls im 15. Jahrhundert wurden Langhaus (Westkirche) und Chor (Ostkirche), die beiden völlig unterschiedlich gestalteten Räume, durch eine lettnerartige Wand getrennt.

Die Wandmalereien im Langhaus der Westkirche sind in spätgotischer Zeit, also erst im 15. Jahrhundert entstanden.

Im 19. Jahrhundert wurde der Chor zur Gemeindekirche. Östlich der Lettnerwand aus dem 15. Jahrhundert entstand durch das Errichten einer zweiten Wand ein Querraum. Von Norden her zugänglich gemacht, diente er zeitweilig als Winterkirche. Werkstücke des abgebrochenen Kreuzgangs wurden bei der Ausstattung und Ausgestaltung des schmalen Raums wiederbenutzt. Gleichzeitig erfolgte die Einblendung der im 15. Jahrhundert verlorenen Apsiden der Ostkirche – von außen blieb der gerade Abschluß erhalten – und um 1900 erhielt die Kirche den historisierenden Nachbau der Westtürme.

Die Wandmalereien des Langhauses, der heutigen Westkirche, entstanden erst im 15. Jahrhundert, also in spätgotischer Zeit (siehe Foto links und folgende Seiten).

An der Empore sind die Klugen und die Törichten Jungfrauen dargestellt, darunter der Erzengel Michael.

Im südlichen Seitenschiff zeigen als gerahmte Wandbilder gemalte Szenen die Geißelung Christi und die Kreuzigung.

Eine der Blütenranken der Arkaden endet an der Ostwand mit der Darstellung des Heiligen Christophorus.

In der Ostkirche – dem ursprünglichen Chor der Klosterkirche – sind am Obergaden Reste der spätromanischen Ausmalung zu sehen.

Auf Ornamentfeldern stehen monumentale Heiligenfiguren, deren Verfall nicht aufzuhalten ist.

Wie eine spätromanische Ausmalung der Kirche ausgesehen haben konnte, zeigen die monumentalen Heiligenfiguren zwischen Ornamentfeldern am Obergaden der Ostkirche. Die Malerei ist zum Teil noch aus romanischer Zeit erhalten.

Unten: Eingang aus dem Querriegel in die Ostkirche

Das Kloster Bursfelde grenzte mit Weideflächen direkt an die Weser. Die Kirche und ein Tagungszentrum im ehemaligen Pächterhaus der Domäne direkt neben der Westfassade sind heute für Angehörige jeder Konfession Orte der Besinnung.

Wie Lippoldsberg, so wurde auch Bursfelde nach der Reformation aufgelöst. Heute ist die ehemalige Klosterkirche durch Gottesdienste, festliche Konzerte und tägliche Andachten neu belebt. Ein Höhepunkt ist der alljährliche Weihnachtsgottesdienst, an dem sich beide Kirchen – nur durch Kerzen beleuchtet – bis auf den letzten Stehplatz füllen. Die im 18. Jahrhundert an der Stelle des Klosterguts entstandene Domäne bezog Teile der alten Klostergebäude mit ein, andere wurden abgerissen. Das 1722 über den Resten der Klausur entstandene Pächterhaus direkt neben der Westfassade der Kirche ist heute ein vorbildlich geführtes Tagungszentrum.

Route 11

Die schönsten Ansichten hat man von den Dörfern links und rechts der Weser jeweils vom anderen Ufer aus. In langgestreckten Fronten reihen sich Fachwerkhäuser, Gärten, Gutshöfe aneinander, hier und da ist ein Turm inmitten alter Bäume zu sehen, eine Kirche, ein Kloster – manchmal auch ein Sägewerk, eine Kiesgrube oder, selten genug, eine bescheidene Fabrikanlage.

Brücken sind hier sparsam verteilt, aber in vielen Ortschaften besorgen Fährleute das Übersetzen. Das ist ein viel zu kurzes Vergnügen, das wir so oft wie möglich wahrgenommen haben. Die elfte Route führt von Veckerhagen, zunächst in Flußnähe bleibend, in südliche Richtung, berührt Hannoversch-Münden, wo sich Fulda und Werra zur Weser vereinigen, und begleitet dann die Fulda eine kurze Strecke bis zum südlichsten Punkt der beschriebenen Region, Wilhelmshausen. Dort wendet sie sich westwärts und bergauf über Holzhausen nach Immenhausen und Grebenstein und führt schließlich durch den Reinhardswald wieder nordwärts zum Ausgangspunkt der Route zurück.

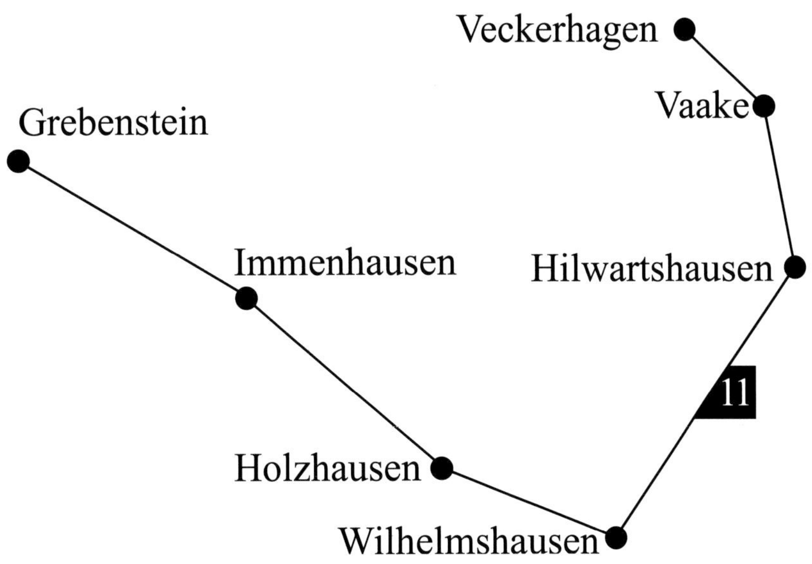

Neue Materialien und Fertigungstechniken lösten die Gußeisenprodukte ab, so daß die Eisenhütte Veckerhagen nach zweieinhalb Jahrhunderten 1903 ihre Produktion einstellte. Seitdem ist die komplette Anlage bewahrt und erhalten worden.

Viele Fachwerkhäuser in Veckerhagen stammen noch aus dem 17. und 18. Jahrhundert. Dicht am Fluß, wo einst eine alte Burg gestanden hat, wurde gegen Ende des 17. Jahrhunderts für Landgraf Carl von Hessen-Kassel ein Barockschloß erbaut. Im Vorbeigehen kann man die elf Fensterachsen der Hoffront mit einem breiten, leicht vorgezogenen Risalit und die zum Portal führende Freitreppe sehen.

Uns interessierte hier vor allem die Anlage der ehemaligen Kurfürstlich-Hessischen Eisenhütte. Sie wurde im Jahre 1666 gegründet und gehörte zu den alten Werkstätten der einheimischen Eisenproduktion. Solange zur Eisengewinnung und Eisenverarbeitung große Mengen von Holzkohle gebraucht wurden, boten sich gerade im waldreichen Weserbergland geeignete Standorte dafür an. Daß ein englisches Patent des frühen 17. Jahrhunderts auch Steinkohle

Alles ist geblieben wie es einmal war: Unter dem Maschinenhaus fließt noch das ehemals benötigte Wasser.

Durch das Fenster ist sogar noch etwas von der ehemaligen Einrichtung zu sehen.

Überall in der Anlage sind Produkte der Eisenhütte zu sehen. Sie sind noch immer in bemerkenswert gutem Zustand.

Das ehemalige Direktionsgebäude dient heute als Wohnhaus.

Man braucht Zeit, um alles wahrnehmen zu können, was einst in der Eisenhütte hergstellt worden ist.

als einen geeigneten Brennstoff auswies, hatte zunächst keine Auswirkung auf die herkömmliche Herstellungsweise.

Nachdem auf der Frankfurter Messe von 1490 erstmals ein eiserner Ofen vorgestellt worden war, wurden in der nachfolgenden Zeit Öfen und Herde wesentliche Produkte eisenverarbeitender Werkstätten. Als die Veckerhagener Hütte im 17. Jahrhundert ihre Arbeit aufnahm, beschränkte sich die Herstellung zunächst noch auf gußeiserne Herdplatten, auf Geschützteile und Zubehör der verschiedensten Art. Die Weiterentwicklung der Produktionstechniken, Erfindungen und die Verbesserung der Roheisenerzeugung ließen jedoch die Gußeisenindustrie stetig anwachsen. In welcher Vielfalt schließlich produziert wurde, zeigen historische Reprints von Warenkatalogen. Nach einem Katalog von 1834 fertigte die Kurfürstlich-Hessische Eisenhütte zu Veckerhagen Tiegel und Töpfe, Kochherde und Stubenöfen, Geländer und Architekturzubehör in verschiedensten Ausführungen an. Der wirtschaftliche Erfolg zeigte sich auch in ihren neuen Fabrikbauten, in denen sich traditionelles Bauen mit der Ingenieurbauweise des Industriezeitalters verband.

Abb. rechts: Aufgang zur großen Gießhalle der Anlage.

Die basilikale Fassade der Gießhalle, die in den Abhang des Geländes hineingebaut worden ist, zeigt sich als …

… Hinterlassenschaft einer Zeit, die heute – nur hundert Jahre danach – museal auf uns wirkt.

Neue Materialien, neue Fertigungstechniken und die der neuen Zeit entsprechenden Gebrauchsgüter lösten im 20. Jahrhundert die gußeisernen Produkte ab oder veränderten sie. Die Eisenhütte Veckerhagen stellte 1903 die Produktion ein. Daß ihre Anlage so gut erhalten worden ist, verdient Anerkennung. Wie gut würde sie sich für ein Industriemuseum nutzen lassen! Doch solche Pläne sind

Gleich hinter der historisierenden Fassade der Gießhalle trifft man auf ein schon modernes Fabrikgebäude.

Hinter der Gießhalle und dem Hüttenschreiberhaus (im Vordergrund) begrenzt ein kleiner Park die museale Anlage. Der Herbststurm hat die gepflegten Büsche und Bäume zerzaust und damit die Sicht auf die Anlage freigegeben.

wohl weder heute noch in absehbarer Zeit realisierbar. Trotzdem werden Interessierte den Weg zum Hüttengelände finden, es umlaufen und sich die an den Hang gebaute Gießhalle mit der interessanten Frontfassade ansehen. Zur Anlage gehören außerdem die Baugruppe mit dem Maschinenhaus und das Direktorenhaus mit gußeisernen Schutzgittern und Wappen, Treppengeländern, Setzstufen und gußeisengefaßte Fenster. Hinter dem Direktionshaus sieht man das Bergamt mit der gußeisernen Traufverzierung und dem Vordach über Eisenstützen. Rechts dahinter liegt der Park. Die Gebäude, Höfe, Gärten, das gut erhaltene Hüttenschreiberhaus aus dem 17. Jahrhundert – die gesamte Anlage zeigt sich als bewahrter historischer Ort.

Selten wird man einen historischen Fabrikationskomplex wie diesen finden, in dessen Bauten sich dreieinhalb Jahrhunderte begegnen. Daß er noch steht, obwohl seit einem Jahrhundert nicht mehr in ihm produziert wird, ist ein kleines Wunder. Wir danken dem Eigentümer für seine Erhaltung.

Von Materialien, Werkstätten und Produkten im Oberweserraum vom Vogler bis zum Reinhardswald

Siegfried Lotze

Seit dem frühen 9. Jahrhundert treten im Oberweser-Bergland mit den ersten Benediktinerklöstern Mönche in Erscheinung, denen die Fortentwicklung der Handwerkskünste, besonders aber die Wald- und Wasserkraftnutzung am Herzen lag. Schon bald nach seiner Gründung (822) erhielt das Kloster Corvey von Ludwig dem Frommen die Solequellen von Bodenfelde und nutzte sie über 445 Jahre. Seit der Jahrtausendwende wetteiferten die Reichsabtei Helmarshausen und das 70 Jahre jüngere Kloster Lippoldsberg mit Corvey als Zentren des Kunsthandwerks. Das Evangeliar Heinrichs des Löwen und ein verschollenes sogenanntes Hardehäuser Evangeliar werden oft genannt. Kaum bekannt ist, daß man in Corvey-Marsberg aber bereits um 1000 n. Chr. den Buntmetallguß in Form überlieferter »Erzsäulen« beherrschte. Die Northeimer Grafen gründeten mit den Eigenklöstern Bursfelde (1093) und Amelungsborn (1124) Zentren, die im Bereich der Technikgeschichte eine bislang zu gering eingeschätzte Bedeutung hatten. Auch die Zisterzienser und andere Reformorden erschlossen nicht nur Sumpf- und Waldgebiete in der Einöde an Harz (Walkenried), Hils, Vogler (Amelungsborn), Reinhardswald (Kloster Walshausen-Wilhelmshausen) oder im Ederbergland (Eisenhütten des Klosters Haina), sondern hinterließen ebenfalls eine intensive Waldnutzung. Damit einher gingen Berufe wie Glasmacher, Pottasche-Brenner, Köhler und Meister, die den Steinschnitt oder die Holzbaukunst beherrschten. Die zahlreichen Sakralbauten der Romanik und Gotik zwischen Diemel, Fulda und Leine belegen dies in schönen Beispielen.

Daß beispielsweise in Helmarshausen der Glasmalermönch Gerlach nur in Zusammenarbeit mit benachbarten Glashütten wirken konnte, gilt als bewiesen. Eine in jüngster Zeit im Niemetal bei Bursfelde ergrabene Waldglashütte des frühen 13. Jahrhunderts bot den Archäologen überraschende Details, wie man sie bislang nur aus den Werkstätten der Karolinger Pfalzen (z.B. Paderborn) kannte. Rohstoffe wie Quarzsand, Kalkstein, Pottasche und Holz ebenso wie Wasser zum Abschrecken fanden sich an vielen Stellen. Zahllose auf das Mittelalter zurückgehende Flurbezeichnungen wie Hüttenberg, Glasehusen, Glasebach, Gläserborn oder Cella weisen auf diese Stätten hin, an denen man schon in Maulwurfshaufen massenhaft auf Glasreste, Keramikscherben und auch Glashafenton stößt. In den ausgedehnten Laubwäldern waren, zum Teil in geringer Entfernung voneinander, die »Feuergewerke« tätig. Erst seit der Neuzeit sind die Hüttenmeister aus den Sippen des Gläsnerbundes von Großalmerode urkundlich genauer zu erfassen; diese geschlossene Gesellschaft der Gundelach, Seitz, Grimm, Kauffelt u. a. stellte noch zur Zeit der Glasveredler in der Barockzeit von Lippe über Grünenplan bis an die Fulda die leitenden Handwerker. Weißglashütten wie Altmünden, Emde, Osterwald, Schorborn und Spiegelmanufakturen, u. a. Knickhagen, Amelith, Grünenplan, zeugen vom merkantilistischen Bestreben, Luxusgüter im Lande herzustellen und zu exportieren. An den Flüssen und Bächen der Mittelgebirge wetteiferten Säge- oder Mahlmüller mit Blank- und Nagelschmieden, Eisenhämmern und zuletzt stationären Glashütten, die teilweise zu Ortsgründungen führten. Allein am Solling sind bis 1750 über 40 Wanderglasgütten urkundlich nachweisbar, deren Erzeugnisse zuweilen noch heute im europäischen Kunsthandel zu finden sind. In diese Spätzeit der freien Glasmacher fällt das Emporkommen privilegierter oder herrschaftlicher Eisenhütten. Hauptsächlich an der oberen Diemel und der Ruhr, aber auch von Altenbeken über Holzminden (1747-1840), Dassel (1300 und ab 1690), Uslar (seit 1715), Lippoldsberg (bis 1869), vormals Heisebeck (1555), bis Veckerhagen (1666-1903, vorher Knickhagen und Vaake), deckten diese leistungsfähigen Eisengießereien ihren Markt ab – von Hessen bis zum Seehafen Bremen, dem »Tor zur Welt«. Die gewichtigen Gußerzeugnisse, die als Ofenplatten des Barock, seit dem Klassizismus auch verstärkt als Architekturelemente, als Werke der Friedhofskunst oder des täglichen Gebrauchs in Haus und Hof Einzug hielten, finden sich noch immer zahlreich im Weserraum. Sie lassen sich jedoch sehr selten bestimmten Hütten wie Bredelar, Haina, den waldeckischen Gießereien oder den Harz-, Solling- und Reinhardswaldhütten zuordnen.

Besonders unter Landgraf Carl von Hessen wirkten sich neben dem Kanalplan mit dem neuen Schiffahrtshafen in Sieburg/Karlshafen zahlreiche Montanprojekte an der hessischen Oberweser aus: Er ließ dort »Faktoreyen« errichten und die Spiegelhütten bei Gottstreu und Knickhagen sowie einen Kupferhammer an der Olbe bei Veckerhagen anlegen. Außer den alten Eisenerzgruben um Hohenkirchen, Holzhausen und Gottsbüren wurden im 18. Jahrhundert auch Kohlelagerstätten am Reinhardswald und den »Werderischen Gehölzen« erschlossen, auch um den unbeschreiblichen Kohlholzverbrauch herabzusetzen. Eine erste Nutzung der Kohlenlager am Gahrenberg bei Vaake, auch zur Alaunerzeugung, ist bereits nach 1575 in Montanakten überliefert. Um 1731 ersetzt in der herrschaftlichen Glashütte Rinteln der Kasseler Hofglasschneider J. F. Trümper Holz durch Schaumburger Kohle, die auch später weseraufwärts den gesamten hessischen Markt mit Schmiedekohle versorgte. Ein ausgedehntes Töpferhandwerk von Fredelsloh bis Schöneberg benötigte ebenfalls Holz oder die »Steinkohlen«, wie man früher die verfestigte Braunkohle nannte. Erden und Pigmentträger wurden an der Diemel im Blaufarbenwerk Karlshafen, in Farbenmühlen von Veckerhagen, in Glasurmühlen am »Werrahohl« bei der Fayancefabrik Münden oder am Solling in der alten Porzellanmanufaktur Fürstenberg aufbereitet. Mineral- und Erdfarben wie das »Kasseler Braun« oder die zahlreichen Gelb-, Grün- und Blaufarben haben im frühen 19. Jahrhundert den Weserraum neben dem Sand- und Mühlensteinhandel sowie dem ausklingenden Glashandel in Europa bekannt werden lassen, bevor die Großchemie den Farbenmarkt eroberte. Noch heute bergen die Emailgläser eines Meisters Adam Götze von der Olbe oder des Augustin Gundelach von Bursfelde in den Kunstsammlungen manches Geheimnis. Bei denkmalpflegerischen Bemühungen an Kirchen, Fachwerkbauten, Renaissancerathäusern oder auch Gußeiseneinbauten im Historismus ergeben untere Farbschichten oft überraschende Befunde. Einzelne Gesamtanlagen, wie die Hugenotten- und Handelsstadt Karlshafen oder das Industriedenkmal Eisenhütte Veckerhagen, sind wegen ihrer Originalbauten, besonders im Ensemble, als Zeugnisse der Kulturgeschichte von nationalem Rang anzusehen.

Die Straße am Fluß, die man vom anderen Ufer der Weser aus gut sehen kann, war einst die Hauptstraße des ehemaligen Fischerdorfs.

Vaake gehörte zu den ältesten Fischerdörfern an der Oberweser. Im seichten Flußbett ließ sich der Fischfang leicht betreiben. Auf einem Schuttkegel angelegt, war das Dorf einigermaßen gegen Hochwasser gesichert. Das »Fach« – eine Art Fischwehr – wurde quer zum Flußlauf gezogen, und durch eine Öffnung gerieten die Fische in das dahinterliegende Netz. Man kann die ursprüngliche Orientierung zum Fluß hin heute noch in der Anlage der Häuser erkennen. Die ältesten von ihnen stehen an der einseitig bebauten Uferstraße, der einstigen Hauptstraße des Dorfes. Ihre schmalen, leicht ansteigenden Grundstücke reichten oder reichen noch bis zur jetzigen Hauptstraße und Ortsdurchfahrt. Die Fischerhäuser waren Sonderformen des Diemelsächsischen Bauernhauses: Sie hatten statt des großen Dielentors nur die übliche Haustür – denn Fischer brauchten keine Erntewagen ins Haus zu fahren wie ihre bäuerlichen Nachbarn.

Der markante Westturm der kleinen Kirche aus Bruchsteinmauerwerk, ein Kirchhof mit alten Bäumen und der nahe Fluß bieten vom anderen Flußufer aus ein malerisches Bild. Die spätromanische Kirche mit ihrem zweiachsigen Schiff und einem nur wenig schmaleren Rechteckchor entstand Mitte des 13. Jahrhunderts. Zu dieser Zeit waren, spärlichen Resten nach, Schiff und Chor mit

Die kleine Kirche, die ebenfalls an der Straße zum Weserufer liegt, ist Mitte des 13. Jahrhunderts entstanden. Darüber sieht man die Hügelkette des Reinhardswaldes.

ornamentalen Malereien ausgeschmückt. Um 1400 wurde der Chor der Kirche neu, diesmal figürlich, ausgemalt. Während von umlaufend gemalten Bildfriesen und Szenen der Chorwände nur noch einzelne Figuren oder Reste zu sehen sind, ist die Malerei an den Gewölbekappen erstaunlich gut erhalten. Die Wandmalereien waren wegen Beschädigung und Verschmutzung nach dem Dreißigjährigen Krieg übertüncht und erst 1937 wiederentdeckt und freigelegt worden. Die bei dieser Gelegenheit ausgeführten ergänzenden Übermalungen wurden bei einer späteren, vorsichtigeren Restaurierung wieder entfernt, die alte Malerei wurde bewahrt, statt sie schönend zu erneuern.

Die Vaaker Gewölbemalerei diente sicherlich nicht vorangig dem Vermitteln christlicher Lehre, wie es in der Regel die mittelalterlichen Wandmalereien beabsichtigten. Sie fällt eher durch ihre harmonische Gesamtwirkung auf als durch Dramatik, die ja zumindest der Darstellung des Weltgerichts angemessen wäre. Linienführungen, Formen und Farben der einzelnen Szenen sind trotz unterschiedlicher Inhalte fein aufeinander abgestimmt. Alle Figuren fügen sich in eine allgemein gültige Bildkomposition ein, ihren Mittelpunkt bildet eine Rosette. Die stilisierte Rose gilt als bevorzugtes Symbol für Maria, doch bereits seit der Antike wird die Rose auch als Inbegriff der weltlichen und

Um 1400 wurde der Chor neu ausgemalt. Während an den Wänden nur Reste der Malereien zu sehen sind, ist die Malerei an den Gewölbekappen gut erhalten.

Sterne und verblaßte Figuren in der Fensterlaibung …

geistigen Schönheit verstanden. In geschickter Anpassung an die Gewölbeform verbinden sich der sternenbemalte Grund und alle Darstellungen zu einem geschlossen wirkenden Bild, dem der breite, spitzbogige Triumphbogen den Rahmen gibt. Wandvorlagen, die das kuppelige Gratgewölbe über den Schildbögen auffangen, zeigen grobe, dennoch eindrucksvolle Masken oder Konsolköpfchen.

Im Kontrast zu dieser liebevollen Ausgestaltung des Chorraums stehen die derben Stühle. In den sechziger Jahren für andere Nutzungen entworfen, fanden sie als fast unzerstörbare Massenprodukte auch in Kirchen ihren Platz, kaum integrierbar und im alten Chor ebenso als Fremdkörper wirkend wie die schon erwähnten Lautsprecher in der Fredelsloher Klosterkirche.

Neuen Erkenntnissen nach war auch das Schiff ursprünglich eingewölbt; nur Wandvorlagen und Gewölbeanfänge sind davon übrig geblieben. Die heutige Holzbalkendecke wurde bei der Beseitigung der Schäden des Dreißigjährigen Kriegs eingezogen.

…und Rankenwerk an einem Arkadenbogen

Die 1937 wiederentdeckten und freigelegten Wandmalereien sind im Deckenbild des Chors am deutlichsten erhalten..

Zu sehen sind unterschiedliche Figuren, Insignien und Gesten.

Eine Rosette ist Mittelpunkt des Deckenbildes im Chor.

Nicht alles ist deutbar.

Hier erkennt man eine Marienkrönung.

Wandvorlagen fangen das kuppelige Gratgewölbe über den Schildbögen auf und enden unten in groben, doch höchst eindrucksvollen Masken (siehe auch vorige Seite).

Auf der hochwasserfreien Fläche einer Weserfurt, an der sich Handelsstraßen kreuzten, gründete Otto I. um 960 das Kanonissenstift Hilwartshausen.

Nach dem Ort Hilwartshausen sucht man vergeblich. Eine Abzweigung der Bundesstraße B 80 führt zum ehemaligen Klostergut Hilwartshausen, dem heutigen Pächtergut der niedersächsischen Klosterkammer. Hinter dem Herrenhaus, einem verschalten Fachwerkbau von 1750, liegt ein kleiner Englischer Park, der zur Weser hin terrassiert ist. Seine Attraktion ist der sogenannte Schneckenturm, eine Kleinarchitektur, wie sie in Landschaftsgärten des späten 18. Jahrhunderts zu finden war: Niedrige, doppelt ausgeführte und mit Schutt gefüllte Trockenmauern (siehe Neuhaus, Route 8.4) führen in Schneckenwindungen zu einem 3,50 m hohen Aussichtspunkt (siehe Seite 458).

Wenige Meter entfernt steht die kleine, im Kern gotische Gutskirche. Nach Zerstörungen im Dreißigjährigen Krieg wieder aufgebaut, diente sie noch bis ins ausgehende 17. Jahrhundert den ehemaligen Stiftsdörfern Gimte und Volkmarshausen rechts der Weser als Pfarrkirche. 1687 wurde sie umgebaut und neu ausgestattet. Um 1880 sind neugotische Fassaden mit Treppengiebeln vorgeblendet worden.

Sehen wir uns einen Merianstich der Anlage von 1654 an (nächste Seite). Er zeigt noch die wesentlichen Gebäude der einstigen Reichsabtei, ein 960 von König Otto I. gegründetes Kanonissenstift. Die Klostergebäude mit der dreischiffigen Basilika entstanden auf der hochwasserfreien Fläche an einer Weserfurt, an der sich Handelsstraßen kreuzten. Zu dem beidseitig des Flusses liegenden und weit reichenden Grundbesitz des Stifts gehörten sogar Ländereien und Weinberge an Rhein und Mosel. Im 13. Jahrhundert wurde Hilwartshausen zum Augustinerinnenstift umgewandelt.

Die Klostergeschichte endete 1610. Im Dreißigjährigen Krieg sollen alle Gebäude weitgehend zerstört worden sein. Will man den Angaben glauben, so ist entweder Merians Stich falsch datiert oder, was wahrscheinlicher ist, vier Jahre nach Matthäus Merians Tod mit Hilfe älterer Skizzen fertiggestellt worden. Wie auch immer – diese Ansicht macht uns das einstige Kloster gut vorstellbar.

Die Stiftskirche verfiel noch im 17. Jahrhundert. Nur wenige verstreute Reste sind von ihr und den Stiftsgebäuden übrig geblieben. Gut erhalten ist aber der imposante Bruchsteinbau mit Stufengiebeln, ein spätmittelalterliches Wirtschaftsgebäude, das heute noch als Scheune genutzt wird. (Abbildung nächste Seite.)

Dieser imposante Bruchsteinbau war ein mittelalterliches Wirtschaftsgebäude. Heute wird es als Scheune genutzt.

Nur einige prachtvolle Kapitelle zeugen noch von der Vergangenheit Hilwartshausens. Von hier aus kann man bereits den nahen Fluß sehen.

Vorbei am Gutshaus und dem großräumigen Wirtschaftshof gelangt man in den kleinen Park der Anlage. Hier findet man den »Schneckenturm«, ein beliebtes Motiv in Landschaftsgärten des 18. Jahrhunderts.

Die mit Schutt gefüllten Trockenmauern führen in Schneckenwindungen zum 3,50 m hohen Aussichtspunkt.

Am kleinen Park vorbei führt der alte Bruchsteinweg hinüber zur 1687 umgebauten kleinen Kirche, die bis ins ausgehende 17. Jahrhundert den ehemaligen Stiftsdörfern Gimte und Volkmarshausen rechts der Weser als Pfarrkirche diente.

Die Jahreszahl nennt den Umbau nach der Zerstörung im 30-jährigen Krieg.

Erst um 1880 ist die neugotische Fassade vorgeblendet worden.

Die im 30-jährigen Krieg ruinös gewordene romanische Klosterkirche ist erst Ende des 19. Jahrhunderts erneuert worden. Gleichzeitig wurde der historisierende Turm angebaut.

Der Talkessel um Hannoversch-Münden, wo sich Fulda und Werra verbinden und ihren Weg als Weser fortsetzen, ist schon in früher Zeit ein Siedlungsgebiet gewesen. Das seit 1180 planmäßig angelegte Städtchen Wilhelmshausen liegt in einem fast rechten Winkel der aufeinander zustrebenden Flüsse. Das alte Mündener Stapelrecht für alle auf dem Wasserweg transportierten Waren hatte im 17. Jahrhundert den hessischen Landgrafen Carl zu seinen Kanalbauplänen angeregt, um den Mündener Stapelzoll zu umgehen (siehe Bad Karlshafen, Route 1.1).

Unser Weg führt an Münden vorbei und nun entlang der Fulda bis nach Wilhelmshausen. Unser Ziel finden wir dort in einer Seitenstraße: Hier wurde um 1140 ein Zisterzienserinnenkloster gegründet. Die Klosterkirche, Mitte des 12. Jahrhunderts als dreischiffige, flachgedeckte Basilika mit Querschiff, Chor und Apsiden erbaut, ist in der Zeit des Dreißigjährigen Kriegs durch Brand erheblich beschädigt, zum Teil sogar zerstört worden. Erst im letzten Jahrzehnt des 19. Jahrhunderts wurden die inzwischen abgebrochenen Seitenschiffe und Nebenapsiden neu aufgemauert, das Niveau des Fußbodens angehoben und gleichzeitig die Schiffsmauern erhöht. Der nach zisterziensischer Bauart turmlosen Westfassade wurde der seitlich

Ausdehnung und Größe der ehemaligen Klosterkirche sind nach ihrem Wiederaufbau im 19. Jahrhundert durch entstandene Wohnhäuser eingeengt worden.

stehende Turm angefügt. So ist der äußere Eindruck des Bauwerks durch die historisierende Restaurierung im 19. Jahrhundert bestimmt. Zu den noch originalen Bauteilen gehören die Ostapsis mit einem Rundbogenfries auf Kopfkonsolen (Abbildung links) und das Westportal mit ornamentierten Kämpfern.

In Details zeigt sich die sorgfältige Wiederherstellung der Basilika am Westportal

Was man vor dem Eintritt kaum erwartet: Hier sehen wir nochmals einen der bescheidenen, doch kraftvollen und maßgerechten Bauten der Weserromanik.

Der Innenraum wurde 1957 – 1960 qualitätvoll restauriert. Er zeigt ein weiteres eindrucksvolles Beispiel der romanischen Baukunst in dieser Region. In den Schiffsarkaden wechseln kräftige Pfeiler mit sich verjüngenden Säulen, die auf Basen mit Wülsten und Eckzehen stehen. Ihren Würfelkapitellen sind Palmetten eingeschitten, die Kämpfer sind mit Palmettenranken geschmückt.

Die Wilhelmshausener Basilika ist flach gedeckt.

Die Orgelpfeifen waren zur Zeit dieser Aufnahme ausgebaut und im Kirchenraum gelagert worden.

Um 1310 hatten Mönche das Frauenkloster übernommen. Kloster Wilhelmshausen wurde 1527 aufgelöst. Die Rokoko-Orgel, ursprünglich im 18. Jahrhundert für das Franziskanerkloster in Lügde erbaut, wurde nach der Aufhebung des Klosters nach Wilhelmshausen vergeben.

Seit 1989 ersetzt eine überdimensional ausgefallene Feldwegbrücke den Fährbetrieb über die Fulda, der Bau entstand in Verbindung mit der technischen Anlage einer neuen Staustufe. Ortsbild und Landschaft haben sich damit nicht unerheblich verändert. Zwar ist der nachdrückliche Wunsch der Anwohner nach einem Flußübergang durchaus verständlich, und Brücken gehören nun einmal zu Flüssen. Man fragt sich aber, ob hier Planung, Proportionierung und Gestaltung zu einem Ergebnis geführt haben, das der Umgebung angemessen ist. Oder hat man sich einfach darauf verlassen, daß in fünfzig, sechzig Jahren die natürliche Begrünung das Objekt ausreichend verdecken wird?

Die kleine Kirche, um 1100 erbaut, steht im ältesten Teil der Ortsschaft. Ihr Bruchsteinmauerwerk fällt durch die sorgfältige Schichtung flacher Quader auf.

In einigen der alten Dorfkirchen sind derartige hufeisenförmige Chorbogen zu finden. Darüber entstand das Wandbild des Weltgerichts.

Diese Darstellung der Judith mit dem Kopf der Holofernes ist später als das große Bild des Weltgerichts entdeckt und freigelegt worden.

In Wilhelmshausen verläßt nun die Route die Flußtäler von Weser und Fulda und führt bergauf zum Südhang des Reinhardswaldes. Die dörfliche Siedlung Holzhausen ist einst um die befestigte Gutsanlage eines Adelshofs entstanden. Durch Kriegseinwirkungen und Feuersbrunst mehrmals zerstört, sogar einige Zeit wüst liegend, lebte der Ort um 1500 wieder auf und dehnte sich längs der Kasseler Straße aus. Arbeit und bescheidenstes Auskommen ermöglichte der ab 1592 betriebene Abbau von Kohle, für deren Transport noch Ende des 19. Jahrhunderts Drahtseilbahnen angelegt wurden. Sie sind inzwischen abgebaut. Im Zuge der Industrialisierung boten sich nun neue Arbeitsplätze im nahen Kassel an.

Besonderen Wert legten die Holzhausener auf ihre Viehhaltung, denn es standen ihnen noch bis 1904 Weiderechte im Reinhardswald zu. Erst danach intensivierten sie den Ackerbau, doch galt die Landwirtschaft im Ort eher als ein Nebenerwerb.

Um 1800 soll der Zustand der alten Häuser so schlecht gewesen sein, daß etliche abgerissen werden mußten, andere fielen einem Brand zum Opfer. So sind nur noch wenige ältere Gebäude im Ort zu finden. Die Neubauten wurden in Backstein, manche mit Anteilen von Fachwerk

Die linke Seite des Weltgerichts

Die Farben der Malereien sind weitgehend verblaßt, die Darstellungen sind bescheiden, naiv –

und doch eindrucksvoll. Christus ist als Weltenrichter dargestellt, unter ihm öffnen sich die Gräber.

Das Weltgericht endet hier mit der dramatischen Szene vor dem Höllenfeuer.

Wie – so fragt man sich – ist diese bescheidene und innige Bildsprache überhaupt zu restaurieren?

Und hier ist das Ergebnis der Restaurierung zu sehen: Naivität läßt sich nicht nachahmen, und die Innigkeit der Darstellung ist zur Fassade geworden.

ausgeführt und einige bereits mit einer Brandmauer versehen. Die neuen Bauernhöfe erhielten, ihren Nutzungen entsprechend, getrennte Gebäude.

Die dicht umbaute kleine Kirche steht an der ältesten Stelle der Ortschaft, sie stammt in wesentlichen Bauteilen aus der Zeit um 1100. Ihr Bruchsteinmauerwerk fällt durch die teilweise sehr sorgfältige Schichtung flacher Quader auf. Mit der Wiederherstellung nach einem Brand wurden 1560 der Chor, Teile der Wände und der Dachstuhl erneuert. Aus dieser Zeit stammen die ländlichen Malereien über dem hufeisenförmigen Triumphbogen. Sie stellen Szenen des Weltgerichts dar und sind nach ihrer Wiederentdeckung und Freilegung teilweise ergänzt worden. Man kann sich ihre Wirkung auf die Gemeinde gut vorstellen, die sie in voller Breite der Chorwand direkt vor Augen hatte.

Die lebensgroß an die Nordwand gemalten Frauen in Renaissancetracht sind vermutlich erst später freigelegt, wohl auch nicht gleichzeitig mit den Bildern des Weltgerichts gemalt worden. Eine der großfigurigen Gestalten stellt Judith dar. In der rechten Hand hält sie noch das Schwert erhoben, mit der linken zeigt sie den abgeschlagenen Kopf des Feldherrn Holofernes, für den Judiths Dienerin einen geöffneten Beutel bereit hält. Man muß wissen, daß Judith mit dieser grausamen Tat ihre Stadt Bethulia vor dem Angriff des assyrischen Heeres rettete. Seit dieser Zeit gilt sie als Retterin des jüdischen Volkes.

Der Chor mit der leicht eingezogener Apsis und das Schiff sind flachgedeckt, ein Längsunterzug mit einem reich geschnitzten Holzpfeiler stützt die Balkendecke.

Ist auch der Chor einst ausgemalt gewesen?

Die Stadtkirche von Immenhausen

Nur der untere Teil des mächtigen Westturms der Kirche stammt aus dem 15. jahrhundert.

Die Glockenstühle und die Hauben wurden erst im 19. Jahrhundert aufgesetzt.

Der untere Teil des mächtigen Westturms der Immenhausener Kirche stammt aus dem 14. Jahrhundert. Das Schiff wurde 1409, der Chor 1446 erbaut. Die Glockenstube des Turms und die Turmhaube entstanden erst Mitte des 19. Jahrhunderts. Die dreischiffige, gewölbte Hallenkirche mit ihren spätgotischen Maßwerkfenstern zeigt uns heute qualitätsvolle Wandmalereien aus dem 15. Jahrhundert, die 1964-1965 aufgedeckt und wieder hergestellt wurden: So zeigen die Westwand des Kirchenschiffs den Pantokrator und das Jüngste Gericht, darunter eine Kreuzigungsgruppe mit Schächerkreuzen, die Nordwand die Geißelung Christi und den heiligen Sebastian. Die Chornordwand zeigt die Kreuzigung und die Kreuzabnahme, das Abendmahl und Märtyrer- sowie Ölbergszenen. An der Chorseitenwand zieht über einer Mariendarstellung ein apokalyptischer Reiter. Am dreizehnteiligen Taufstein sind Reliefs mit dem Kruzifix und den Aposteln zu sehen. Das spätgotische Chorgestühl entstand 1601 bis 1607.

Das freistehende Rathaus (rechts), ein Bau von 1662 mit dem Fachwerkobergeschoß und einer Freitreppe, zeugt von einer interessanten Ortsgeschichte, über die auch eine erhaltene, teilweise mehrere Meter hohe Wehrmauer und zwei Flankentürme Auskunft geben können. Mitte des 20. Jahrhunderts wurde in Immenhausen für böhmische und

Der stattliche Fachwerkbau des Rathauses in der Ortsmitte wurde 1662 erbaut.

Die Kirchenwände sind durchgehend bemalt.

Viele Szenen unterschiedlicher Größe stehen neben- und übereinander.

Die qualitätvollen Wandmalereien sind 1964-1965 aufgedeckt und behutsam wieder hergestellt worden.

Sie sind bereits im 15. Jahrhundert entstanden und beeindrucken den Besucher noch heute.

Im Museum der stillgelegten Glashütte kann man ihre vielfach ausgezeichneten Produkte besichtigen.

Die Hütte selbst ist still geworden, Fabriken haben die Hütten abgelöst.

schlesische Glasmacher eine Glashütte erbaut. Ihre Leitung übernahm Richard Süßmuth. Heute kann man im Museum die vielfach ausgezeichneten Produkte ansehen – die Hütte ist dagegen geschlossen. Preßglasfabriken haben die am Brennofen mundgeblasenen Glaserzeugnissse abgelöst.

Der noch vor wenigen Jahrzehnten erfolgreich arbeitende Betrieb, ist, wie die ehemalige Eisenhütte in Veckerhagen, …

…ein musealer Ort geworden.

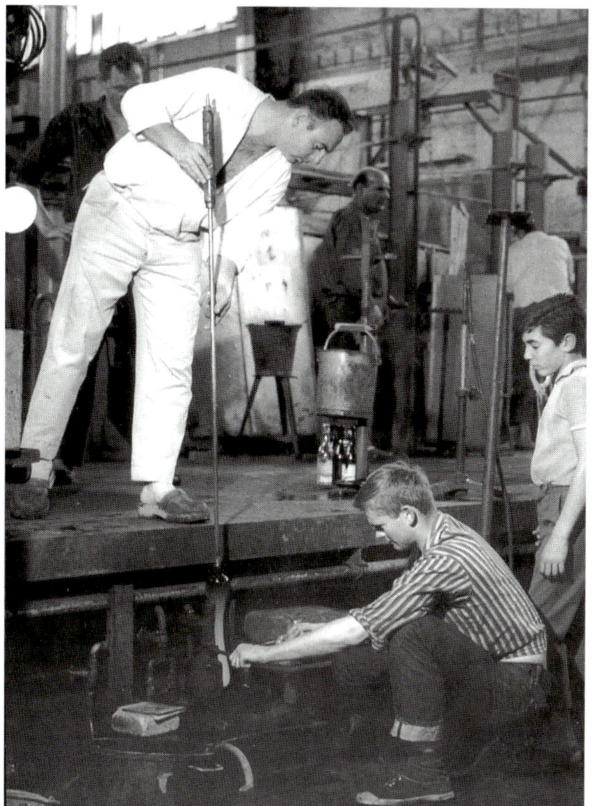

Eine Szene von der Arbeit und der mundgeblasenen Formung der Gläser. In der Hitze der Glashütte stehen immer Flaschen mit Trinkwasser bereit.

Im Luftbild erkennt man Grebensteins Reichtum an Fachwerkhäusern und Reste der ehemaligen Stadtbefestigung (siehe unten).

Das prächtige alte Stadtbild mit den vielen stattlichen Fachwerkhäusern lohnt den Besuch in Grebenstein.

Grebenstein ist um 1300 unterhalb einer älteren Burg als hessischer Stützpunkt gegen Mainz angelegt worden. Die erste Einäscherung als Stadt fand im Jahr 1324 statt. Das Luftbild (vorherige Seite) zeigt ein prächtiges Stadtbild mit einem sehr regelmäßigen Straßennetz. Eines der Baurechtecke war für die Kirche und das Rathaus ausgespart worden. Die evangelische Stadtkirche wurde 1311 erstmals erwähnt. Ihr schmales Glockengeschoß stammt aus dem späten 15. Jahrhundert. Nach einem Brand im 17. Jahrhundert mußte die Kirche erneuert werden. Eindrucksvoll ist der mächtige fensterlose Westturm.

Auf der Fahrt von Kassel in den nördlichsten Zipfel von Hessen fällt auf einer Anhöhe südlich vor Grebenstein ein langgestrecktes Mauerwerk ins Auge. Auf einer Basaltkuppe war im 14. Jahrhundert auf der ehemaligen landgräflichen Burg ein dreigeschossiger hessischer Amtssitz entstanden. Seit dem 16. Jahrhundert diente der mächtige Bau nur noch als Fruchtspeicher, im 18. Jahrhundert verfiel er.

In den letzten Jahren wurde die fast zugewachsene Ruine freigelegt. Heute führt eine Metalltreppe hinauf auf das ehemalige Bauwerk: Ein herrlicher Blick auf den Ort und die umgebende Landschaft belohnt den Aufstieg.

Steigen wir hinauf zur Burg Grebenstein, die 1700 in großen Teilen zerstört, heute aber wieder begehbar gemacht worden ist.

Staunen wir über die Größe und Höhe der ehemaligen Burganlage und versuchen wir uns vorzustellen,wie sie vor Jahrhunderten ausgesehen haben mag.

Eine sichere Treppe führt hinauf bis zur Spitze der mächtigen Ruine und belohnt mit dem Blick hinunter auf den Ort und hinaus in die umgebende Landschaft.

So liegt Grebenstein noch immer zu Füßen der ehemaligen Burg, deren Schutz man heute nicht mehr bedarf.

Route 12

Mit der 12. Route schließt sich der Kreis, den wir im Dreiländereck um Bad Karlshafen herum beschrieben haben. Mit dem Tierpark nahe der Sababurg gehört sie schon zu den beliebten Zielen für die Kasseler Familienausflüge.

Aber auch für andere Ausflügler bietet sich nochmals ein wechselvolles Routenprogramm an, das schließlich von Hofgeismar-Gesundbrunnen aus in den Reinhardswald hineinführt. Im ehemaligen Wallfahrtsort Gottsbüren findet es seinen Ausklang. Vielleicht lockt zum guten Ende eine köstliche Mahlzeit auf der Sababurg oder im Helmarshausener Klosterkrug.

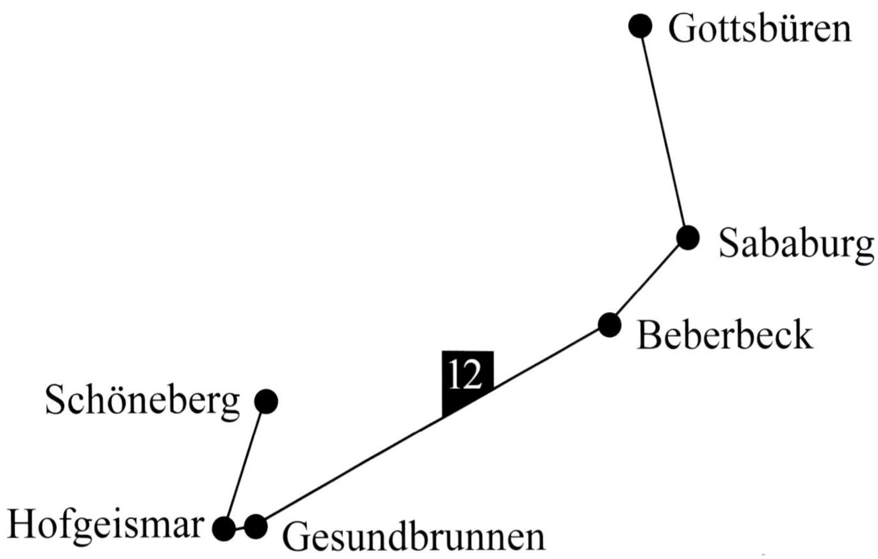

Reformation zwischen Weser und Diemel

Jochen Desel

Reform vor der Reformation

In den Rahmen der zahlreichen spätmittelalterlichen Erneuerungsbestrebungen innerhalb der katholischen Kirche ist auch eine monastische Reformbewegung einzuordnen, die im Benediktinerkloster Bursfelde an der Weser ihren Ausgang nahm. Wie in vielen anderen Klöstern hatten in Bursfelde Spiritualität und Frömmigkeit immer mehr abgenommen. Darüber hinaus war es zu einer wirtschaftlichen Krise gekommen. In der ersten Hälfte des 15. Jahrhunderts war das Kloster so zerfallen, »daß in demselben nicht mehr, denn eine einzige Kuh und Konventualperson, welche die erstere die letztere erhalten müssen, übrig geblieben ist. Die Klosterkirche ist auch ganz baufällig und mit Stroh zur fremden Viehherberge gedeckt worden.«

In dieser desolaten Situation wurde Johann von Minden, genannt Dedenroth, aus dem Kloster Reinhausen 1433 als Abt nach Bursfelde berufen. Er hatte sich als erfolgreicher Klosterreformer ausgewiesen und begann sein Werk in Bursfelde mit dem gleichen Eifer wie in Reinhausen. Aus diesen Ansätzen entwickelte sich die Bursfelder Reformbewegung, die unter Abt Johann von Hagen fortgesetzt und organisatorisch als »Bursfelder Kongregation« institutionalsiert wurde. Zahlreiche Benediktinerklöster schlossen sich der Bursfelder Kongregation an, u. a. das benachbarte Benediktinerinnenkloster Lippoldsberg an der Weser und das Bendiktinerkloster Helmarshausen an der Diemel. Die Bursfelder Kongregation vereinigte im ausgehenden Mittelalter 129 Mönchs- und 64 Nonnenklöster. In Bursfelde selbst begann Johann von Minden auch damit, die ruinöse Klosterkirche zu renovieren.

Für die katholische Gesamtkirche kamen Reformbewegungen wie die Bursfelder Kongregation zu spät. Die Zeit war reif für die große Reformation, die, von Martin Luther in Wittenberg ausgehend, auch im nördlichen Hessen Fuß faßte.

Die Anfänge der Reformation in Immenhausen

In seinem nördlichen Herrschaftsbereich hatte sich zunächst Landgraf Philipp von Hessen der Einführung der lutherischen Reformation in seiner Landgrafschaft widersetzt. Trotzdem begann Bartholomäus Riseberg, ein Freund und Schüler Martin Luthers, eine reformatorische Predigttätigkeit in der Immenhäuser Stadtkirche. Schon 1523 wurde er vom Rat der Stadt zum Prediger berufen. Vormittags predigte in der Kirche ein Dominikanermönch, nachmittags der Lutheraner Riseberg. Nach einer alten Chronik soll Riseberg dem predigenden Mönch zugerufen haben: »Lege die Schrift recht aus.« In dieser kirchenkampfähnlichen Situation ließ sich der damals noch katholische Landgraf Philipp von Hessen von den Gegnern Risebergs dazu überreden, ihn am 12. Juni 1523 zu verhaften und in den Gefängnisturm der Grebensteiner Burg zu werfen. Nach fünfwöchiger Haft konnte sich Riseberg mit Hilfe von außen befreien und entkommen. Er ist nie mehr nach Hessen zurückgekehrt und wurde später Superintendent in Gardelegen.

In der bekannten Immenhäuser Gutenberg-Bibel, die heute in der Bibliothek der Gesamthochschule Kassel liegt, findet sich über das Wirken Risebergs eine zeitgenössische Eintragung in lateinischer Sprache, die in deutscher Übersetzung wiedergegeben sei: »Im Jahre des Herrn 1523 begann das Wort des Herrn zu leuchten, wobei die Immenhäuser zunächst ungläubig waren und murrten. Sie übergaben Bartholomäus, den evangelischen Prediger der Wahrheit, dem Kerker, aus dem er jedoch befreit wurde und ins Ausland entkam.«

Über die Einführung der Reformation im hessischen Immenhausen berichtet auch eine alte Inschrift, die an der Empore der Immenhäuser Stadtkirche eingeschnitzt ist:

»Der du o her dem hessen landt
Dein gotlich Lher hast zugesandt
In dieser stadt erst gefangen an
Du wollest mitgnad stets bie uns stan
Fhur uns den wegk zum himmel zu
Vor falschem stegk uns behuten thu
helff uns o Jesu Christ erwerben
Das himmelrich wen wir sterben.
Amen«

Johannes Westermann in Hofgeismar

Nach seiner Hinwendung zur Reformation im Jahre 1525 unterstützte Philipp von Hessen konsequent die Einführung der reformatorischen Bewegung in seinem Land, insbesondere auch im nördlichen Teil Niederhessens, dem Gebiet zwischen Weser, Diemel und Reinhardswald. Dabei war eine der wichtigsten Aufgaben die Errichtung evangelischer Pfarrstellen, nicht nur in Städten, sondern auch in den Dörfern. Ein kirchliches Organisationsnetz wurde eingerichtet, das in seinen Grundzügen der mittelalterlichen Kirchenordnung des Gebiets entsprach. Als Pfarrer wurden ehemalige katholische Geistliche eingesetzt, die vom Kasseler Superintendenten neu ordiniert wurden. Es gab aber auch bereits Absolventen der Wittenberger Universität, die als Luther-Anhänger nach Hessen kamen. Einer von ihnen war der ehemalige Augustinermönch Johannes Westermann aus Lippstadt, der bei Luther studiert hatte und in Wittenberg 1523 zum Doktor der Theologie promoviert worden war. Nach seinem Wirken als evangelischer Prediger in seiner Heimatstadt Lippstadt war er von den katholischen Fürsten ins Gefängnis geworfen und dann freigegeben worden unter der Bedingung, daß er Lippstadt räume. Ungefähr 1535 kam Westermann als evangelischer Diakon (zweiter Pfarrer) nach Hofgeismar und setzte sich dort nachdrücklich für die Einführung der Reformation an der Altstädter Kirche ein. Der zeitgenössische Dichter Johannes Pollius würdigte den Hofgeismarer Reformator Johannes Westermann mit einem lateinischen Epigramm, das in deutscher Übersetzung auszugsweise wiedergegeben sei:

»War nur irgendein Mann der Verehrer des lauteren Glaubens; hat ein aufrichtiges Herz Treue und Glauben bewahrt; lieget lebendige Weisheit nur einem am wärmenden Herzen; brechen nicht Leiden der Zeit einem die trotzende Kraft – Westermann heißt er, der Lehrer, von dem die göttliche Muse mehr als einmal uns sang, mehr als einmal gerühmt. (...)

Freuet sich jetzt doch Geismar, die hessische Stadt, des Propheten, bat sie doch eben um ihn, gab ja Belohnung der Fürst! Und nun ist er verehrt als Hirt wohl würdig der Ehre, dessen beredtester Mund himmlische Wahrheit gebracht.«

Kirchliche und soziale Neuordnung

Da Hofgeismar im Mittelalter ein kirchliches Zentrum des Erzbischofs von Mainz gewesen war, sah die reformatorische Bewegung ihre vordringliche Aufgabe darin, die kirchliche Organisation neu zu ordnen und die reichen Kirchengüter für kirchliche und soziale Aufgaben zu verwenden. So wurden in Hofgeismar wie auch anderwärts die kirchlichen Immobilien und Besitzungen zur Dotierung der neuerrichteten evangelischen Pfarrstellen verwendet, daneben aber auch Lehrerstellen finanziell abgesichert. Ein großer Teil der vorhandenen Mittel wurde so »zum gemeinen Nutzen« eingebracht.

Ein wichtiger Ansatz für die soziale Arbeit der neuentstandenen evangelischen Kirche in Hessen war die von Landgraf Philipp von Hessen initiierte Einrichtung von Hospitälern in Städten und Dörfern seines Landes für die mittellosen und alten bzw. kranken Menschen in den Gemeinden. Die notwendige Dotation der neueinzurichtenden Hospitäler wurde vorwiegend aus den reichen Mitteln der aufgelösten Klöster in der Landgrafschaft Hessen gewonnen.

1527 erließ Philipp von Hessen einen »Denkzettel«, in dem das Vorgehen geregelt wurde. Im einzelnen bestimmte das landgräfliche Papier:

1. die Einsetzung von Klostervögten, die für die ordnungsgemäße Auflösung der Klöster verantwortlich waren,

2. die Aufzeichnung des Klosterbesitzes in einem besonderen Verzeichnis,

3. die Einrichtung eines Verzeichnisses der »Kleinodien«, die an die landgräfliche Kammer abzuführen waren,

4. die Abfindung der Klosterpersonen, die sich in der Praxis oft widersetzten, ihr Kloster zu verlassen, um in eine ungewisse Zukunft zu gehen.

Die Verwendung des Klostergutes »zur Förderung des gemeinen Nutzes« war wie folgt vorgesehen:

1. Eine bestimmte Summe sollte an den hessischen Adel ausgezahlt werden, der die Klöster als Versorgungsstätte für unverheiratete Söhne und Töchter angesehen hatte.

2. für die Gründung der Landesuniversität Marburg,

3. als Pfarrer- und Lehrerbesoldung,

4. für die Einrichtung von Hospitälern und zum Aufbau des Armenwesens.

Im Lande zwischen Weser und Diemel wurden Hospitäler in folgenden Städten und Gemeinden eingerichtet: Hofgeismar, Grebenstein, Immenhausen, Trendelburg und Lippoldsberg.

In Hofgeismar entstand das Hospital in den Gebäuden des aufgelösten Franziskanerklosters an der Hofgeismarer Stadtmauer. Die Franziskanerkirche wurde in eine Zehntscheune umgewandelt, und die Klostergebäude nahmen die armen und alten Stadtbewohner auf. Das Hofgeismarer Hospital wurde reich dotiert aus dem Besitz des ehemaligen Chorherrenstifts und anderen Einrichtungen. Auch die nach der Reformation nicht mehr benötigte Hofgeismarer Petrikirche fiel mit ihren Einkünften an das Hofgeismarer Hospital.

In Trendelburg wurde das Hospital 1558 in der nahe gelegenen Kirche von Drenge eingerichtet. Eine Umzäunung des Grundstücks sollte nicht stattfinden, um das vom Landgrafen und seinen Beamten gejagte Wild nicht zu behindern.

1535 wurde für das Hospital in Hofgeismar eine Ordnung verabschiedet, die vor allem die Einkünfte der Einrichtung festschrieb.

Auch für das Hospital in Grebenstein wurde 1535 eine ausführliche Hospitalordnung von den landgräflichen Beauftragten Kurt von Elben und Heinz von Luther sowie Adam Fulda aufgerichtet.

Das Lippoldsberger Hospital wurde 1563 auf Befehl des Landgrafen Philipp gebaut und aus Klostereinkünften dotiert.

In den folgenden Jahrzehnten und Jahrhunderten zeigte sich, daß die Einrichtung der Hospitäler in den Städten und Dörfern der Landgrafschaft Hessen außerordentlich segensreich gewesen ist. Sie war der Grundstein für eine moderne soziale Entwicklung in der Landgrafschaft.

Auflösung der Klöster Helmarshausen und Lippoldsberg

Ein besonderes Thema im Zusammenhang mit der Einführung der Reformation im Land zwischen Weser und Diemel ist die Frage, was aus den vielen Kunstschätzen der Kirchen und Klöster geworden ist. Es wurde schon darauf hingewiesen, daß die sogenannten Kleinodien, also Abendmahlsgeräte wie Kelche, Patenen und Kannen, aber auch Reliquien und andere Gold- und Silbergegenstände an die landgräfliche Kammer nach Kassel abzuführen waren. Allerdings gab es auch andere Entwicklungen. In dem reichen Bendiktinerkloster Helmarshausen an der Diemel wurde der letzte dort lebende Abt Georg von Mahrenholz beschuldigt, die Klostergüter verschleudert zu haben. Nach einem Bericht des Helmarshäuser Konventes und der Bürger der Stadt habe der Abt mit den eingepackten Wertsachen flüchten wollen und sei durch zwei Mönche daran gehindert worden. Die Helmarshäuser Einwohner waren über die beabsichtigte Entführung der Reliquien so ergrimmt, daß sie den Abt bedrohten und ihn in die Diemel werfen wollten. Man mußte ihn schützen, als er trotzdem unter die Menge ritt. Den Frauen ging es besonders nahe, daß die Reliquien der heiligen Jungfrau und der Märtyrerinnen dem Ort entfremdet werden sollten. Der Abt verließ die Stadt Helmarshausen und rief: »Ade Helmarshausen, dich sehe ich nie wieder!«

In einem landgräflichen Visitationsbericht des Jahres 1556 ist übrigens erwähnt, daß die romanische Klosterkirche des Helmarshäuser Klosters kurz vorher eingestürzt war, das Grabmal des Kirchenpatrons Modoaldus aber daraus gerettet und verkauft werden konnte. Der Erlös diente zur Besoldung des Kirchendieners. Die (Altar)Tafel wurde für 7 Florin verkauft, um einen Rock (Talar?) des Pfarrers zu finanzieren .

Die Einführung der Reformation im Benediktinerinnenkloster in Lippoldsberg an der Weser war ebenfalls mit Schwierigkeiten verbunden. Die dortige letzte Klosterpriorin Lutrudis von Boyneburg widersetzte sich vehement der Entsendung eines evangelischen Pfarrers zur Predigt des Evangeliums nach Lippoldsberg. Dort zeigte man sich nicht bereit, den landgräflichen Sendboten aufzunehmen. Der Landgraf ließ es bei einem Versuch nicht bewenden und befahl im Frühjahr 1539 dem evangelischen Pfarrer Sebaldus Helmbrecht, nach Lippoldsberg zu reisen und dort die evangelische Lehre einzuführen. Helmbrecht war im benachbarten Gottsbüren als evangelischer Prediger tätig. Am Sonnabend vor Laetare 1539 kam er in Lippoldsberg an, stieß aber wie sein Vorgänger auf die einmütige Ablehnung der Klosteroberen. Diese beriefen sich auf eine Anordnung des braunschweigischen Herzogs Erich, der ihnen verboten habe, einen fremden Prädikanten anzunehmen. Das Lippoldsberger Kloster lag im Grenzbereich zwischen Hessen und Braunschweig. Alle Versuche Helmbrechts, den Konvent umzustimmen, blieben vergeblich. Als er auf dem Kirchhof predigen wollte, sorgte der Propst dafür, daß die Kirchenglocken nicht läuteten. Der Gottsbürener Pfarrer mußte unverrichteter Dinge wieder abziehen. Helmbrecht wurde 1545 Inhaber einer Grebensteiner Pfarrstelle.

1543 kam dann ein Vertrag zustande, der die Entsendung eines Pfarrers nach Lippoldsberg regelte und seine Einnahmen aus Klostereinkünften sicherstellte. Die neuerrichtete Pfarrstelle wurde dann zunächst von dem Vernawahlshäuser Pfarrer Heinrich Mumme mitversorgt. Mumme war bis ca. 1526 Zisterziensermönch im Kloster Wilhelmshausen an der Fulda gewesen und hatte in Vernawahlshausen als evangelischer Pfarrer seinen Lebensunterhalt zunächst als Gerber und Leinweber erworben. Ihm erging es ähnlich wie vielen anderen evangelischen Pfarrern nach der Reformation. Wegen ihres ungeregelten Einkommens versuchten sie, mit der Ausübung eines Handwerks oder eines Gewerbes ihren Lebensunterhalt zu sichern.

Durch solche anderweitigen Tätigkeiten der Pfarrer kamen aber Unterricht und Verkündigung in den neuerrichteten evangelischen Gemeinden zu kurz. Die Visitationen der landgräflichen Beauftragten stellten die Mißstände auch prompt fest.

Das Bilderverbot

Im Zusammenhang mit der Auflösung der Klöster durch landgräfliches Reskript im Jahre 1527 erging auch der Befehl, »daß alle Heiligenbilder abgeschafft werden sollten«.

Dieser Befehl wurde 1540 in der landgräflichen Instruktion für das Wormser Religionsgespräch noch einmal bekräftigt: »Wenn man unserer Meinung wollte folgen, sollte man die [Bilder] ganz abtun, denn sie sind im Alten Testament heftig verboten ... will man aber etliche Bilder leiden ... so lassen wirs auch geschehen, aber doch daß die Prediger in der Predigt die Bilder aus der Menschen Herzen bringen ...«.

An Weser und Diemel ist das Bilderverbot zunächst nur halbherzig befolgt worden. Das 1549 in Niederhessen akzeptierte »Interim«, eine teilweise vorübergehende Rekatholisierung des Landes für die Zeit der kaiserlichen Gefangenschaft Landgraf Philipps von Hessen, brachte einen weiteren Aufschub des protestantischen Programms zur Entfernung der katholischen Zeremonien und Bilder. Die transportablen Tafeln der Altäre wurden wohl teilweise ganz entfernt, teilweise aber auf den Dachböden der Kirchen aufbewahrt wie z. B. das Hofgeismarer Passionsretabel von ca. 1310, das sich in der Franziskanerkirche an der Hofgeismarer Stadtmauer befand und die Zeitläufe überlebt hat.

Auch die umfangreichen Bildfolgen der mittelalterlichen Wandmalereien in den Stadtkirchen von Hofgeismar, Immenhausen, Grebenstein, Liebenau und Trendelburg wie auch in der Gottsbürener Wallfahrtskirche sind nicht vernichtet, sondern nur übermalt worden. In der Reformationszeit errichtete Emporen vor den Wandmalereien gaben den Bildern einen zusätzlichen Schutz. Jetzt sind sie nach ihrer Freilegung im 20. Jahrhundert durch unsachgemäße Restaurierung und Umweltschäden erheblich bedroht.

In der Deiseler Dorfkirche entstanden in evangelischer Zeit 1560 neue spätgotische Wandmalereien von einem unbekannten Maler »DR«, der in »bäuerlicher« Manier biblische Szenen und Personen für die evangelische Gemeinde abbildete (siehe Route 1.4).

Zu einem radikalen »Bildersturm« kam es erst unter Landgraf Moritz von Hessen (1572 - 1632), der sich der reformierten Richtung des evangelischen Bekenntnisses mit absolutem Bilderverbot zuwandte. Er war wohl verantwortlich für das »Köpfen« der Nischenheiligen neben dem Südportal der Altstädter Kirche in Hofgeismar und für das Entfernen der mittelalterlichen, mit Figuren verzierten Taufsteine in Lippoldsberg, Immenhausen und Hofgeismar, die erst im 20. Jahrhundert wieder in die Kirchen zurückgeholt worden sind. Immerhin konnte trotz der Bilderfeindlichkeit des Landgrafen Moritz die mit den Figuren von Christus, Maria und Johannes geschmückte Renaissance-Holzkanzel der Kirche in Hümme entstehen.

Ein endgültiges Aus brachte die Reformation für die im Mittelalter wirtschaftlich und kulturell so bedeutsame Heiligblut-Wallfahrt in das Reinhardswalddorf Gottsbüren. Hinfort wurde die gotische Wallfahrtskirche mit ihren nur teilweise erhaltenen mittelalterlichen Kunstwerken nur noch als Gemeindekirche genutzt.

Verwendete Literatur:

Bleibaum, Friedrich (Hrsg.): Kreis Hofgeismar. Marburg/Lahn 1966. (Handbuch des Heimatbundes für Kurhessen, Waldeck und Oberhessen, Band III).

Dersch, Wilhelm: Hessisches Klosterbuch. 2. Aufl. Marburg/Lahn 1940.

Desel, Jochen: Das Kloster Lippoldsberg und seine auswärtigen Besitzungen. Melsungen 1967.

Falckenheiner, Carl Bernhard Nicolaus: Geschichte hessischer Städte und Stifter. Bd. II. Cassel 1842.

Ganßauge, Gottfried: Die Malereien in der Dorfkirche zu Deisel. In: Heimatjahrbuch für den Kreis Hofgeismar 1959, S. 62 - 65.

Hütteroth, Oskar: Die althessischen Pfarrer der Reformationszeit. Marburg/Lahn 1966. Kirchenführer Stadtkirche Immenhausen o. J. (Faltblatt)

Pfaff, Friedrich: Die Abtei Helmarshausen. Ein Beitrag zur älteren Geschichte der Landschaft an der unteren Diemel. Kassel 1911.

Schmidt, Hermann: Die Klosterkirchen zu Bursfelde und Lippoldsberg. In: Heimatjahrbuch für den Kreis Hofgeismar 1952, S. 22 - 29.

Urkundliche Quellen zur hessischen Reformationsgeschichte. Bd. I - III. Marburg/Lahn 1954 - 1957. (Veröffentlichungen der Historischen Kommission für Hessen 11, 1 - 3).

Warlich-Schenk, Brigitte u. Braun, Emanuel: Kulturdenkmäler in Hessen. Kreis Kassel Teil I. Braunschweig/Wiesbaden 1988.

Wolff, Wilhelm: Die Säkularisierung und Verwendung der Stifts- und Klostergüter in Hessen-Kassel unter Philipp dem Großmütigen und Wilhelm IV. Ein Beitrag zur deutschen Reformationsgeschichte. Gotha 1913.

Die kleine Fachwerkkirche, kaum größer als Nachbarhäuser, gehört zu den Gründungsbauten der Ortschaft. Eine Inschrift über dem Türsturz weist auf die französischen Umsiedler aus der Dauphiné hin.

Das Dorf Schöneberg wurde 1699 als Hugenottenkolonie angelegt, etwa gleichzeitig mit der Kolonie Sieburg, dem späteren Karlshafen. Sein Name bezieht sich auf die fast verschwundene Burg Schöneberg, zu deren Füßen der Ort entstanden ist.

Um 1150 hatte das Mainzische Hofgeismar auf dem Schöneberg eine Schutzburg errichten lassen. Nach dem Aus-

Eine hugenottische Nachfahrin (rechts) begrüßte uns jedesmal freundlich, wenn wir Dorf und Kirche besuchten.

Die Kanzel steht hinter und über dem Altar an der Ostwand der reformierten Kirche, ganz im Blickpunkt der Gemeinde.

sterben der Herren von Schöneberg ging die Burg in hessischen Besitz über, verfiel und wurde schließlich abgebrochen. Ihre Steine fanden beim Bau der Sababurg im Reinhardswald Verwendung.

Nur wenige Schöneberger Häuser stammen noch aus dem 18. Jahrhundert. Von den Gründungsbauten ist die kleine Fachwerkkirche erhalten geblieben, kaum größer als die umliegenden Bauernhäuser. Als ehemalige Filialkirche fügt sich der Bau bescheiden in die Reihe der Wohnhäuser ein. Die Kirche ist tagsüber geöffnet.

Beim Eintreten in die Kirche fällt der Blick frontal auf die Kanzel über dem Altar, wie es bei reformierten Kirchengemeinden üblich war. Damit ist die Predigt in den Mittelpunkt des Gottesdienstes gerückt. Die noch originale Einrichtung zeugt von großer Bescheidenheit, doch wirkt der Raum licht und einladend. Besonders der Eingangsbereich, in vielen Kirchen nur von funktionaler Bedeutung, ist trotz sparsamster Mittel vorbildlich gestaltet. In schöner Bewegung führt die schmale Holztreppe zur Empore mit der zierlichen barocken Orgel hinauf. Dieses besondere Schmuckstück gelangte erst 1965 nach Schöneberg, um die äußerst bescheidene Vorgängerin abzulösen. Inzwischen ist das Instrument gründlich überholt worden.

Nur ein schmaler treppenaufgang führt hinauf zur Orgelempore –

– doch er wirkt ebenso freundlich wie die Kirche selbst.

Die zierliche barocke Orgel, ein Schmuckstück der Kirche, gelangte erst 1965 nach Schöneberg und löste die bescheidene Vorgängerin ab.

In den neunziger Jahren erbarmte man sich dieses verfallenden ältesten Hauses im Ort. Für Kasseler Architekturstudenten diente seine Sanierung als Studienprojekt.

Während die Straßenfront noch passabel aussah, zeigte sich der volle Ruin des Hauses auf der Rückseite (unten).

Der Ruin war zwar weit fortgeschritten, trotzdem ließen sich Bauweise und konstruktive Details noch ...

...vom Keller bis hinauf zum Dachboden verfolgen und die Nutzung der Räume und Tätigkeiten erkennen.

In den neunziger Jahren erbarmte man sich des verfallenden ältesten Hauses im Ort, das 1699 für hugenottische Einwanderer erbaut wurde und lange bewohnt worden ist. Für Architekturstudenten der Universität Kassel diente die Sanierung des Hauses als Studienprojekt.

Unter der fachkundigen Leitung von Prof.Dr.H. Klose begannen die Studenten zunächst mit der Entrümpelung des Hauses. Die später angebaute Haushälfte wurde abgerissen. Dann folgte Zug um Zug unter Verwendung noch benutzbarer Bauteile eine sorgsame Wiederherstellung. Das Hugenottenhaus entstand in allen Einzelteilen wieder in seiner ursprünglichen Form. Es ist ein Schmuckstück für Schöneberg geworden und wird heute museal genuzt.

Bereits im 13. Jahrhundert wurde die romanische Basilika zur gotischen Hallenkirche umgebaut. Unten links: Die romanischen Türzieher am Portal.

Wie nähert man sich einem Ort, der zwar von überschaubarer Größe ist, sich jedoch nicht als einheitlich Ganzes darstellt und – breit gefächert – ganz unterschiedliche Schwerpunkte zur Betrachtung anbietet? Unsere Auswahl erfolgt wieder subjektiv, sie entspricht keineswegs der vorhandenen architektonischen Vielfalt.

Auch in Hofgeismar ist es nicht gerade die Fußgängerzone, deren Erscheinungsbild der Stadt gerecht wird. Man folge daher lieber verwinkelten Gassen und Straßenzügen ins Zentrum der Altstadt, zum Altstädter Kirchplatz. In seinem Mittelpunkt steht die Kirche, von den Häusern in gehörigem Abstand umgeben.

Die Altstädter Liebfrauenkirche gehörte in eine der ersten drei Siedlungen. Sie war nicht nur Pfarrkirche, sondern zugleich Kollegiatskirche eines im 12. Jahrhundert gegründeten Chorherrenstifts. Bereits im 13. Jahrhundert begann der Umbau der dreischiffigen romanischen Basilika zur gotischen Hallenkirche. Aus romanischer Zeit ist der mächtige Westturm mit dreiteiligen, säulchengeschmückten Klangarkaden und zweiteiligen Klangöffnungen erhalten geblieben.

Außen wie innen weisen Bauelemente auf unterschiedli-

che Entstehungszeiten hin, viele einzelne Teile von Ausstattungen und Ausgestaltungen haben sich zu einem neuen Ganzen gefügt. Nicht nur die Fragmente des großartigen, um 1310 entstandenen Hofgeismarer Passionsaltars sind zu bewundern, sondern auch die Hinterlassenschaften verschiedener Zeiten und schmückende Details wie geschnitzte Wangen eines Chorgestühls oder ornamentale Bauplastik. Mit der 1980 erfolgten Restaurierung hat sich der Gesamteindruck des Kirchenraums verändert. Die neugotische Fassung von 1860 wurde zurückgenommen, die Neuausmalung nach mittelalterlichen Farbresten läßt die Architektur besser zur Geltung kommen. Zu den mittelalterlichen Wandmalereien, die 1981 in der Liebfrauenkirche freigelegt worden sind, gehört die Darstellung der »Marter der Zehntausend«. Sie zeigt das Schicksal der zum Christentum bekehrten römischen Soldaten und ihres Anführers Achatius (nächste Seite).

Die Ringe im Löwenrachen, romanische Türzieher am Eingangsportal, symbolisierten im Mittelalter die Immunität des geweihten Orts. Wer verfolgt wurde und den Ring ergreifen konnte, befand sich in gleicher Sicherheit wie in der Kirche selbst. Das Tympanon mit der Hand Gottes ist historisierend eingefügt. Bis in das 13. Jahrhundert war sie das wichtigste symbolische Bild für Gottvater.

Ein sächsischer Edelhof soll die erste Ansiedlung da gewesen sein, wo später die Stadt Hofgeismar entstand. Den Anfang der Stadtgeschichte machten drei Siedlungen. In jeder wurde eine eigene große Kirche erbaut. Die Ortsteile wuchsen zusammen und erhielten zwischen 1220 und 1230 Stadtrechte. Bis ins 15. Jahrhundert war Hofgeismar im Besitz des Erzbistums Mainz, doch 1583 wurde die Stadt an Hessen abgetreten.

Romanische Pfeiler tragen Schmuckformen unterschiedlicher Entstehungszeiten.

Zu den 1981 freigelegten Wandmalereien gehört die bewegende Darstellung der »Marter der Zehntausend«. Sie zeigt das Schicksal der zum Christentum bekehrten römischen Soldaten und ihres Anführers Achatius.

Unten: Das Taufbecken mit Christus und Aposteln entstand im 14. Jahrhundert.

Romanische Tragfigur eines Chorgestühls des 14. Jahrhunderts

Die rechteckigen Hauptpfeiler mit Vorlagen und Diensten enden in der ehemaligen Vierung. Die Bilder des »Gnadenstuhls« (rechts) und des Stifters (links) stammen aus dem beginnenden 15. Jahrhundert.

Das 1730 durch Landgraf Karl erbaute Rathaus wurde Mitte des 19. Jahrhunderts romanisierend umgebaut.

Sie bilden eine reizvolle Vielfalt der Baustile. Im Hintergrund (Mitte) erkennt man das Stadtmuseum.

Der Spaziergang zum reichhaltigen Hofgeismarer Stadtmuseum führt an Wohnhäusern aus unterschiedlichen Erbauungszeiten vorbei.

Auch andere Bauten fügen sich gut in das alte Stadtbild ein.

Im späten 19. Jahrhundert gehört der dem Fachwerk nachempfundene Schmuck zu den Häusern des Heimatstils .

Einen anderen reizvollen Platz Hofgeismars findet man vor der dekorativen Rathausfassade, er bildet sich durch die Erweiterung einer darauf zuführenden Straße. Die ihn umgebenden Fachwerkhäuser und der dazu kontrastierende Rathausbau mit den malerischen Robinien davor – Kugelakazien – bilden eine stimmungsvolle Kulisse auch für den Wochenmarkt.

Das Rathaus wurde um 1730 unter Landgraf Karl auf Grundmauern eines mittelalterlichen Vorgängerhauses errichtet und Mitte des 19. Jahrhunderts romanisierend umgebaut. Restaurierte Villen und Bürgerhäuser in der Bahnhofstraße geben über den wirtschaftlichen Aufschwung Auskunft, der mit und nach der Gründerzeit auch in Hofgeismar einsetzte. Auch die Moderne ist durch den Bau des Finanzamtes aus den 20er Jahren in überzeugender Qualität vertreten.

Villen, Geschäftshäuser und Ämter in der Bahnhofstraße führen hinein ins 20. Jahrhundert.

Streng, sachlich oder im Gegensatz dazu vielfältig geschmückt zeigen sie sich in der breiten Straßenfront.

Selbst ein derartig dekorativer Bau reiht sich repräsentativ ein und sorgt für einen besonderen Kontrast.

In den zwanziger Jahren hat sich die Moderne durchgesetzt: Das Gebäude des Finanzamtes vertritt sie auf vorbildliche Weise (oben und unten).

Die ländlichen Bauweisen im Kreis Hofgeismar

Christine H. Bauer

Für den Forscher, der sich mit der Entwicklung der Haustypen befaßt, stellt sich der heutige Kreis Hofgeismar als eine Grenzregion zweier großer deutscher Hauslandschaften dar. Das Verbreitungsgebiet des niederdeutschen Hallenhauses, das alle Wohn- und Wirtschaftsräume unter einem Dach vereinigt, trifft hier auf die vor allem in Mitteldeutschland dominierende Gehöftform, die aus einem Wohnstallhaus und seperaten Wirtschaftsgebäuden besteht. So kommt es, daß sich seit dem 16. Jahrhundert spezifische Haustypen herausgebildet haben, die als baulicher Ausdruck dieser Kulturgrenze angesehen werden können.

Wer heute durch das hier beschriebene Gebiet im Nordosten reist, den beeindrucken überwiegend Gebäude niederdeutscher Bauart. Die Bauweisen der nördlichen hessischen Kreise orientieren sich nämlich an dem in den Nachbarregionen dominierenden niederdeutschen Hallenhaus. Dieser Haustyp zeichnet sich in seiner Grundform durch zwei parallel verlaufende Ständerreihen aus, die die Dachbalkenkonstruktion tragen, wobei das Dach durch angefügte Sparren weit über die beiden Ständerreihen ragt. Auf diese Weise entsteht ein großer dielenartiger Raum und zwei kleinere Abseiten, Kübbungen genannt. Das hohe Mittelschiff wurde als Dreschdiele und Arbeitsraum genutzt; in den Kübbungen waren vor allem die Ställe für die Rinder, die von der Diele aus gefüttert wurden. Im rückwärtigen Teil des von der Giebelseite her zugängigen Hauses lag der Wohnteil, während der Dachraum zur Bergung des Erntegutes diente. Das niederdeutsche Hallenhaus in dieser Form ist vor allem in den Gebieten Norddeutschlands mit überwiegender Viehwirtschaft anzutreffen. Der umfangreiche Viehbestand stellte für diese Betriebe einen wertvollen Besitz dar und wurde in den Wintermonaten gerne in nächster Nähe zur Wohnung gehalten.

Es wird in der Literatur gelegentlich angenommen, daß es auch im nordhessischen Raum bis ins 15. und 16. Jahrhundert Zweiständerbauten mit seitlichen Kübbungen und Wohnraum im hinteren Teil der Diele gab.[1] Dies läßt sich am heutigen Baubestand jedoch nicht mehr nachvollziehen; vielmehr weisen die noch vorhandenen Hallenhäuser im Kreis Hofgeismar ausschließlich Drei- und Vierständergefüge auf. Durch die zusätzlich eingefügten Ständerreihen wurden dabei die Seitenschiffe der Höhe der Diele angepaßt. Häufig ordnete man die Ständerreihen so an, daß im Gesamtgefüge des Hauses verschieden breite Seitenflügel entstanden. Im schmaleren Seitenschiff wurde häufig die Stallung untergebracht, während das breitere die Wohnung umfaßte und in Stube, Küche und Kammer unterteilt war. Damit unterscheiden sich die Hallenhäuser des nordhessischen Raumes von der Bauweise im benachbarten Westfalen, wo der Wohnraum bis ins 18. Jahrhundert im hinteren Teil des Hallenhauses verblieb.

Es ist anzunehmen, daß das Drei- bzw. Vierständerhaus im Kreis Hofgeismar aus einer Anpassung der niederdeutschen Bauweise an die Bedingungen des Mittelgebirges erwachsen ist. Hausforscher haben schon früh darauf hingewiesen, daß sich die traditionellen Kübbungsbauten der norddeutschen Ebene wenig für hügeliges Gelände eigneten, weshalb man zum Mehrständerbau mit hohen Außenwänden übergegangen sei.[2] Gleichzeitig ist festzustellen, daß sich Vierständerbauten vor allem in Regionen herausbildeten, deren gute Böden höhere Ackererträge erbrachten. Diese Hausform bot nämlich insbesondere für die im Dachraum lagernden Ernteerträge mehr Platz, da durch die zusätzlichen Ständerreihen dieser Raum vergrößert werden konnte, ohne daß statische Probleme auftraten.[3] Insofern stellten die Vierständerbauten die ideale Lösung für eine Region dar, die aufgrund ihrer spezifischen Bodenverhältnisse – hier ist vor allem der fruchtbare Lößboden im Dielenbereich zu nennen[4] – im Vergleich zu Norddeutschland bessere Erträge aus dem Ackerbau erzielte und daher größere Räumlichkeiten für die Unterbringung der Ernte benötigte.

Eine Sonderform dieser Vierständerbauten, die ebenfalls auf örtliche Verhältnisse zurückzuführen ist, findet man in der heutigen Gemeinde Reinhardshagen (bestehend aus den Dörfern Vaake und Veckerhagen). Der Grundriß der dortigen Gebäude ist von geringerem Umfang als bei üblichen Hallenhäusern und die Diele fast zum Flur geschrumpft. Von außen ist diese Veränderung an der kleinen giebelseitigen Haustür zu erkennen, die an die Stelle des großen Dielentors getreten ist. Der Grund für die Verkleinerung der Diele ist, daß die Bewohner dieser Orte sich weniger von der Landwirtschaft als vielmehr durch die Fischerei in der Weser ernährten. Andere verdingten sich in der um 1666 in Veckerhagen angesiedelten Eisenhütte oder als Waldarbeiter für Köhlerbetriebe. Landwirtschaft wurde im Nebenerwerb betrieben, deshalb benötigten die Bewohner keine ausgeprägte Diele als zentralen Wirtschaftsraum.[5]

Neben den dargestellten Längsdielenhäusern tritt im nordhessischen Raum seit der zweiten Hälfte des 17. und vor allem im 18. Jahrhundert eine weitere Hausform in Erscheinung: das Querdielenhaus. Wie die Hallenhäuser sind die Querdielenhäuser Vierständerbauten – der Grundriß liegt jedoch quer zum First.[6] Das Gebäude wird traufseitig erschlossen und hat in der mittleren Zone ebenfalls eine Diele, die von einem Wohn- und einem Stallteil eingeschlossen ist. Dieser Haustyp wird gelegentlich als Mischform zwischen den beschriebenen Längsdielenhäusern und dem mitteldeutschen Ernhaus bezeichnet, das traufseitig erschlossen wird und dessen dreizoniger Grundriß quer zur Längsachse liegt.[7]

Sowohl Längs- als auch Querdielenhäuser blieben lange Zeit – teilweise bis nach dem Zweiten Weltkrieg – ohne Rauchschlot oder Schornstein. Durch mündliche Befragungen und aufgrund von Spuren am Baubestand läßt sich nachweisen, daß die im Seitenschiff befindliche Stube gewöhnlich durch einen Hinterladerofen von der Diele aus beschickt wurde, wobei der Rauch des Ofens wiederum in den Dielenraum zurückgeführt wurde. Ebenso zog der Rauch des Küchenherdes in die Diele. Vielfach wurden aber auch über der Küche Räucherkammern angelegt, in die der Rauch zunächst abgeleitet wurde, der dann durch kleine Öffnungen in den Dachraum entweichen konnte.

Das Leben in Längs- und Querdielenhäusern war also wesentlich geprägt durch ein enges Miteinander von Menschen und Vieh sowie einen mangelhaften Rauchabzug. Im 19. Jahrhundert änderten sich jedoch die Ansprüche an die Wohnkultur: Man strebte nach einer besseren räumlichen Trennung von Wohnung und Ställen. Weiterhin forderten behördliche Richtlinien den Bau von Schornsteinen und eine Verbesserung der Feuersicherheiten bei ländlichen Bauten. Das führte unter anderem dazu, daß die Längs- und Querdielenhäuser zunehmend durch das mitteldeutsche Ernhaus verdrängt wurden, das diesen neuen Anforderungen eher entsprach.

Das mitteldeutsche Ernhaus zeichnet sich durch eine Dreizonigkeit des Grundrisses aus: Durch einen traufseitigen, mittigen Eingang gelangt man in den Ern bzw. Flur, an dessen Rückseite die Küche liegt. Diese wurde erst relativ spät durch eine Wand vom Ern abgetrennt. In der Küche befand sich das offene Herdfeuer, dessen Rauch durch einen Rauchschlot über das Dach abgeleitet wurde. Vom Flur aus betrat man die Stube, die auf der einen Seite des Erns lag. Auf der anderen Seite des Flurs war meist ein verhältnismäßig kleiner Stall für Rinder und Pferde untergebracht.

Zunächst versuchte man in Nordhessen, das Querdielenhaus mit dem Ernhaus in Form eines Ern-Querdielenhauses zu verbinden.[8]

Das Ern-Querdielenhaus zeichnet sich durch folgende Anordnung der Wohn- und Wirtschaftsräume aus: Wie beim mitteldeutschen Ernhaus gibt es eine Stuben- und eine daran anschließende Ernzone bzw. Küchenzone. Dann folgt die traufseitig geöffnete Diele, jenseits derer sich die Stallzone befindet. Wohn- und Wirtschaftszonen sind voneinander räumlich getrennt, was durch jeweils separate Zugänge dokumentiert wird.

Gleichzeitig setzte sich zu Beginn des 19. Jahrhunderts das Erntennenhaus, das ursprünglich in den mitteldeutschen Gebirgsregionen beheimatet war und seit dem späten 18. Jahrhundert durch die Behörden des Fürstentums Hessen-Kassel bevorzugt wurde, immer mehr auch im Kreis Hofgeismar durch. Beim Erntennenhaus erfolgt eine Addition von mitteldeutschem Ernhaus in Form des dreizonigen Wohnstallhauses und einer Scheune. Der Stall befindet sich also zwischen der Wohnzone mit Ern/Küche und der Scheune. Diese Bauweise ist feuersicherer, da die räumliche Trennung von Küchen- und Scheunenzone durch den Stallteil einen Funkenflug vom Küchenherd zur leicht entzündbaren Scheune verhinderte.[9]

Im Zuge der Agrarreformen des 19. Jahrhunderts verstärkte sich auch in Nordhessen die Tendenz hin zum mitteldeutschen Gehöft, das nun immer mehr in das Gebiet des niederdeutschen Hallenhauses eindrang.[10] Diese Gehöftform wurde den sich verändernden Ansprüchen an den Wohnkomfort und dem wachsenden Raumbedarf für das nun ganzjährig im Stall gehaltene Vieh und den durch die landwirtschaftlichen Ertragssteigerungen notwendigen größeren Erntebergungsraum im Vergleich zu den geschilderten Einhäusern am besten gerecht. Separate Gebäude für Wohnung, Stall und Scheune dokumentierten die neuen gesellschaftlichen und wirtschaftlichen Ansprüche der Bauern im 19. Jahrhundert.

Der nordhessische Kreis Hofgeismar zeigt also exemplarisch, durch welche Faktoren frühere Bauweisen beeinflußt wurden. Die ehemals hier weit verbreiteten, niederdeutsch beeinflußten Vierständerbauten zeichnen sich dadurch aus, daß sie sich den naturräumlichen Gegebenheiten Nordhessens und den daraus resultierenden landwirtschaftlichen Produktionsweisen anpaßten. Seit dem späten 18. und vor allem im 19. Jahrhundert spielten die sich ändernden Ansprüche an die Wohn- und Wirtschaftsweise sowie behördliche Einflußnahmen eine wesentliche Rolle. Zunächst versuchte man, durch eine Verbindung des Vierständerhauses mit dem in vielerlei

Hinsicht vorteilhafteren mitteldeutschen Ernhaus diesen Anforderungen gerecht zu werden – das jedoch nur eine Übergangsphase darstellt. Schließlich setzte sich das mitteldeutsche Gehöft im Kreis Hofgeismar durch.

Anmerkungen:

1 Lehrke, Horst, Das niedersächsische Bauernhaus in Waldeck, Marburg 1967, S. 24.

2 Ebda., S. 28

3 Für diese These spricht die Tatsache, daß in Norddeutschland infolge der Agrarrevolution im späten 18. und im 19. Jahrhundert die Zweiständerbauten vielfach durch Vierständerbauten abgelöst wurden, um die bisher in den Kübbungen untergebrachten Ställe sowie den Dachraum zu vergrößern. Baumgarten, Karl, Das deutsche Bauernhaus, Neumünster 1980, S. 43. Vgl. hierzu auch: Ellenberg, Heinz, Bauernhaus und Landschaft in ökologischer und historischer Sicht, Stuttgart 1990, S. 134.

4 Zur naturräumlichen Gliederung und ackerbaulichen Nutzung Nordhessens vgl. Pletsch, Alfred, Hessen, Darmstadt 1989, S. 21 u. 155.

5 Warlich-Schenk, B., Reinhardshagen und das diemelsächsische Bauernhaus, in: Jahrbuch für den Landkreis Kassel 1984, S. 112 - 116.

6 Vgl. dazu Müller, Liselotte, Das Bauernhaus im Kreis Hofgeismar, Münster 1940, S. 22 f.

7 Halfar, Wolfgang, Geschichte des Hauses in der Fachwerkarchitektur in der Region Wolfhagen, Wolfhagen 1993, S. 111 ff. Im Unterschied zu L. Müller differenziert Halfar zwischen Ern-Querdielenhäusern und Erntehäusern.

8 Müller, S. 24.

9 Ähnliche Entwicklungen fanden auch in Bayern statt, wo beispielsweise das Mittertennhaus, das bezüglich seiner Raumabfolge mit dem Querdielenhaus zu vergleichen ist, vom Mittelstallhaus verdrängt wurde. Vgl. Hoferer, R., Das Mittertennhaus, in: Bayerisch-Südostdeutsche Hefte für Volkskunde, München 1940, S. 71. Siehe auch: Scheidl, J., Das Dachauer Bauernhaus, München 1952, S. 91. Die hessischen Behörden sahen die Bauweise des Erntennenhauses im Vergleich zum mitteldeutschen Gehöft, das aus mehreren Gebäuden besteht, als holzsparend an, da hier Holz für die Errichtung von Außenwänden eingespart werden konnte. Dieser Umstand dürfte für den Siegeszug des Erntennenhauses in Nordhessen jedoch nicht ausschlaggebend gewesen sein, da hier bereits die Einhaus-Bauweise traditionell dominierte. Zum Erntennenhaus vgl. Bauer, Christine, Anspruch und Wirklichkeit landesherrlicher Baugesetzgebung. Analyse der Wechselwirkungen zwischen Verordnungen und Hausbau in Hessen-Kassel bzw. Kurhessen von 1532 bis 1866, Grünstadt 1992, S. 106 u. 219 ff.

10 Vgl. Halfar, S. 113 ff.

Simon Louis du Ry hat das Schlößchen Schönburg entworfen und erbaut. Gleichzeitig wurde die ursprünglich barocke Parkanlage zum Englischen Garten umgewandelt.

Das Luftbild zeigt die Anlage mit dem Park. Unten das Brunnenhäuschen des ehemaligen Bades

An diesem so ruhig gewordenen Ort ging es einst hoch her, wenn der Landgraf, den Kasseler Hof im Gefolge, in Gesundbrunnen zur Kur weilte. Das hessische Staatsbad war zwischen 1700 und 1805 ausgebaut worden, nachdem man bereits während des Dreißigjährigen Kriegs nordöstlich von Hofgeismar Quellen gefunden und die Heilkraft des »Säuerlings« erkannt hatte.

Eine Quelle wurde gefaßt, das erste Brunnenhaus gebaut. Zwischen 1745 und 1770 entstanden das Wilhelmsbad und das Friedrichsbad, einander gegenüberliegende zweigeschossige Flügelbauten mit Mansarddächern, Mittelrisaliten und vorspringenden Eckbauten. Der Badebetrieb nahm ständig zu. Die ursprünglich barocke Parkanlage wurde, der Zeit gemäß, zum Englischen Garten umgewandelt und für Landgraf Wilhelm IX. das Schlößchen Schönburg erbaut, »Montchéri« genannt. Simon Louis du Ry entwarf den klassizistischen Bau, dessen Vorderfont mit Kolonnade und Dreieckgiebel sich heute noch im Schwanenteich spiegelt. 1792 wurde das alte Brunnenhaus abgebrochen. Stattdessen entwarf du Ry den kleinen Rundtempel über einem begehbaren Brunnenraum inmitten der Anlage.

Alle Bauten, das Schloß wie die etwas älteren Badehäuser, wirken schlicht und zeichnen sich durch ausgewogene Proportionen und Fassadengliederung aus. Welche Bedeutung dem Bad am Stadtrand Hofgeismars zukam, zeigte das 1850 zwischen der Stadt und Gesundbrunnen entstehende Gebäude der Kurfürst-Friedrich-Wilhelm-Nordbahn: Die Hauptfassade mit dem Eingang weist in Richtung Gesundbrunnen! Nach der Übernahme durch Preußen wurde 1866 der Badebetrieb eingestellt.

Seit 1952 ist Gesundbrunnen Sitz der Evangelischen Akademie Hofgeismar. Als Einrichtung der Kirche von Kurhessen-Waldeck lädt sie zu Gesprächen, Tagungen, Seminaren und Kongressen ein. Das ehemalige Bad ist ein Ort der Ruhe geworden, ein Erholungsort ganz anderer Art. Wer ihn an einem schönen Sommertag besucht, sollte nicht versäumen, sich mit dem Quellwasser des Brunnentempels zu erfrischen – es schmeckt köstlich!

Die Straße von Hofgeismar-Gesundbrunnen führt hinein in den Reinhardswald. Eine Abzweigung zeigt die Einfahrt nach Beberbeck an.

Seitlich der Straße von Gesundbrunnen hinein in den Reinhardswald liegt – beim Vorbeifahren kaum zu sehen – die einstige Gestütsanlage Beberbeck.

Schloß Beberbeck, 1837-1840 erbaut, diente später dem Landstallmeister als Wohnsitz.

Die prächtige Rückfront, die dem einstigen Gestütshof und der Anlage zugewandt war.

In entgegengesetzter Richtung sieht man das Offiziantenhaus liegen. In der Mitte des Geländes steht der Springbrunnen.

Kurfürst Wilhelm II. ließ 1826-1829 das Anwesen zum Landesgestüt ausbauen.

Von Hofgeismar-Gesundbrunnen führt eine Eichenallee in nordöstlicher Richtung noch einmal hinein in den Reinhardswald. Wer sich heute dem ehemaligen Gestüt Beberbeck nähert, wird es anders vorfinden als wir vor wenigen Jahren. Es ist wieder Leben eingekehrt. Nach der 1992 begonnenen Renovierung und dem Neuausbau der über lange Zeit unbewohnten Gebäude unter bestmöglicher Einhaltung denkmalpflegerischer Auflagen dienen sie jetzt als Übergangswohnheim für deutsche Umsiedler aus Rußland sowie der Verwaltung ähnlicher Häuser in Nordhessen.

Ausgebaut und belegt wurden zunächst das »Offiziantenhaus« – das Beamtenhaus der ehemaligen Gestütsanlage – das Gasthaus und eines der beiden Fruchthäuser. Der Domänenbetrieb wie auch das Pflegeheim im Schloß sind von dieser Neubelegung nicht berührt.

Beberbeck gehört zu den Orten in dieser Region, in die man gern zum Rasten und längeren Verweilen einkehrt. Wie wir das zu Beginn unserer Erkundungen erlebt haben, schildert anschaulich der Journalist Günter Göge, den wir zu einer Tour dorthin einluden (siehe übernächste Seite).

Die Abbildungen illustrieren den Beitrag von Günter Göge, zeigen den kleinen Park mit dem zu jeder Zeit tätigen Springbrunnen, die Rückfront des Schlosses, die ehemals von Stallungen flankierte Anlage und Einblicke sowie Details vor und nach der Restaurierung.

Rechts und links des Offiziantenhauses stehen, etwas vorgerückt, die früheren Getreidespeicher. Auch der Getreidespeicher ist zum Wohnhaus umgebaut worden (unten).

Staatsdomäne Beberbeck: Das Hufgetrappel ist längst verstummt

Günter Göge

Die Stille ist fast beängstigend. Fensterläden und hölzerne Tore sind fest verschlossen. Keine Menschenseele im weitläufigen Hof, kein Auto auf dem abgetretenen Pflaster. Nur Mauern um den quadratischen Platz: langgestreckte Flügelbauten, von schlichten Pavillons unterbrochen. Die Formen sind schnörkellos und zweckmäßig. Ihr Reiz liegt in der Schlichtheit, in klaren Proportionen, in wohlgeordneter Weitläufigkeit. Beberbeck, einst berühmtes hessisches Pferdegestüt, bietet eine geradezu märchenhafte Kulisse – längst verlassen und scheinbar vergessen.

Von der Kreisstraße zwischen Hofgeismar und Sababurg aus nimmt man kaum Notiz davon. Ein Hinweis in der Linkskurve, dann ist der Eilige auch schon vorbei. Nur einen kurzen Moment gibt das Spalier der Eichen die Sicht frei auf die Anlage: Weit unten in der grünen Senke liegt sie, ruhig und abseits.

Aber Beberbeck lebt. Mit einem »Übermaß an Gebäuden«, wie der Verwalter der Staatsdomäne einräumt, werden 900 Hektar Land bewirtschaftet. Die Bewohner des Gutshofs und der anliegenden Siedlung verlieren sich fast darin. Mächtige Baumriesen beherrschen die parkähnlichen Flächen des Anwesens. Kastanienalleen führen von Beberbeck aus ins Nirgendwo.

Moderne Maschinen haben Mensch und Pferd verdrängt. Heute verdienen hier noch 15 Familien ihr Brot. Das Hufgetrappel der edlen Rosse ist schon seit Jahrzehnten verstummt. Auf den riesigen Hutewiesen weiden nun Kühe und Schafe.

Ackerbau und Viehzucht inmitten des Reinhardswaldes – so oder ähnlich muß es bereits vor 1000 Jahren hier ausgesehen haben, als Karl der Große die im Weserbergland lebenden Sachsen endgültig geschlagen hatte. Um die heidnische Bevölkerung zu christianisieren, entstanden Klöster auch an der Weser, zum Beispiel etwas weiter nördlich die Benediktinerabtei Corvey. Sie wurde, wie urkundlich erwähnt, 978 von Beberbeck mit Nahrungsmitteln versorgt.

500 Jahre später bewirtschaften Mönche des Klosters Lippoldsberg an dieser Stelle ein weit ausgedehntes Gut. Die nahegelegene Festung »Zapfenburg«, um 1334 vom Erzstift Mainz zum Schutz des Wallfahrtsortes Gottsbüren auf einem Felskegel errichtet und bald wieder zerstört, wird nach dem entscheidenden Sieg der hessischen Truppen über die Mainzer Armee von den Landgrafen als Jagdschloß wieder aufgebaut – sie heißt seitdem Sababurg. Beberbeck wird 1527 zur landgräflichen Domäne, der Ackerhof und der Klosterhof entstehen.

Auch Tiere werden in der Sababurg gezüchtet, zum Beispiel Pferde, sogenannte »Wilde«: widerstandsfähige Hengste und Stuten, die sich frei im Reinhardswald bewegen. Ein Tierpark wird angelegt. Die viereinhalb Kilometer lange Mauer umschließt das Jagdschloß und ein Stück des Waldes. Selbst Bruchsteine der verfallenen Burg Schöneberg bei Hofgeismar läßt Landgraf Wilhelm IV. zum Bau des Geheges heranschleppen.

Dann wütet der Dreißigjährige Krieg mit Zerstörung und Plünderungen. Über dem Wiederaufbau vergehen Jahrzehnte. Landgraf Karl weitet die Pferdezucht aus und bringt die Mutterstuten aus dem Sababurger Mauerpark in Beberbeck unter. Der ehemalige Klosterhof, heute auch Mittelhof genannt, wird in den Jahren 1724 – 1726 als Gestüt ausgebaut. Das Haus des Oberknechts entsteht an der Stelle des späteren Gasthauses. Der große, fast quadratische Hof östlich davon ist von den Stallungen und Wohnungen der »Stutknechte« umgeben. Der angrenzende Ackerhof wird weiter landwirtschaftlich genutzt.

Nur 25 Jahre später ist das Beamtenhaus schon zu klein. Parallel zur Herberge des Oberknechts wird deshalb das Offiziantenhaus errichtet: das ehemalige Verwaltungsgebäude mit dem dreigeschossigen Mittelbau hat noch heute ein Uhrtürmchen.

Beberbeck wächst weiter. Im 19. Jahrhundert läßt Kurfürst Wilhelm II. das Anwesen zum Landesgestüt ausbauen (1826 – 1829). Ein großer Platz westlich des Offiziantenhauses wird Schloßhof. Die beiden Längsseiten im Norden und Süden nehmen mächtige Stallungen ein. Sie bieten Raum für 340 Pferde. Zwei neue Fruchthäuser (Speicher) flankieren den Verwaltungstrakt.

Ein prächtiges, 1837 – 1840 entstandenes Schloß schließt den Platz: ein rechteckiger Bau mit hoher Freitreppe, Mittelrisalit und Kuppel. Er dient später dem Landstallmeister als Dienstsitz. Einige hundert Menschen finden nun in Beberbeck Arbeit und Brot.

Die Blütezeit erlebt das Gestüt erst unter dem »preußischen Brand« – dem von einer Schlange umwundenen Pfeil als Brandzeichen. Mit der Einnahme Kurhessens durch Preußen (1866) wechselt Beberbeck den Besitzer und erwirbt sich als preußisches Hauptgestüt einen geradezu legendären Ruf. »Die Beberbecker« machen sich als schnelle, unverwüstliche Sport- und Militärpferde einen Namen. Erst die Auflösung des Gestüts im Jahr 1929 beendet diesen Höhenflug. Kein Bedarf mehr an stolzen Rossen. Die Stallungen werden nach einem Brand abgerissen.

»Pferde raus, Nutzvieh rein« – auf diesen einfachen Nenner bringt der heutige Verwalter den Einschnitt. Die beamteten Pferdespezialisten verlassen den Reinhardswald, finden in anderen Gestüten oder Staatsdiensten neue Aufgaben. Beberbeck, zunächst Staatsgut und nun Staatsdomäne, ist wieder ein rein landwirtschaftlicher Betrieb. Nur die historischen Gebäude erinnern an glorreiche Zeiten.

Zuviele Häuser für zu wenige Menschen. Die Tiere sind ohnehin in Stallungen weit außerhalb untergebracht, direkt am Grünland, »das schafft kurze Wege«. Von den drei symmetrisch um eine von West nach Ost führende Mittelachse gruppierten Höfen werden nicht einmal zwei voll genutzt. Die Ställe sind leer, die Gebäude unbewohnt.

Stattlich und nutzlos steht das Offiziantenhaus da – aber die Turmuhr zeigt, daß die Zeit nicht stehen geblieben ist.

Das Brandzeichen des Beberbecker Gestüts hinter dem Offiziantenhaus.

Etwas weiter westlich zu beiden Seiten die Fruchthäuser, dann der Weg durch den Park, der Springbrunnen und schließlich das Schloß, von alten Bäumen dicht umwachsen. Seit 1946 ist es als Altenpflegeheim vermietet. Ob das so bleibt?

Die große Zeit von Beberbeck ist lange vorbei, die verbliebene Idylle kaum mehr zu bezahlen. Was auf dem Gutshof erwirtschaftet wird, dient der Erhaltung der denkmalgeschützten Gebäude. Die Bewohner wandern nach und nach ab, die eigene kleine Welt der Beberbecker löst sich auf.

Zwar führt noch immer eine Straße nach Beberbeck, und noch immer sind die Bewohner alle irgendwie mit dem Gehöft verbunden. Es gibt einen Sport- und einen Schützenverein, den domäneeigenen Fußballplatz und einen kleinen Friedhof. Jeden zweiten Sonntag ist zudem Gottesdienst in der Kapelle, dem großen runden Saal unter der Kuppel im Schloß.

Doch die Schule ist geschlossen und zum Dorfgemeinschaftshaus umgebaut. Die kleine Kneipe hat aufgegeben, und auch der Laden mußte schließen.

Die Beberbecker kaufen nun in den Supermärkten der Umgebung ein. Beberbeck ist Stadtteil von Hofgeismar geworden. Die Eigenständigkeit ging verloren.

Nur die Ruhe blieb dem Ort bewahrt. Der Besucher aus der »Welt draußen« empfindet sie fast körperlich.

Nachtrag: Wenige Jahre nach dem Entstehen dieses Textes ist die Anlage Beberbeck restauriert und als Übergangswohnheim für Umsiedler eingerichtet worden.

Das Schloß ist heute als Pflegeheim eingerichtet und belegt.

Auch in Beberbeck sehen wir die Treppengeländer wie überall in der Region.

Ob die große Ofenmuschel wohl erhalten bleibt?

Das Offiziantenahus wird renoviert, restauriert und für künftige Nutzungen umgebaut und eingerichtet.

Dem Haus wird alles zugeführt, was ihm bisher fehlte. Ist seine Zukunft damit gesichert?

Von Beberbeck aus führt der Weg über große Weideflächen hinein in den Reinhardswald.

Sieht man die Silhouette der Sababurg im Nebel liegen, fühlt man sich in die Grimmsche Märchenwelt versetzt. Hier könnten tatsächlich Dornsröschen gewohnt und auch Hänsel und Gretel sich im Wald verirrt haben.

Nach dem Zerfall der Zapfenburg entstand an derselben Stelle ab 1490 ein Jagdschloß für Landgraf Wilhelm II., die Sababurg. Auch sie wurde verwüstet und ist nur zum Teil erhalten. Das ehemalige Kanzleigebäude ist heute ein gern besuchtes Hotel und Restaurant.

Die Sababurg liegt im Herzen des Reinhardswaldes. Auf dem Weg zu ihr sieht man rechter Hand den »Urwald« liegen, ein etwa 70 Hektar großes, und unter Naturschutz stehendes Waldgebiet, in dessen Wachsen und Vergehen nicht eingegriffen wird. Die phantastischen Formen der teilweise abgestorbenen, uralten Baumriesen lassen an Fabelwesen denken, und sieht man dazu die Silhouette der Sababurg im Nebel liegen, fühlt man sich in die Grimmsche Märchenwelt versetzt: Hier könnten tatsächlich Dornröschen gewohnt, Hänsel und Gretel sich im Wald verirrt haben.

Andere Bilder drängen sich auf, wenn man an den Vorgängerbau der Sababurg denkt. Diente doch die Zapfenburg dem Schutz der Pilger, die auf ihren Wallfahrten durch den unwegsamen Reinhardswald nach Gottsbüren zogen. Oder man denke an die blutigen Auseinandersetzungen, in denen es um die Besitzansprüche am Baugrund der Zapfenburg ging – denn nicht nur das Erzbistum Mainz, sondern auch Braunschweig, Hessen und Paderborn wollten von der reichen Quelle profitieren, die sich mit der Betreuung und »Organisation« der Pilgerreisen sogar im abgelegenen Reinhardswald anbot. Nachdem endlich und reihum alle Ansprüche geregelt waren, verlor der Wallfahrtsort seine Anziehungskraft!

Die Sababurg wurde dann über den Trümmern der Zapfenburg als Jagdschloß erbaut. Sie ist heute ein beliebtes und lohnendes Ausflugsziel. Von einer Anhöhe des Reinhardswaldes aus sind die Eckrundtürme der Burg weithin zu sehen. Der angrenzende Tiergarten, Mauergarten genannt, wurde 1571 unter Landgraf Wilhelm angelegt und zwei Jahrzehnte später mit der hohen Mauer umgeben.

Wenn die Bäume ihr Laub verloren haben, bietet der Reinhardswald ein ganz anderes Gesicht.

Einen Höhepunkt im Reinhardswald bietet der kleine Wanderweg durch den »Urwald«. Das seit Jahrzehnten naturbelassene Waldstück zeigt Baumriesen und Gehölze.

Der kleine Ort wurde zum Wallfahrtsort, nachdem Lippoldsberger Nonnen 1331 im Reinhardswald eine Hostie gefunden und in Gottsbüren eine Kapelle errichtet hatten.

Versuchen wir, einen Blick zurück in das 14. Jahrhundert zu werfen. Pilger kamen von weither, sogar aus Skandinavien und aus den Niederlanden. Es wird berichtet, daß von Hofgeismar aus ein befestigter Weg durch das morastige Gelände nach Gottsbüren angelegt und für Pilger, aus einer anderen Richtung kommend, eigens eine Weserfähre eingerichtet wurde. Der Pilgerstrom begann die einsame Gegend zu beleben. Man kam in kleineren und größeren Gruppen, denn die Nachricht vom Auffinden einer wundertätigen Hostie durch Lippoldsberger Nonnen hatte sich rasch verbreitet. Der Hostienfund im Reinhardswald führte zunächst zur Gründung eines kleinen Zweigklosters auf Lippoldsberger Klosterbesitz diesseits der Weser. Hier wurde 1331 eine Kapelle errichtet, der spätere Chor der Wallfahrtskirche. Mit dem eigentlichen Kirchenneubau konnte schon wenige Jahrzehnte später begonnen werden, war es doch ein paar geschäftstüchtigen Nonnen gelungen, einen wohlorganisierten wie auch einträglichen Wallfahrtsort zu schaffen – und das zu einer Zeit, in der das Lippoldsberger Hauptkloster gegen den wirtschaftlichen Niedergang ankämpfen mußte.

Was war die Ursache dafür, daß zu dieser Zeit Tausende von Menschen von einem zum anderen Ende Europas aufbrachen? Was veranlaßte sie, sich auf lange, ungewis-

1961 wurden Wandmalereien aus dem 15. Jahrh. freigelegt und restauriert.

Die beiden Christopherusfiguren sind zu unterschiedlichen Zeiten entstanden.

Eine der Christophorusdartsellungen nach der letzten Restaurierung. Man sieht, daß die Restaurierung – trotz bester Vorsätze für eine originale Erhaltung – die Malerei nicht unwesentlich verändert hat.

se, Opfer kostende und gefährliche Reisen zu begeben? Das Verlangen nach Wundern, nach dem spürbaren Beweis für die einer Hostie oder einer Reliquie innewohnende Kraft war eines der Wallfahrtsmotive. Zudem wurden mit Beginn des 13. Jahrhunderts bei der Besichtigung der »Heiltümer« auch päpstliche Ablässe erteilt. So galt dem mittelalterlichen Menschen die Wallfahrt auch als das wirksamste Mittel zur Vergebung seiner Sünden. Und was Sünder eines Tages vom Jüngsten Gericht zu erwarten hatten, wurde ihnen oft und drastisch in Wort und Bild vor Augen geführt. Für viele wird die Hoffnung auf Heilung ihrer Krankheit der Grund für ihre Pilgerreise gewesen sein, und einige werden sich wohl auch aus Abenteuerlust auf den Weg gemacht haben.

Schon im 15. Jahrhundert hatte der Wallfahrtsort Gottsbüren seine Bedeutung verloren. Die Wallfahrtskirche aber blieb dem alten, seit dem 9. Jahrhundert durchgehend besiedelten Ort als Pfarrkirche erhalten.

Die einzelnen Bauteile der Kirche – der zuerst gebaute Chor, das Schiff und schließlich der Westturm mit dem zweigeschossigen Fachwerkaufbau, der achtseitigen Laterne und dem spitzen Helm – fügen sich zu einer eigenwilligen Bauform zusammen. Seinen großen Reiz ver-

Abb. unten: An der Südostwand der Kirche ist eine vielfigürliche Kreuzigungsszene eindrucksvoll dargestellt.

Ein Bild an der Südwand zeigt die Heilige Margareta mit »güldenem« Haar.

Die Gesimse der später eingebauten Orgelempore erinnern an Fachwerkbauten.

dankt der hochgotische Innenraum mit Maßwerkfenstern und Kreuzgewölben der reichen figürlichen und pflanzlichen Baudekoration an Kapitellen, Konsolen und Gesimsen. Auch die nach 1600 eingebaute Orgelempore ist reich ausgestattet; früher befand sich hier, in der zum Schiff hin geöffneten Turmhalle, die Nonnenempore.

1961 wurden Wandmalereien aus dem frühen und späten 15. Jahrhundert freigelegt. Besonders gut erhalten ist eine Kreuzigungsszene mit den trauernden Frauen sowie Kriegern, Priestern und Bürgern. Verwunderlich sind zwei große, nebeneinander an die Nordwand gemalte Christophorusdarstellungen. Die linke Figur mit dem wehenden Mantel ist etwa achtzig Jahre jünger zu datieren und vermutlich gemalt worden, als die erste Darstellung bereits übertüncht war.

Während der letzten Restaurierung entdeckte man bis zu zwölf unterschiedliche Farbschichten, darunter auch weitere Reste von Wandmalereien, die eine völlige Ausmalung der Kirche vermuten lassen. Die Abbildungen zeigen die Christophorusdarstellungen vor und nach der letzten Restaurierung von 1991. Man sieht, wie Restaurierung – trotz bester Vorsätze für eine originale Erhaltung – die Malerei nicht unwesentlich verändert.

Die Gewölbeansätze der Nonnenempore über der Turmhalle sind noch zu sehen.

An den Kapitellen des Turmbogens sieht man Jesus mit den Wundmalen vor und nach der letzten Restaurierung. Ist die Restaurierung Erhaltung oder Veränderung?

Mit der restaurierten Marienskulptur unter einem Kapitel auf der Empore verabschieden wir uns von der Gottsbürener Kirche. Wir steigen auf die Gottsbürener Höhe hinauf und wenden uns nach links. Auf dem Waldweg in Richtung Karlshafen genießen wir den nördlichen Reinhardswald. Der Weg führt schließlich hinunter ins Diemeltal und über Helmarshausen zurück nach Bad Karlshafen. Hier enden die 12 Routen durch das Dreiländereck.

Folgende Seite zeigt den Bodenraum mit dem Gewölbe **über** *dem Kirchengewölbe. Es liegt, konvex, also erhaben gewölbt über den konkaven Gewölben des Kirchenraums und ist mit Erde und Schutt bedeckt, um vor Frost und Hitze zu schützen.*

Denkmalpflege

Brigitte Warlich-Schenk

Aufgabe der Denkmalpflege ist die Erhaltung und Pflege der Kulturdenkmäler.

Aber was ist überhaupt ein Kulturdenkmal? Lange Zeit galt nur das Bauwerk als Kulturdenkmal, das die Vorstellung von der Nation und ihren »großen«, meist fürstlichen »Helden« spiegelte, wie z. B. ein Schloß oder eine Burg. Unser heutiges Verständnis von Kulturdenkmälern ist umfassender. Es läßt sich mit dem Begriff Alltagsdenkmalpflege treffend charakterisieren. Denkmalpflege geht heute davon aus, daß Kultur die Gesamtheit aller geistigen und künstlerischen Lebensäußerungen einer Gesellschaft ist. Kulturdenkmäler sind Dinge, die die kulturellen Leistungen unserer Vorfahren veranschaulichen und erlebbar erhalten. Historische Gebäude können künstlerische, geschichtliche, städtebauliche, wissenschaftliche oder technische Kulturdenkmäler sein. Denkmäler dieser Art stehen heute nicht nur auf Sockeln oder erinnern an die Mächtigen vergangener Epochen. Bauernhäuser, Scheunen oder ganze Orte vermitteln uns einen Eindruck vom Leben unserer bäuerlichen Vorfahren und damit unserer eigenen geschichtlichen Verwurzelung. Historisch gewachsene Orte geben uns mit ihrer Individualität jene Geborgenheit und Möglichkeit zur Identifizierung, die wir in den modernen Massenquartieren so schmerzlich vermissen.

Denkmalpflege kann freilich nur dann erfolgreich sein, wenn sie von den Bürgern mitgetragen wird. Das ist auch heute noch nicht immer der Fall. Häufig steht die durch Gesetze mit erheblicher Macht ausgestattete staatliche Denkmalpflege Eigentümern und von ihnen beschäftigten Handwerkern und Architekten gegenüber, die ihr Eigentum gegen »staatliche Willkür und Bevormundung« verteidigen. In der Regel bleiben die Baudenkmäler dabei auf der Strecke. Denn sie werden heute nicht primär durch Abbruch, sondern durch alltägliche Modernisierung ruiniert.

Dabei sah alles eine Zeitlang ganz anders aus. Der Zweite Weltkrieg hatte ungeheure Verluste an historischer Bausubstanz vor allem in den Städten verursacht, und noch in der Zeit des Wiederaufbaus waren unzählige historische Gebäude für Straßenausbauten und zu Gunsten von Neubauten abgebrochen worden. Doch um 1970 setzte ein allgemeiner Bewußtseinswandel ein. Die Bürger begannen sich für den Umweltschutz und die Erhaltung der historischen Quartiere einzusetzen. Man hatte inzwischen autogerecht ausgebaute Orte, Hochhäuser und Trabantenstädte mit all ihren sozialen Problemen kennengelernt und entwickelte nun ein feines Gespür für die Qualitäten, die historische Quartiere als Lebensraum besitzen. Allein in Hessen gab es damals etwa 150 Bürgerinitiativen für den Denkmalschutz! In diesen Jahren wurden auch in allen Bundesländern erstmals Denkmalschutzgesetze erlassen bzw. alte novelliert.

Inzwischen ist die Forderung nach dem Erhalt der Stadt- und Dorfbilder Allgemeingut. Jüngste Umfragen haben ergeben, daß die meisten Bürger mit den Zielen der Denkmalpflege einig und oft sogar bereit sind, dafür Geld zu spenden. Der Denkmalwert alter Bauernhäuser ist heute genauso akzeptiert wie der von Schlössern und Kirchen und nur noch selten erwägt man, Baudenkmäler zu Gunsten von Neubauten abzubrechen. Trotzdem schreitet die schleichende Zerstörung der Denkmäler unaufhaltsam voran. Dafür ist beispielsweise die allgemeine Umweltverschmutzung mit einer zunehmend agressiver werdenden Luft verantwortlich. Einen wesentlichen Anteil an der Zerstörung haben aber auch die Eigentümer selbst. Wie läßt sich dieser Widerspruch erklären?

Während wir aus unserer technisierten Welt gern in die Geborgenheit historischer Orte flüchten, uns an der Patina italienischer Plätze, der Romantik halbverfallener Gehöfte berauschen oder tiefe Zufriedenheit beim Anblick geduckter, reetgedeckter Fischerhäuser an der See empfinden, scheinen wir vor unserer eigenen Haustür blind zu sein, sehen hier weniger die Schönheit alten Besitzes als die mit ihm verbundenen Probleme. Der Traum vieler Althausbesitzer ist das moderne, neue, das pflegeleichte Haus. Schon heute finden wir deshalb an fast jedem historischen Gebäude moderne Baumaterialien und genormte, eigentlich für Neubauten bestimmte Bauteile. Früher wurden die Häuser nur aus den wenigen Baustoffen errichtet, die die unmittelbare Umgebung zur Verfügung stellte. Auch die Art der Nutzung blieb über Jahrhunderte konstant. Die Komfortansprüche änderten sich nur allmählich. Notwendige Reparaturen führten die Bewohner selbst aus. Jahrhundertelang bestimmten so Gebrauchsanforderungen, Landschaft und Bautradition das Erscheinungsbild der historischen Häuser und ordnen sie bis heute unverwechselbar ihrer Region zu.

Es gibt einen großen Reichtum landschaftlich geprägter Hausformen. Im Süden finden wir beispielsweise die in den Hang hineingebauten Schwarzwaldhöfe in Holzbohlenbauweise mit ihren holzschindelgedeckten, flach geneigten Dächern und den umlaufenden Balkonen. In Hessen sind die kleineren, zweigeschossigen bäuerlichen Ernhäuser in Fachwerkkonstruktion mit ihren roten Tonziegeldächern bestimmend, in Norddeutschland wiederum die ganz andersartigen, eingeschossigen, großräumigen, reetgedeckten Hallenhäuser, um nur einige zu nennen.

Selbstverständlich kann und will die Denkmalpflege Modernisierung und Nutzungsänderung nicht verhindern, denn Baudenkmäler werden durch Nutzung erhalten und nicht durch Leerstand. Gerade die Nutzungsentleerung von Gebäuden infolge der bekannten Strukturveränderungen ist ja eines der großen Probleme des ländlichen Raums. Keine Frage also: Umnutzungen müssen sein, beispielsweise Umbauten von Scheunen zu Wohn- oder anderen Zwecken. Bei der erhaltenden Umnutzung von Kulturdenkmälern sollten die notwendigen Baumaßnahmen freilich unbedingt auf die spezifische Eigenart des historischen Gebäudes abgestimmt sein. Das setzt jedoch voraus, daß alle am Bau Beteiligten bereit sind, behutsam mit der alten Bausubstanz umzugehen, zu reparieren statt auszutauschen, möglichst auf moderne Baumaterialien zu verzichten bzw. abzuwägen, welche bautechnischen, aber auch ästhetischen Probleme sie dem Altbau bringen würden.

Die Realität sieht leider anders aus. Die Bauindustrie setzt nach wie vor auf Neubau. Das Handwerk ist zu einem Handlanger der Industrie geworden. Am schlimmsten betroffen sind die Fachwerkgebäude. Sanierung bedeutet hier noch immer häufig Entkernung bis auf das Holzgefüge. Dabei gehen etwa 90% der originalen Substanz verloren, das Kulturdenkmal wird verstümmelt, zur atmosphärischen Fachwerkatrappe am Neubau degradiert. Aber auch bei Einzelmaßnahmen, die der Eigentümer in der Regel selbst durchführt oder vom Handwerker durchführen läßt, sieht es nicht besser aus. Man versucht nicht etwa eine preiswerte Lösung, sondern will möglichst billig und schnell davonkommen. Die Möglichkeit, Bauteile auszubessern oder zu reparieren, wird kaum in Erwägung gezogen. Gedankenlos werden schadhafte Dächer nach rein funktionalen Gesichtspunkten neu gedeckt, historische Schieferdeckungen durch Faserzementplatten, rote Tonziegel durch Betondachsteine ersetzt, die, lange Zeit nur schwarz erhältlich, wie Sargdeckel aus der Dachlandschaft ragen. Aber welchen Bewohner interessieren schon das Ortsbild oder die Authentizität. Außerdem gibt es inzwischen ja auch schon rotgefärbte Betondachsteine - die Industrie zeigt einmal mehr ihre Flexibilität -, warum soll man also für anderes Material mehr Geld ausgeben? Läßt sich der Verlust an Gestaltungsqualität überhaupt aufrechnen? Wirft die Denkmalpflege als Argument die Patinierungsfähigkeit historischer und natürlicher Materialien in die Waagschale, so erntet sie bestenfalls ein verständisloses Lächeln. Interessiert es einen Eigentümer bei seiner Kosten-Nutzen-Rechnung, daß die historischen Baumaterialien alterungsfähig sind, also im Lauf der Jahre gerade die Schönheit erlangen, die wir andernorts doch so zu schätzen wissen? Und daß demgegenüber moderne Baumaterialien mit der Zeit einfach nur schäbig werden? Ausgebleichte, eingemooste Betondachsteine sehen wir überall, abblätternde Kunststoffarben, trübe Glasbausteine in Fachwerkwänden, gammelige Plastikverkleidungen, undichte Aluminiumhaustüren, die als kurzlebige Statussymbole alte Eichentüren verdrängten.

Als ein besonders markantes Bauteil muß in diesem Zusammenhang das Fenster genannt werden. Schon immer, doch verstärkt seit der Energiekrise 1975, ist die Fenstererneuerung ein Reibungspunkt zwischen staatlicher Denkmalpflege und Eigentümern. Unter der Vorgabe, etwas zur Energieeinsparung zu tun, wurden unzählige gut erhaltene historische Holzfenster gedankenlos auf den Müll geworfen. Kaum jemand nahm sich seither die Zeit zu prüfen, ob die alten Fenster erhalten und energetisch nachgerüstet werden könnten. Daß dies möglich ist, zeigen inzwischen einige Baudenkmale, bei denen alte Fenster aufgearbeitet und nachträglich mit Isolierverglasung ausgestattet oder die Fenster durch Einbau zusätzlicher, innenliegender Fenster zu Kastenfenstern wurden. Solche Beispiele könnte es viel mehr geben, da die alten Eichenfenster in der Regel noch gut erhalten sind, wenn sie nicht jahrzehntelang vernachlässigt wurden. In den meisten Fällen trifft die Denkmalpflege bei solchen Vorschlägen auf Unverständnis. Zu abwegig erscheint die Vorstellung, für etwas Altes fast so viel Geld auszugeben wie für etwas Neues. Hersteller und Baustoffmärkte tun außerdem das ihre. Hier erhält der Kunde billige Normfenster, die er dann irgendwie in sein Fachwerkhaus zwängt, indem er hier ein Stück Balken absägt oder dort ein Gefach vermauert. Dieser Mehraufwand erscheint erstaunlicherweise in keiner Kosten-Nutzen-Rechnung.

Ein Kapitel für sich ist die Wahl des Materials. Aus Gründen der Pflegeleichtigkeit werden selbst in Fachwerkhäusern alte Holzfenster durch solche aus Kunststoff oder anderen modernen Materialien ersetzt. An die Stelle der historischen Gliederung mit zwei Fensterflügeln, Oberlicht und Sprossen tritt so ein einflügeliges, ungegliedertes Ganzglasfenster. Es bringe mehr Licht, sei billiger und vor allem putzfreundlicher, ist das Argument, das merkwürdigerweise gerade von den Männern vorgetragen wird, die nicht den Eindruck erwecken, als hätten sie je ein Fenster gereinigt. Und vergleicht man die breiten, klobigen Rahmen mancher neuen Fenster, so kommen Zweifel auf, ob sie tatsächlich mehr Licht in die Stube lassen – nur billiger sind sie tatsächlich. Halbherzige Versuche, alle Bedürfnisse unter einen Hut zu bringen, bescherten grauenvolle Entgleisungen wie einflügelige Kunststoffenster mit in die Isolierglasscheibe willkürlich eingelegten dünnen Sprossenattrappen, sogenannten »Sprossen in Aspik«, die bestenfalls an Vergitterungen erinnern. Dabei sind die historischen Fensterformen unverzichtbares Gestaltungselement an jedem Baudenkmal.

Ein kleiner Exkurs sei an dieser Stelle gestattet: Lange war das Herstellen von Glas schwierig und teuer. Die ersten Fenster waren deshalb in der Regel kleine Öffnungen, die mit Holzklappläden, Pergament oder Tierhäuten abgedichtet wurden. Die älteste Fensterkonstruktion war das Schiebefenster, bestehend aus einem feststehenden und einem waagerecht verschiebbaren Teil. Größere Fenster wurden als Kreuzstockfenster ausgebildet, entweder mit zwei Schiebern oder bei jüngeren Fenstern mit Flügeln. Während sich die Schiebefensterform im ländlichen Raum an Nebengebäuden vereinzelt noch bis ins frühe 19. Jahrhundert hielt, begann sich in der Neuzeit das zweiflügelige Fenster mit Oberlicht durchzusetzen. Die noch kleinen Glasscheiben wurden von dünnen Holz- oder Bleisprossen in den Rahmen gehalten. Erst im Barock kam das Bedürfnis nach mehr Licht in den Räumen auf. Die Fenster wurden größer. Mit der Industrialisierung im 19. Jahrhundert wurde das Herstellen von großen Glasscheiben so preiswert, daß in der Regel auf Sprossen verzichtet werden konnte. Trotzdem behielt man die Kleinteiligkeit der Fenster bei. Das Fenster wurde gerade in dieser Zeit wichtiges Gestaltungselement. Schlagleisten erhielten Halbsäulen mit Kapitälchen und Basen, Kämpfer wurden aufwendig profiliert, im Jugendstil wurden sogar gebogene Sprossen kunstvoll eingesetzt.

Schiebefenster gelten schon lange als Rarität wie inzwischen fast alle historischen Fenster. So sieht sich die Denkmalpflege gezwungen, historische Fenster zu sammeln, um sie wenigstens in Museen als Dokumente regionaler Handwerkskunst und des alltäglichen Lebens zu bewahren.

Ähnliches gilt für originale Ausstattungselemente wie Türen, Treppen, Vertäfelungen, Stuck, Dekorationsmalerei, Tapeten. Während inzwischen Tapeten als Zeugnisse bürgerlicher Kultur in Tapetenmuseen präsentiert werden, verschwinden die frühen biedermeierlichen Tapeten oder die bescheidenen Dekorationsmalereien in den Bauernhäusern meist ungesehen, obwohl unter Tünchen und neuen Tapeten überall noch Reste vorhanden sind.

Reisende, die sich mit offenen Augen und Sinnen im Kulturraum »Dreiländereck« bewegen, werden vieles Überraschende entdecken, regionale Besonderheiten erkennen, vielleicht auch Gemeinsamkeiten der in die Landschaft eingebetteten Dörfer dieses ehemals häufig umkämpften Grenzraums. Vielleicht sensibilisiert sie das auch, schleichende Zerstörung und Verluste zu erkennen, die die Denkmalpflege allein nicht verhindern kann – um auch die eigene Umwelt als Kulturraum wahrzunehmen und verantwortungsbewußt damit umzugehen. Nur wenn wir begreifen, daß das Fundament unserer Zukunft die Vergangenheit ist, kann es echte kulturelle Weiterentwicklung geben.

Schlusswort: Die Zukunft der Vergangenheit – Beschreibung einer Region

Hans Dehlinger

Wenn man die Region, in der sich die Randprovinzen der drei Bundesländer Hessen, Niedersachsen und Nordrhein-Westfalen treffen, beharrlich über viele Jahre hinweg mit den Augen und dem Herzen des Gestalters und Entwerfers erforscht und wenn diese Arbeit zugleich aufs engste mit der Ausbildung von Entwerfern und Gestaltern verbunden ist, dann darf man sicher sein, daß es sich dabei um ein in mancherlei Hinsicht besonderes Projekt handelt. Es ist ein Versuch, die weitgespannten Dimensionen gestalterischer Qualität in dieser Region abzuschreiten.

Menschen, Bauwerke, Natur, die geschichtlichen Veränderungen, ja selbst die mit den Jahreszeiten sich wandelnden Bilder werden zu Ausgangspunkten des Sehens und Erkennens. Auch das scheinbar Kleine, Unbedeutende, Abwegige ist würdig und geeignet, Reflexionen über das Entwerfen und Gestalten und den schwierigen Qualitätsbegriff in diesem Bereich anzuregen. Solche Denk- und Seharbeit widersetzt sich den gängigen Klassifizierungen, ignoriert politische Zuständigkeiten, überschreitet fachwissenschaftliche Grenzen, und so ist dieser Versuch nicht denkmal-pflegerisch, nicht geschichtswissenschaftlich, er ist auch nicht restauratorisch, und er ist ganz und gar nicht spektakulär, auch nicht stringent und von buchhalterischer Genauigkeit. Sein Ziel ist weder ein bauhistorischer Bestandskatalog noch der erhobene Zeigefinger über einer Bauschadensbilanz oder dergleichen. Es ist etwas anderes. Hier wird bewußt mit Bildern und vorgefundenen Situationen gearbeitet. Ein dennoch methodischer Ansatz, der Themen lose aufgreift, sie mit anderen Themen verknüpft und diesen Themen nachgeht oder sie auch einfach stehenläßt: Erkundungen, die vor der eigenen Haustür beginnen, in einem Hinterhof verweilen, vor einem Gartenzaun nicht anhalten, sich neugierig in die Betrachtung des Gewändes eines alten Fensters vertiefen, in ein soeben wiederbelebtes altes Kloster führen oder das prächtige Portal eines Renaissanceschlosses durchschreiten. Auf den Spuren dieser Erkundungen begegnen uns die vertrauten Typen der Bauhistorie ebenso wie die kleinen Geschichten, die sich um Menschen und Orte spinnen. Dem Bedeutenden im Sinne der Fachwissenschaften werden die in den Augen des Gestalters nicht minder bedeutenden Zustandsbefunde und kleinen Veränderungsprozesse an die Seite gestellt, die als Indikatoren für einen übergreifenden Zusammenhang stehen. Oft verändern sich die Dinge an weit verstreuten Plätzen in kleinsten und sehr diskreten Schritten: ein Anwander [Prellstein] wird entfernt, ein Baum verschwindet, eine Straße wird verbreitert, ein Misthaufen verwandelt sich in einen Parkplatz, ein Fachwerk wird freigelegt, ein altes Gemäuer neu genutzt.

Der Ansatz dieser Arbeit ist erzählerisch. Er ist hinweisend, aufblätternd, staunend, punktuell und doch ganzheitlich. Vielleicht ist er gerade deshalb vorbildlich, weil er dieses aus vielen Teilbildern sich aufbauende Gesamtbild jenseits enger Zuständigkeitsgrenzen erzeugen kann, zu dem sich die fachwissenschaftlichen Aspekte des Historikers, des Restaurators und des Denkmalpflegers ja jederzeit ergänzend hinzugesellen können. Ich versuche hier mit Begriffen vorsichtig tastend das Einzigartige dieser Arbeit zu beschreiben, gleich dem Silberschmied, der mit vielen kleinen Schlägen die Sache in die richtige Richtung zu treiben sucht. Recht besehen wäre der Begriff erst noch zu prägen für das Bemühen, das den besonderen Reiz dieser Arbeit bestimmt.

Dieses Buch zieht die Summe aus einer Reihe ähnlich angelegter Projekte. Eines davon hieß bezeichnenderweise Beschreibung einer Region, aber es geht in diesem Band um mehr als Beschreiben: Dem Beschreiben geht ein Entdecken voraus, ein Wahrnehmen, das sich bewußt einbettet in einen Zeitabschnitt. Hinter dieser ganzen Arbeit ist eine Teilnahme spürbar, die sich übertragen möchte, die uns anregen will, ebenfalls wahrzunehmen und nachzuempfinden. Und es ist gleichzeitig ein Respekt spürbar für die Geschichte und für die Menschen, die diese Häuser, Steine, Fenster, Treppen geschaffen haben für ihre Art zu wohnen, für ihre Lebens- und Arbeitswelten, für die Region, in der sie zuhause sind.

Und wer wäre besser gerüstet, diese Vielfalt an Sichtweisen und Details uns ins rechte Licht zu rücken, als professionelle Designer, des »Sehens« kundig, das »Sehen« vermittelnd. Das vorgefundene, tausendfach uns Umgebende wird am Beispiel einer weitläufigen Region aufgespürt, entdeckt und gewogen. Die Qualität der Dinge, ihrer Zustände und Wandlungen haftet an Ausschnitten der Wirklichkeit und zeugt von weit zurückliegenden Bemühungen gestalterischen Wollens. Für die Ausbildung der Fähigkeiten des Entwerfens und Gestaltens ist die Beschäftigung gerade mit einem solchen Gegenstandsbereich und den dabei auftretenden Fragen zweifellos besonders geeignet. Die an den Projekten beteiligten Studenten haben schnell gemerkt, was hier zu lernen ist.

Wer seine Geschichte nicht ernst nimmt, ist die Zukunft nicht wert. Friedrich Nietzsche spricht in der Schrift »Vom

Nutzen und Nachteil der Historie für das Leben« von drei Arten, drei Grundtypen der historischen Betrachtung: einer monumentalistischen, einer antiquarischen und einer kritischen Art, mit der Historie umzugehen. Ein monumentalistisches Geschichtsverständnis ist erdrückend. Dem geschichtlich Großen haftet das Ewige an. Ein antiquarisches erschöpft sich in der Sammelwut. Das Gewohnte, Altverehrte wird beharrlich gegen das Gegenwärtige, das Neue gesetzt. Allein aus einem kritischen Geschichtsverständnis findet man die Kraft, zu verurteilen und zu richten. Es ist eine lesenswerte, sehr heftige Schrift, die sich mit dem Verhältnis des Menschen zu seiner Vergangenheit auseinandersetzt. Wir sind heute nicht in der Gefahr, einer Neuauflage des Historismus zu verfallen, eher in der, durch eine besinnungslose Gegenwärtigkeit den ohnehin vorhandenen geschichtlichen Bruch noch zu vertiefen, die Kontinuität zur Deutung der Vergangenheit zu verlieren. Neben den Nachteilen gibt es einen Nutzen aus der Historie, wozu sich Nietzsche bereits im Titel seiner Schrift bekennt. Die Einordnung und Interpretation der Vergangenheit, einfach die Erinnerung, sind für ein geistig bewußtes Leben notwendig. »Nur aus der höchsten Kraft der Gegenwart dürft Ihr das Vergangene deuten«, sagt Nietzsche. Wir können uns darüber Gedanken machen, wenn wir die hier zusammengetragenen Bilder und Texte erzählen lassen, uns anregen lassen, diese Orte selbst aufzusuchen. Unversehens mag uns daraus reicher Gewinn zufallen.

Meinen Ärzten, meinen Freunden und Angehörigen ist es zu verdanken, daß ich dieses Buch – in Zusammenarbeit mit dem Verleger – nun doch noch beenden konnte.
November 2002
S.K.

Glossar

Ackerbürgerhaus	Haus des Stadtbürgers mit landwirtschaftlichem Grundbesitz, den er selbst bewirtschaftete
Akanthusrankwerk	Akanthus = Bärenklau, Zierform mit stark gezackten Blättern
Annex	Anhängsel, Zubehör, Anbau
Apsiskalotte	Kuppelschale des Chorhauptes
Attikaähnlicher Aufbau	Attika ist die Mauerzone über dem Gesims der Säulenreihe
Auslucht	sich vom Erdboden erhebender Vorbau an niedersächsischen Renaissance-Häusern
Baldachin	Thron-, Bett-, Traghimmel, auch Schutz- und Prunkdach über Statuen
Baluster	Brüstung mit kleinen, stark profilierten runden oder vieleckigen Säulen
Blendarkaden	Gliederung einer Außen- oder Innenwand durch nicht begehbare Arkaden
Bossenquader	Unbehauener Stein
Dachgauben	größeres Dachfenster mit eigenem Dach
Enfilade	Zimmerflucht, bei der die Verbindungstüren in einer Achse liegen
Epithaph	Erinnerungsmal mit Grabinschrift und Darstellung eines Verstorbenen
Ernhaus	Haus mit Eingangsflur im mittel- oder oberdeutschen Bauernhaus
Feme	mittelalterliches Sondergericht, das besonders schwere Straftaten aburteilte
Fiale	gotisches Ziermotiv, Bekrönung des Strebepfeilers in Form eines Türmchens
First	oberste waagerechte Kante des geneigten Daches
Gefache	durch Balken begrenztes Feld in einem Fachwerk
Gekuppelte Vorhangbogenfenster	Zwei oder mehrere Säulen mit gemeinsamem Gebälk und zwei durch ein Säulchen getrennte und mit einem Blendbogen zusammengefaßte Fenster
Gesprengter Giebel	Giebel ohne Mittelteil, bei dem nur die Seitenteile verblieben sind
Gnadenstuhl	vollkommenste Dreifigurenkomposition der Dreifaltigkeit
Gräfte	umgebender Wassergraben mit Brücke zum Innenhof eines Renaissanceschlosses
Grisaillemalerei	Malerei in Graufarben
Gurtbogen	quer zur Längsachse eines Tonnengewölbes verlaufender, zur Verstärkung dienender Boden, der die Joche voneinander trennt
Kämpferplatte	oberste, meist vorspringende Platte einer Säule oder eines Pfeilers, auf der der Ansatz eines Bogens oder Gewölbes aufliegt
Karniesprofil	Leiste oder Gesims mit S-förmigem Querschnitt
Kelchblockkapitell	oberer Abschluß einer Säule in Form eines Kelchblockes
Krüppelwalm	Dachform: nur die Giebelspitze des Daches ist abgeschrägt oder gewalmt
Krypta	meist unter dem Chor liegender unterirdischer Raum für die Aufbewahrung von Reliquien oder Bestattungsort für Märtyrer oder Heilige
Kugelakazie	zu den Mimosengewächsen gehörender Strauch
Landdrost	Im Mittelalter in Niedersachsen der Adlige Verwalter eines Bezirkes oder einer Vogtei
Lettner	Lesepult im Chor; hohe Schranke mit Durchgängen zwischen Chor und Langhaus in mittelalterlichen Kirchen
Longitudinal	In Längsrichtung verlaufend
Mansarddach	Nach dem französichen Baumeister F. Hardouin - Mansard benannte Dachform mit geknickten Flächen, deren untere steiler verläuft als die obere.
Maßwerkfenster	Geometrisches Bauornament der Gotik; große Fenster mit der Gliederung von Wandflächen und Giebeln
Mittelrisalit	auch Seitenrisalit: leicht vorspringende und betonende Gliederung der Fassade
Mus - und Mutshaus	Für verschiedene Nutzungen eingerichtete mittelalterliche Gebäude
Obergaden	Oberer durchfensterter Wandteil des Mittelschiffs einer Basilika
Ochsenaugenfenster	Im Barock beliebtes rundes oder ovales Fenster, das auch als Blindfenster angebracht wurde

Palas	Wohn- oder Festsaalbau der mittelalterlichen Burg
Pilaster	Der Wand vorgelagerter flacher Pfeiler mit Basis und Kapitell
Piscine	Wasserbecken in der Nähe des Altars zum Waschen der liturgischen Geräte
Portal	Besonders hervorgehobener und ausgestatteter Haupteingang von Kirchen und Palästen
Portikus	Portalvorbau eines Gebäudes aus Säulen, die einen Giebel tragen
Relieffelder	Auf einer Fläche dargestellte plastische Objekte in der Baukunst (Flach-,Halb-, Hoch-oder Tiefrelief)
Retabel	Aufsätze, hier auf dem Altar
Robinie	Park- und Alleebaum
Roll- und Beschlagwerk	Ornament mit Bändern, deren Enden sich plastisch aufrollen, üblich im 16. Jahrhundert
Schabracken- und Vorhangbogenfenster	Zwei oder mehrere Säulen mit gemeinsamem Gebälk und zwei durch ein Säulchen getrennte und mit einem Blendbogen zusammengefasste Fenster
Schallarkaden	Reihung von Pfeilern oder Säulen getragener Bogen
Sparren	Schräg vom First zur Traufe verlaufender Dachbalken, trägt die Dachziegel
Traufseite	An der Langseite des Daches befindliche Kante zur Ableitung des Regenwassers
Treppengiebel	In der Spätgotik entwickelter Giebel mit Treppen-, Staffel- oder Stufenförmigem Umriss
Türsturz	Oberer waagerechter Abschluß
Tympanon	Bogenfeld mittelalterlicher Portale
Vierpaß	Vier in einen Kreis eingefügte Kreisbögen; Verzierung im gotischen Maßwerk
Vierung und Vierungsturm	Der Durchdringungsraum von Lang- und Querhaus einer Kirche. Darüber kann sich ein Vierungsturm erheben
Volutengiebel	Schnecken- oder spiralförmig eingerollte Form in Renaissance und Barock
Welsche Haube	Zwiebeldach
Wimperg	Giebelartige, mit Maßwerk verzierte Bekronung gotischer Portale und Fenster
Zwerchgiebel	Geschosshohes Dachfenster mit eigener architektonischer Gliederung